LEGAL PHILOSOPHY OF CULTURAL
DIVERSITY AND INTEGRATION
——INCLUSIVE RULE OF LAW STRATEGY

# 文化多样一体的法哲学

## ——包容性法治策略

刘国利◎著

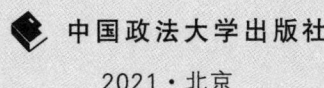
中国政法大学出版社

2021·北京

| 声　　明 | 1. 版权所有，侵权必究。 |
|---|---|
|  | 2. 如有缺页、倒装问题，由出版社负责退换。 |

### 图书在版编目（CIP）数据

文化多样一体的法哲学/刘国利著. —北京：中国政法大学出版社, 2021.11
ISBN 978-7-5764-0169-1

Ⅰ.①文… Ⅱ.①刘… Ⅲ.①法哲学 Ⅳ.①D903

中国版本图书馆CIP数据核字(2021)第227409号

---

| 出 版 者 | 中国政法大学出版社 |
|---|---|
| 地　　址 | 北京市海淀区西土城路25号 |
| 邮寄地址 | 北京100088 信箱8034分箱　邮编100088 |
| 网　　址 | http://www.cuplpress.com（网络实名：中国政法大学出版社） |
| 电　　话 | 010-58908586(编辑部) 58908334(邮购部) |
| 编辑邮箱 | zhengfadch@126.com |
| 承　　印 | 固安华明印业有限公司 |
| 开　　本 | 720mm×960mm　1/16 |
| 印　　张 | 18.75 |
| 字　　数 | 320千字 |
| 版　　次 | 2021年11月第1版 |
| 印　　次 | 2021年11月第1次印刷 |
| 定　　价 | 79.00元 |

# "燕赵文化与法治建设论丛"编委会

**编委会主任：** 陈玉忠　宋慧献
**编委会成员**（按姓氏笔画排序）
　　　　马　雁　王宝治　朱　兵　仲伟民　孙培福
　　　　刘国利　张琳琳　肖　辉　杨福忠　杨　凡
　　　　周刚志　范海玉　房建恩　柯阳友　赵立程

# 总 序
## 依法守护文化家园

进入新世纪以来,我国经历着一个文化空前发展的新时期。一方面,在经济繁荣与技术进步推动下,文化生产勃兴、文化产品繁盛、文化消费活跃;另一方面,享受着现代文明的人们愈益强烈地认识、体验到传统文化的魅力,那些从遥远的过去走来的村与镇、路与桥、亭台楼阁、寺宇街巷等,重新以新的姿态进入人们的视野。在此背景下,加强公共文化服务、全面普及文化认知、促进文化产业、保护文化遗产……逐渐成为摆在全社会,尤其是政府面前的新使命,而文化法治也自然成为我国法律与法学界面对的新任务。

毋庸讳言,我国文化领域的法律实践与法学学术曾长期呈现为一片处女地,其中最突出的表现是,相关立法可谓寥寥。除了1982年颁行的《中华人民共和国文物保护法》,并有《中华人民共和国著作权法》《中华人民共和国刑法》涉及文化事业之外,2000年之前我国文化领域再无其他专门立法。进入21世纪,人们不得不感叹的是,文化领域的专门法纷纷出台:2011年,《中华人民共和国非物质文化遗产法》颁布实施,加上多次修订的《中华人民共和国文物保护法》,我国文化遗产保护法律体系基本形成,而且达到了与国际社会同步的水准。随后,涉及文化事业核心与全局的几部重要立法相继出台:《中华人民共和国电影产业促进法》和《中华人民共和国公共文化服务保障法》于2016年底颁布;《中华人民共和国公共图书馆法》于2017年11月颁布。现如今,另一部涉及文化发展之整体法治的重要法律也在紧锣密鼓地起草过程中——历经多年起草工作,司法部不久前公布了《中华人民共和国文化产业促进法(草案送审稿)》,面向社会征集意见。人们有理由相信,无需太久,全面涵盖我国文化事业与产业发展的成文法体系将臻于形成。

与全国文化事业与法治进展同步，河北省文化产业与各项事业同样进入了一个空前发展与活跃的历史时期。除了传统的书报刊出版、印刷与发行，广播电视等，各类民办文化企业，尤其数字网络产业异军突起。与此同时，伴随着产业与经济发展，公共文化服务得到全面展开，正在进入各地村镇。比如，有关部门统计，在公共文化设施建设方面，目前全省各地拥有各级公共图书馆170多家，群众艺术馆和文化馆180多家，文化站2000多家。

而尤其引人注目的是传统文化遗产之保护与开发。河北省地处华北，历史悠久，其鲜明的文化特征更以"燕赵文化"名闻天下。燕赵文化肇始于春秋战国，至今凡2500年之久；位居中原与塞北之中、齐鲁与关陇之间，与南北沟通、共东西脉动，既以慷慨豪放著称，兼具四面八方之多样性。所以，无论是有形体的物质文化遗物、还是非物质的文化遗产，河北省全域拥有、流传的数量均居全国各地区的前列。按照统计，河北省目前共有全国重点文物保护单位近300个；国家级历史文化名村32个、名镇8个、名城6个；国家级风景名胜区10处、省级风景名胜区39处；并且，有8处4项文化遗产被列入世界文化遗产代表性项目名录。在非物质文化遗产方面，国务院2006年以来先后公布的国家级非物质文化遗产代表性项目中，河北省占163项，其中有6个项目入选世界人类非物质文化遗产代表作名录，涉及剪纸、皮影戏、太极拳。丰富与多样的遗产既为开发、利用提供了资源，也为保护事业提出了挑战。

在全面开展文化遗产保护实践的同时，为了做到依法规范保护与利用，河北省先后颁布、实施了多部地方法规。其中，为配合并依据全国性立法，全面构建物质性与非物质性文化遗产保护的一般性制度体系，1993年《河北省文物保护管理条例》、2007年《河北省实施〈中华人民共和国文物保护法〉办法》（2021年修正）、2014年《河北省非物质文化遗产条例》以及2018年《河北省城市紫线管理规定》先后颁布并实施。为适应河北省特色文化遗产保护，《河北省长城保护办法》于2016年发布，《河北省长城保护条例》于2021年6月开始实施，而《河北省大运河文化遗产保护和利用条例》正处于积极制订过程中。此外，某些地区还为本地文化遗产项目制定了专项地方法规，如《承德避暑山庄及周围寺庙保护管理条例》《清东陵保护管理办法》和《保定市清西陵保护条例》等。

实践促进着学术，并且，实践也离不开学术。文化公共服务保障、产业促进和遗产保护与利用需要学术界做出理论与思想上的呼应。在过去的 20 多年间，我国学界已有大量学者致力于文化法治的研究，为文化法律实践提供了必要的智力资源。国家社科基金、教育部人文社科研究基金资助的项目中，涉及文化法治的立项早已不在少数。就其内容看，研究视角已经涉及文化法治的方方面面。但就河北省而言，相关研究尚难成规模，尤其是具有地方针对性的研究成果不可谓多。对于河北省的法学学术圈，这意味着莫大的学术机遇，也提出了空前的学术挑战。于是，在河北大学燕赵文化高等研究院的支持下，河北大学法学院鼓励本院教师，以文化与法治为主题，展开了多角度、多层面的广泛探索和深入研究。

我们充分认识到，燕赵文化是在燕赵地区形成的具有区域特点的文化现象，而文化是一个复杂的体系性社会现象；因历史传承与现实发展、局部与整体之交融等原因，燕赵文化具有多方面的复杂性。那么，在社会沿革与发展的过程中，如何保证燕赵文化在传承与弘扬之间、主流与边缘之间、文化与经济之间、文化统一性与多样化之间保持各方面关系的动态平衡与整体的良性发展，需要借助于政策手段的介入、法律机制的保障。

研究中，大家始终坚持理论与实践的充分结合，研究视角涉及文化之法律治理的一般理论问题、文化多样性背景下的燕赵文化保护与促进、燕赵文化发展与公共服务的具体保障问题、雄安新区建设与传统文化弘扬等；并且，更多具体的文化与法治现象值得学术上的不断挖潜，开放的立场与心态至关重要。

至此，大家的研究初步形成了一批各具特色的学术成果。经充分考虑与整合，我们将部分成果编纂为一套丛书，奉献于全国文化与法学界，以为交流、更期指正。同时，该套丛书也是向河北大学百年校庆"献礼"，表达法学院全体师生对河北大学百年校庆的祝福之情！祝愿河北大学继往开来，再谱华丽篇章！

"燕赵文化与法治建设论丛"编委会

2021 年 7 月

# 导 读

本书以唯物史观为理论基础，运用唯物辩证法的对立统一方法、田野调查方法、比较研究方法等，全面研究中国特色的文化多样一体。本书的框架结构如下：

**第一章　文化多样一体法哲学的理论渊源**

建立文化多样一体的法哲学范式可以为论证包容性法治提供话语体系。文化多样一体法哲学的理论渊源包括如下方面：社会主义文化在文化体系中居于主导地位，多样文化是不可缺少的补充。中国传统的"和而不同"包含包容差异的思想，"中庸"包含适度、平和思想。文化人类学关注对濒临灭绝的传统文化的保护，关注原地居民的权利保护。经济人类学、政治人类学是文化人类学中的两个重要分支学科。

**第二章　文化多样一体的法哲学释义**

文化多样性是指一定区域内文化类型的丰富程度。文化多样性的成因包括生态多样性、文化传统的多样性、文化的相对性、主体选择的多样性等。根据唯物辩证法的对立统一规律，文化的多样性与一体性是相反相成的两个方面。文化多样一体的治理模式要求，不仅实现维护文化一体性的目标，而且要实现保护文化多样性的目标，要将这两个相反相成的目标结合在一起。应当在坚守底线规则的前提下，提高对多样文化的包容程度，最大限度地包容差异。

### 第三章　文化多样一体的法哲学范式

文化多样一体的法哲学范式是文化人类学与法学相互融合的产物。文化多样一体法哲学的研究方法包括马克思主义唯物辩证法、田野调查方法、比较方法、文化的两向思维方法和多向思维方法、文化的历史分析方法等。文化多样一体法是调整型法、服务型法、软法。初期的人本法哲学更多关注人的自然属性，而文化多样一体法哲学更为关注人的文化属性、社会属性。文化多样一体法哲学是人本法哲学的补充和发展。

### 第四章　文化多样一体与法价值体系的完善

保护文化多样性有利于保护文化资源的丰富性，有利于提高生活质量；保护文化多样性有利于为人们提供多种选择空间，增强人们的适应性，提高幸福指数；保护文化多样性有利于保持社会治理资源的丰富性，将强制和制裁的使用降低到最低限度。因此，文化多样性本身就是值得追求的法价值、社会价值。文化多样性作为一种法价值具有较大的利益涵盖性和价值包容性，具有较高的理论层次。

文化多样性价值可以在法价值体系中发挥协调作用。保护文化多样一体有利于保护生存资源的丰富性，有利于促进福利价值；保护文化多样一体为人们提供多种选择空间，有利于促进自由价值；文化多样一体下的平等是复合平等，而不是简单平等；保护文化多样一体可以通过划分文化空间而隔离冲突，通过分散竞争目标而弱化冲突，有利于促进秩序价值。在人权分类上，原地居民的权利属于特殊主体的人权一类。承认原地居民的权利有利于促进人权分类体系的完善。总之，文化多样性是自由、平等、正义、和平、幸福的实现条件，是制度创新的实现条件。处理价值冲突的原则包括最大幸福原则、价值穷尽原则、价值调和原则。

### 第五章　文化宽容与包容性法治

宽容是对差异的容忍，对不同于自己的事物（思想观点、理论体系、行为方式、风俗习惯、制度等）的容忍。文化宽容是指对多样文化持有的宽容态度。"文化宽容"与"文化多样性"的含义基本相同，可以互换通用。二者都包含容忍差异、包容多样的含义。文化宽容与文化多样性是两种既平行发展，又相互影响的传统。二者有走向趋同的趋势。

法律对文化的宽容包括容忍文化的局限性、容忍文化的轻度危害、容忍文化的个性等方面。为避免文化失序，制定文化宽容的底线规则是必要的。文化宽容的底线规则包括：不危害国家主权和领土完整，坚持社会主义核心价值观，保护濒临灭绝的弱势文化，符合最低限度的人权标准，保持国家的宏观调控能力。

"包容"与"宽容"的含义大致相同，二者都包含容忍差异、容纳多样的含义。二者的区别在于：宽容侧重指平等主体之间的容忍、容纳。而包容则侧重于指强势主体对弱势主体的容忍、容纳。包容性法治至少包括如下理论要素：包容传统文化，包容原地居民的自由权利，政府保持适度的超然姿态。

## 第六章 文化生态与政府法治模式的完善

文化生态是一定区域内的多种文化及其存在环境相互联系构成的系统。文化生态的内生性、整体性要求法律与政府尊重文化生态的规律。善治就是以公共幸福为目的，通过调整文化生态达到治理目标的艺术。法律与政府对文化生态的干预应保持谨慎克制的态度。政府干预文化生态应当遵循的原则包括公共利益优先原则、权利位阶原则、国家谦抑原则。善治要求选择干预的领域和时机，把握干预的度。政府干预文化生态的行为应当受到实体法和程序法的约束。

## 第七章 传统文化的合法性

承认传统文化的合法性的理由在于文化进化的继承性和连续性、文化进化的多线性。承认传统文化的合法性的意义在于：传统文化可以以较低的成本提供生存条件，可以以较低的成本提供就业机会、创业机会，可以为保护自然生态提供基础性的社会条件，可以为弱势群体提供心灵寄托，有利于保持弱势群体的适应能力和自主谋生能力，有利于保障弱势群体的选择权，有利于提高幸福指数。建设包容型法治应当从承认传统文化的合法性做起。传统文化的平等保护有利于减少弱势群体的产生。

承认传统文化的合法性的途径包括：尊重选择传统文化的自由权利，将传统文化作为社会治理的资源，改革评价体系中歧视传统文化的因素。

### 第八章 传统文化的平等保护

传统文化的平等保护的理论渊源包括温和的文化相对主义、查尔斯·泰勒的"承认的政治"理论、玛丽恩·杨的"差异政治论"。

在文化多样性社会,主流社会对传统文化持宽容态度;法律与政策的文化目标是多样的,在发展现代文化的同时,注意保护传统文化。传统文化群体有传承祖先文化的自信心与责任感;选择传统文化的人们应当免受世俗社会的歧视。世俗社会对传统文化的歧视是形成体制型弱势群体的原因,保护传统文化群体的权利有利于减少弱势群体的产生。

文化的形式平等要求法律承认传统文化的平等地位,消除对传统文化的歧视,取消现代文化的特权,要求法律与政策不宜为追求经济增长而损害传统文化。文化的实质平等要求法律与国家给予弱势文化群体以必要的特权,采取特别保护措施(差别保护),使其免于消亡。实现文化的实质平等必须借助于国家对文化生态的合理干预。法律与国家保护濒临灭绝的传统文化、保护文化遗产符合公共利益。

### 第九章 原地居民的权利的法律保护

原地居民是指在强势的外来移民到来之前,世代生活在某一地域的人们。"原地居民"的概念具有丰厚的文化底蕴,接受这一概念有利于促进政府和学术界设身处地地理解"被征迁人""拆迁户""失地农民"的生存处境和合理诉求。原地居民的权利包括谋生方式选择权、文化遗产管理权、土地权利、环境权、参与权等。保护原地居民的权利的积极意义在于:有利于保持原地居民的谋生能力,有利于促进文化遗产的全面保护,有利于保持民间法的再生能力,有利于促进环保法的实施,有利于节制资本,有利于促进政府治理的完善。出于保护濒临灭绝的原地居民文化的目的,在原地居民集体与成员发生权利冲突的情况下,法律应当优先保护原地居民集体的权利。保护原地居民的法律是集体本位的。

### 第十章 法律人类学视野下的民间法

民间法是民间社会自发形成的,在一定的地域范围内具有普遍约束力的行为规则。相对而言,民间法具有地域性,而国家法则具有统一性。民间法的价值主要是熟人社会的价值。民间法对于解决小型熟人社会的纠纷具有较高的效率。广义的民间法是民间社会的做法。民间法是社会治理可以凭借的资源，具有辅助治理的作用。为维护公共利益和社会秩序，国家法应当保持最低限度的优势地位。国家法对民间法的策略包括：国家法对民间法中不完善成分的容忍，国家法对民间法中有益成分的承认，国家法对民间法中有利于减轻惩罚的成分的吸收，国家法对民间法中有明显危害成分的禁止。

法律人类学是对不同文化类型下的法律进行比较研究而形成的科学。民间法研究隶属于法律人类学的范围。民间法中的田野调查方法、案例研究方法、比较研究方法来源于法律人类学。法律人类学立足于原始状态的法律的研究，同时也涉及现代法律。法律人类学隐含的理论前提是：民间法具有存在合理性，是多元法律中不可缺少的成分，应当对其持宽容态度；原始法律与现代法律的并存既可以为人们选择规则，减少规则僵化性的危害提供条件，而且可以促进规则的进化。吸收法律人类学的思想和方法，有利于夯实民间法研究的理论基础。文化人类学为民间法研究提供了更为宽广的理论基础。文化人类学隐含着法的深层奥秘。

### 第十一章 文化遗产的法律保护

文化遗产保护法的原则包括保护优先原则、整体性原则、真实性原则、国家责任原则。保护原地居民的文化遗产管理权、参与权是文化遗产全面保护的关键。要使文化遗产保护目标不受经济增长目标的冲击，应当提高文化遗产保护主管部门在政府各部门中的地位。

# 目 录 CONTENTS

总　序　依法守护文化家园 / 001
导　读 / 004

## 上 编
## 基础理论

### 第一章　文化多样一体法哲学的理论渊源 / 003
第一节　问题的提出 / 003
第二节　研究的现状 / 006

### 第二章　文化多样一体的法哲学释义 / 018
第一节　文化多样性的内涵 / 018
第二节　文化多样性的具体表现 / 030

### 第三章　文化多样一体的法哲学范式 / 037
第一节　文化多样一体法哲学的研究方法 / 037
第二节　文化多样一体法的性质 / 050
第三节　文化多样一体法哲学的性质 / 052

### 第四章　文化多样一体与法价值体系的完善 / 057
第一节　文化多样性本身就是值得追求的法价值 / 057

第二节 文化多样性与其他价值的完善 / 061

第三节 处理价值冲突的原则 / 078

## 第五章 文化宽容与包容性法治 / 089

第一节 宽容与文化宽容释义 / 089

第二节 法律对多样文化的宽容态度 / 098

第三节 文化宽容的底线规则 / 109

第四节 走向包容性法治 / 112

## 第六章 文化生态与政府法治模式的完善 / 117

第一节 文化生态释义 / 117

第二节 法律与政府遵守文化生态规律的意义 / 126

第三节 政府对文化生态的合理干预 / 132

# 下 编
# 专题研究

## 第七章 传统文化的合法性 / 143

第一节 传统文化合法性的提出 / 143

第二节 传统文化合法性的理由 / 147

第三节 承认传统文化合法性的途径 / 166

## 第八章 传统文化的平等保护 / 174

第一节 传统文化的平等保护的提出 / 174

第二节 传统文化与现代文化的形式平等 / 178

第三节 传统文化与现代文化的实质平等 / 181

第四节 体制型弱势群体的成因与消解 / 188

## 第九章　原地居民的权利的法律保护 / 190

第一节　"原地居民"的概念的提出 / 190

第二节　原地居民的权利的类型 / 195

第三节　保护原地居民的权利的积极意义 / 207

第四节　原地居民个体权利与集体权利的关系 / 212

## 第十章　法律人类学视野下的民间法 / 222

第一节　民间法释义 / 222

第二节　国家法与民间法的关系 / 235

第三节　法律人类学的视野 / 252

第四节　文化人类学的背景 / 261

## 第十一章　文化遗产的法律保护 / 264

第一节　文化遗产释义 / 264

第二节　文化遗产保护法的原则 / 267

第三节　文化遗产保护的体制 / 271

**参考文献** / 276

**后　记** / 282

上 编

# 基础理论

# 第一章
# 文化多样一体法哲学的理论渊源

2013年12月30日,习近平总书记在中央政治局集体学习时的讲话中提出,"重点展示中国历史底蕴深厚、各民族多元一体、文化多样和谐的文明大国形象"。[1] 传统文化、文化多样性是国家文化软实力的重要内容,保护传统文化、保护文化多样性就是保护国家文化软实力。中华优秀传统文化与现代文化都是文化多样性的组成部分,应当实现传统文化基因与现代文化基因的结合,实现传统文化与现代文化的协调发展。中国梦就是中华民族的最大公约数,即共同的理想,它包容每个人各自的梦想,并为每个人的梦想的实现创造条件。要处理好一致性与多样性的关系,就要在坚守政治底线的前提下,容忍差异、包容多样,团结各种力量,共同为实现中华民族伟大复兴的中国梦作出贡献。文化多样一体的法哲学研究与以习近平同志为核心的党中央的中国梦思想是一致的,是对中国梦思想作出的法哲学解释。

## 第一节 问题的提出

### 一、研究的问题与背景

(一) 传统聚落的频繁拆建造成的民生资源的损失呼唤尊重传统物质文化

传统文化的形成利用了自然的资源,融入了人类的知识与劳动,是前人创造的文化成果。其中,传统聚落(又称传统人居环境,包括古城、古镇、传统村落、城市传统街区)是传统文化的重要组成部分,应当加以珍惜。随意拆除传统聚落将会造成巨大的资源浪费、财产损失、环境破坏。建立在不

---

[1] 习近平:"提高国家文化软实力",载习近平:《习近平谈治国理政》(第一卷),外文出版社2018年版,第162页。

断否定老城区之上的发展模式是不可持续的。保护传统物质文化有利于节约资源，保护人类创造的物质财富。文化多样一体法哲学主张尊重传统文化（包括原始文化），主张在传统文化的背景上建设现代文化，而不是在传统文化的废墟上建设现代文化。保护传统文化，可以使资源得到充分利用，使已经创造的财富得到传承，避免频繁拆建造成财产损失、资源浪费和环境破坏。保护传统文化、保持文化发展的继承性、连续性，有利于促进财富积累。传统文化作为人类生活环境的重要组成部分，不应因现代文化的发展而失去存在合理性。

对文化发展的继承性规律、连续性规律缺乏认识既是造成传统聚落频繁拆建的重要原因，也是造成治理模式频繁更迭的原因。人居环境的频繁拆建和治理模式的频繁更迭是造成资源消耗、环境破坏、财富积累过程的停滞甚至是中断的重要原因。

要促进财富的积累，就必须完善人居环境的顶层设计。人居环境的建设应当是谨慎的，应当经过科学论证、民主决策。人居环境一旦建立起来就应当保持其完整性、恒定性，其改造应当是逐步的、渐进的，应当给全社会一个适应过程。

同理，要促进制度的完善，也必须完善制度的顶层设计。制度的建立应当是深思熟虑的，制度建设要经过充分讨论，经过民主科学公正的法律程序的把关。制度一旦建立就应当保持其稳定性、权威性，其修改应当是局部性的、渐进的。

（二）现代生活方式产生的大量垃圾与生态环境的恶化呼唤尊重传统生活方式

现代主义的膨胀导致对现代生活方式的推崇和对传统生活方式的厌弃，造成了对传统生活方式的歧视。现代生活方式不断膨胀导致了垃圾的大量产生。

第一，城市出现了垃圾围城现象。改革开放初期，城市的垃圾主要是建筑垃圾，周边农村愿意出钱购买，将其转化为建筑物地基填充物或直接作为建筑材料。随着城市的发展，垃圾品种不断增多，总量不断增大。有的城市产生的垃圾超过了处理能力，越来越多的垃圾被抛弃到乡村环境中，垃圾围城现象越来越严重，甚至出现了城市垃圾吞噬村庄的现象。

第二，农村出现了垃圾围村现象。由于乡土文化缺乏足够的自尊自信，导致农村也在复制城市的生活方式，有的农村也出现了垃圾围村的现象。城市尚且存在垃圾转运系统，而农村产生的大量垃圾大多只能与人居环境相伴存在。

循环经济链条濒临断裂的情况说明了如下观点：其一，现代文化对传统文化的蚕食造成传统文化不断萎缩，降低了传统文化对现代文化废弃物的再利用能力。其二，现代文化产生的废弃物不仅超出了自身的处理能力，而且会超出了环境的承载能力。

传统文化与现代文化实现功能上的互补，有利于改善人的生存和发展环境。现代文化无序扩张，将会摧毁传统文化，不仅会使现代文化的存在环境恶化，而且会使整体的文化环境趋于恶化。

生态马克思主义主张理性生产、理性消费。生态马克思主义具有团体本位倾向，侧重强调通过人民管理国家遏制资本泛滥、遏制物质主义对生态的威胁。在保护生态的目标上，生态马克思主义、生态人类学两种学说殊途同归。二者只是理论侧重不同，并没有根本的矛盾。人类在生态危机不断加深、生态灾难频频降临的情况下，最终将不得不接受他们的劝告。

传统文化是在漫长的历史过程中自然形成的文化。传统文化的形成消耗了资源，付出了劳动成本，从经济视角上看是有价的；传统文化的形成凝聚了先人的智慧，承载着今人的情感，从社会视角上看则是无价的。传统文化是人类生存环境的重要组成部分。虽然现代文化的产生将会使传统文化的地位有所调整，但传统文化的作用是永恒的。传统文化是文化多样性的重要内容，保护文化多样性的重点是保护传统文化。

## 二、研究的动机与目的

（一）治理模式的调整

其一，从忽视原地居民的权利向尊重原地居民的权利转变。其二，从政府推行单一目标向政府指导下多种目标兼顾转变。其三，从无限政府向有限政府、责任政府转变。其四，从国家强制力的广泛使用向最低限度的国家强制转变。

（二）学术研究重点的转变

美国人类学家哈维兰认为："虽然早期人类学家经常为殖民地的行政官员提供'控制'原地居民所必要的信息，但是他们很久以前已不再从事这类工作,他们视为首要的事情是人们对其自己文化的权利。"[1]

在西方,文化人类学的早期阶段是在文化同化时代开始的。在这一阶段,旅行者是文化人类学的产生和早期发展的重要推动者。旅行者通过向政府和企业提供原地居民生活的信息,帮助政府控制原地居民,帮助企业在与原地居民打交道中获得最大利润,然后从政府和企业那里得到资助。

文化包容政策的产生为文化人类学的发展提供了适宜的条件。在这一时代,政府与企业为避免与原地居民的冲突而有意识地尊重原地居民的权利。首先,法治政府理论要求政府职能从社会控制向社会服务转变,政府治理模式从社会控制模式向维权模式转变。在文化多样性社会中,多种利益集团对法律的影响形成了相对的平衡状态,强势群体控制政府的倾向受到了抑制。在理想的法之下,政府不宜为强势群体所绑架,应在强势群体与弱势群体之间保持超然态度,应当对弱势群体实施平等保护,既要重视形式平等,也要重视实质平等。其次,企业行为也会随着政府职能的转换而走向完善。企业就会从单纯追求利润最大化向综合考虑经济效益与社会效益转变,企业就会尊重原地居民的权利,与原地居民协商制定开发方案。文化人类学是连接原地居民与政府、原地居民与企业之间的桥梁与纽带。文化人类学家研究的一个重要目的是为原地居民权利呼吁,为立法与政策提供参考。

## 第二节 研究的现状

2017年10月18日,习近平总书记在党的十九大报告中指出:"要高举爱国主义、社会主义旗帜,牢牢把握大团结大联合的主题,坚持一致性和多样性统一,找到最大公约数,画出最大同心圆。"[2]这一主张既是中国特色社会主义的多种社会利益主体在政治协商、协商民主上的根本遵循,亦是对历史形成的文化多样一体思想的精辟总结。在我国,文化人类学、政治学、教育学等领域对文化多样一体思想作出的解读已经有了较好的发展。但是,法学领域对这一思想的解读尚处于起步阶段。对文化多样一体思想作出法哲学解

---

[1] [美]威廉·A.哈维兰:《文化人类学》(第10版),瞿铁鹏、张钰译,上海社会科学院出版社2006年版,第29页。

[2] 习近平:《决胜全面建成小康社会 夺取新时代中国特色社会主义伟大胜利——在中国共产党第十九次全国代表大会上的报告》(2017年10月18日)。

读，建立文化多样一体的法哲学范式需要从三方面寻找理论渊源：社会主义是主导性的理论渊源，中国传统（以儒家思想为代表）、西方传统（以文化人类学为代表）也是重要的理论渊源。

## 一、社会主义的文化多样一体思想

### （一）社会主义尊重历史形成的文化成果

社会主义承认文化发展史的继承性、连续性。马克思指出："人们自己创造自己的历史，但是他们并不是随心所欲地创造，并不是在他们自己选定的条件下创造，而是在直接碰到的、既定的、从过去承继下来的条件下创造。"[1] 人类历史上创造的文化成果（知识、经验、习惯、组织、制度、物质财富等）是社会主义产生和发展的文化条件。社会主义必须正视历史形成的文化成果。最大可能地利用这些条件可以节约社会发展的成本。列宁在谈到青年的培养时指出："青年的训练、培养和教育应当以旧社会遗留给我们的材料为出发点。我们只能利用旧社会遗留给我们的全部知识、组织和机关，在旧社会遗留下来的人力和物力的条件下建设共产主义。"[2] 社会主义在改造传统文化的过程中不应忘记对传统文化优秀成果的继承。对于其中明显有害的内容，应当通过正当法律程序加以限制或者禁止。

### （二）社会主义的出现本身就意味着文化多样性的增进

根据辩证唯物主义历史观，文化发展的历史体现了继承与创新的统一、连续性与间断性的统一。社会主义作为人类历史发展的一个环节，也遵循这一规律。社会主义社会是人类社会发展史高级阶段出现的社会形态。社会主义的卓越之处至少表现在如下两点：其一，社会主义敢于弥补与矫正人的局限性。人本主义心理学家马斯洛认为，人性中有恒定的内容，也有可变的内容。在需要层次体系中，越是基本需要，恒定性越强；越是非基本需要，可变性越强。社会主义在尊重基本需要的前提下，抑制奢侈需要、引导参与需要和精神需要；社会主义通过制度创新弥补与矫正人的局限性，使人性中光明的一面得到发扬，使人性中阴暗的一面得到抑制。其二，社会主义敢于改

---

[1] [德] 马克思："路易·波拿巴的雾月十八日"，载《马克思恩格斯选集》（第1卷），人民出版社2012年版，第669页。

[2] [苏] 列宁："青年团的任务（在俄国共产主义青年团第三次代表大会上的讲话）"，载《列宁全集》（第39卷），人民出版社1986年版，第294页。

善文化生态。自然形成的文化生态存在着许多不利于增进幸福的因素,如文化的畸形发展造成的文化失衡、有益文化在竞争中处于弱势地位甚至濒临灭绝。社会主义从人的幸福出发抑制文化生态的畸形发展、保护有益的弱势文化。社会主义在继承传统文化的基础上对其进行批判性的改造,使文化生态朝向有利于增进幸福的方向进化。正因为社会主义有上述卓越之处,所以社会主义的出现本身就意味着文化发展史的巨大创新,意味着为人类文化宝库增添了新的瑰宝。

(三) 社会主义尊重文化多样性

联合国教育、科学及文化组织于2005年通过的《保护和促进文化表现形式多样性公约》"序言"第(二)项规定:"认识到文化多样性是人类的共同遗产,应当为了全人类的利益对其加以珍爱和保护。"该规定将文化多样性提高到人类遗产的高度。保护文化多样性就是在保护人类的文化遗产。我国全国人大常委会已于2006年12月29日批准了该公约,我国已经成为该公约的成员国。该公约不仅具有道义上的号召力,而且也在我国产生了法律效力。根据该公约的要求,保护和促进文化多样性既是我国公民和法人的法律义务,也是我国政府工作的重要内容。

2014年9月24日,习近平主席在纪念孔子诞辰2565周年国际学术研讨会上的讲话中指出:"我们应该维护各国各民族文明多样性,加强相互交流……任何想用强制手段来解决文明差异的做法都不会成功,反而会给世界文明带来灾难。"[1]对于各国各民族的优秀文化都应当持承认、尊重的态度。多种文化中的优秀的文化基因的组合有利于促进文化的创新性、适应性。应当保持中华文化血脉的延续性,实现传统文化的创造性转化,在继承传统文化的基础上实现文化创新发展。

(四) 社会主义文化与多样文化的关系

第一,社会主义主导的文化多样一体具有更大的利益涵盖性。社会主义的利益分配方案的特点是:在重视个体利益的同时,更重视社会利益;在重视当前利益的同时,更重视长远利益;重视平等保障人的基本需要和利益;主张克制贪欲;主张财产权的合理利用;主张节制资本;敢于以公共利益为

---

[1] 习近平:《在纪念孔子诞辰2565周年国际学术研讨会暨国际儒学联合会第五届会员大会开幕会上的讲话》(2014年9月24日)。

出发点，抑制强势群体不当利益的膨胀，对多种群体的利益作出整体性的安排。社会主义的目标是实现全人类的最大利益，社会主义主导的文化多样一体隐含着体现全社会利益最大化的利益分配方案。社会主义文化在本质上是以全社会个体的尊严与共同体的根本利益为基础的，也是对个体人格表现多样性的最大限度地尊重。因此，社会主义及其文化的确立、发展和完善是人类战胜自身弱点的伟大胜利，具有内在的必然性，相对自由主义等思想意识所设置的利益配置图景具有更深切的合理性，应当在利益秩序的构建中发挥主导作用。也承认，社会主义隐含的利益分配方案不可避免地存在局限性。脱离文化多样性背景的纯粹的社会主义所隐含的利益分配方案无法照顾到所有的利益要求，必须发挥文化多样性在利益分配上的补充作用。

第二，社会主义主导的文化多样一体具有更大的价值包容性。人类历史上出现的多样价值（包括中国传统文化的合理价值因素和西方文化中的合理价值因素）也具有一定的合理性，它们可以为社会主义核心价值观的发展提供营养。我国提出的社会主义核心价值观就是在吸收人类历史上出现的多样价值的基础上形成的。以社会主义核心价值观主导、吸收多种价值观的合理因素的价值体系具有更大的合理性。多样文化作为文化进化史的成果具有一定的合理性，也是文化生态不可缺少的组成部分，可以成为社会主义文化的必要补充。社会主义包容文化多样性，既可以发挥文化多样性的积极作用，也有利于社会主义不断吸收多种文化的合理因素实现自我完善。社会主义主导的文化多样一体可以为人们的生存和发展营造良好的文化环境。

各种文化在文化体系中的地位和作用不是相同的。其中，社会主义文化居于主导地位，多样文化居于必要的辅助地位。社会主义文化与多样文化之间存在资源上的相互吸收、价值上的相互促进。

理想的社会秩序是通过多种文化主体订立社会契约建立的秩序。但是，在现实社会中，由于人的局限性，多种主体有可能固守自身的利益、价值与文化倾向，彼此割裂和对立，无法通过订立"社会契约"而建立秩序。主导文化掌握着较多的权力资源、物质资源，能够发挥文化秩序守护者、引导者、调整者、最终裁决者的作用。主导文化担负着更多的社会责任，应当按照全社会最大利益的目标发挥调控文化生态的作用。因此，主导文化在构建秩序过程中的协调、统合作用是不可缺少的。历史地看，社会主义文化出现在文化进化史的高级阶段，具有最大的合理性，应当在文化体系中居于主导地位。

## 二、中国传统的文化多样一体思想

(一)"和而不同"中的包容差异思想

中国传统的文化多样一体思想的集中体现是"和而不同"。"和"是指性质不同的事物共同作用产生的和谐状态。《国语·郑语》载:"和实生物,同则不继。"其含义是:性质不同的事物相结合才能产生新事物。金木水火土五行相结合产生世间万物,不同声音相结合产生悦耳的音乐,不同味道相结合产生可口的美味,雌与雄的结合繁育后代。原因在于:不同的事物相结合形成优势互补,有利于产生新事物、新功能;而性质相同的事物相结合则不能形成优势互补,不能产生新事物、新功能。文化作为人造物也具有相同的道理。在文化多样性下,人们不断尝试着不同文化的多种组合,进行着各种各样的文化实验,新文化不断涌现。因此,文化多样一体社会具有较强的文化创新能力。而在文化单一性下,文化实验将受到限制,文化创新能力将受到压抑。

《论语·子路》载:"君子和而不同,小人同而不和。"其含义是:值得肯定的做法是,包容不同的意见,根据不同的意见形成统一的意见,不强求一律;应当否定的做法是,强求一律,不尊重不同意见。文化多样一体社会是"和而不同"的社会,是多样异质文化达成和谐的社会。保持文化多样性有利于实现自由与秩序的统一、创新与守成的统一。而文化单一性社会则是"同而不和"的社会,是文化单一性的同质化社会。在文化单一性社会,文化资源贫乏,缺乏保障选择自由的文化条件,形成了事实上的强制;由于缺乏异质文化基因的组合,文化进化的内在机制将遭到破坏,社会的文化创新能力将被损害。

(二)"中庸"中的适度、平和思想

中国传统的文化多样一体思想还体现在中庸思想上。四书之一的《中庸》认为,"中庸"就是"中立而不倚",这一说法较为接近"中庸"的定义。朱熹在《中庸章句》一文中对"中庸"的解释是:"中者,不偏不倚,无过不及之名;庸,平常也。"由于现实社会生活的复杂性,应当允许在不同领域存在利益差别,以有利于奖励贡献、激励创新。没有利益差别的社会是低效的社会。应当允许在不同领域存在价值不均衡,以有利于保持社会生活的丰富性。没有价值不均衡的社会是单调的社会。但是,利益差别和价值不均衡不应当过度。例如，中庸承认自由，但认为过度的自由将会损害平等和秩序；中庸承认平等，但认为过度的平等将会造成国家对社会的过度干预，从而妨碍自由；中庸承认文化继承，但反对守旧；中庸承认创新，但反对激进。

中庸反对过度的放任，因为过度的放任将会造成两极分化，造成周期性的经济危机。中庸也反对过度干预，因为过度干预将会造成文化生态（包括市场）的损害，造成社会自我调节机能的失灵。这与文化多样一体法哲学主张的市场调节与国家干预的合理结合是一致的。中庸反对过度的保守（过度的保守也是一个极端），主张适时变革，不拖延。中庸也反对激进变革，主张走渐进道路，不激进。中庸的思维方式对于处理文化的多样与一体的关系具有重要的启发意义。在认真对待文化发展的守成与变革上，既要适应社会生产力和发展阶段，注重文化传承，承认文化差异，又要在根本上适应人民群众美好生活的需要，以人民群众为实践主体和价值主体，进行文化创新与发展。

河南省巩义市康百万庄园内的一处老宅有一块"留余匾"。其解释性文字主张"不尽之巧以还造化"，意思是不把技巧用尽，给自然留有余地；"临事让人一步，自有余地"，意思是遇事让人一步，会赢得更大的格局。[1] "留余"匾是中庸思想的一个鲜活例证。当地人以此处老宅为核心建立了留余文化园，试图将传承留余文化作为带动经济发展的动力源。一方面，要挖掘和梳理中华民族优秀传统文化的积极内在因素，另一方面也必须清醒地认识到，在我国历史长河中，漫长的封建社会的深刻积淀所导致的缺乏民主法治、协商妥协的传统。古代法制中利益倾向和价值倾向常常重视当时的"主流"文化、忽视文化多样性。这种情况加剧了不同文化主体的对立、治理模式的频繁更迭和变革成本高昂。没有文化多样性、民主政治、协商妥协的社会条件，中庸作为一种社会发展演进的理想难以落到实处。这对文化多样一体的实践审视具有镜鉴作用。

### 三、文化人类学的文化多样一体思想

**（一）文化人类学的概念与精神**

文化人类学，是对各种类型的文化进行比较研究而形成的学科。文化人

---

[1] 参考"留余匾"词条，载"360百科"https://baike.so.com/doc/6296773-6510293.html.

类学关注对他者文化的借鉴，关注对处于弱势的传统文化的保护。文化人类学已经发展成为一个由大量分支学科构成的学科群，其中具有代表性的分支学科包括经济人类学、政治人类学、法律人类学、都市人类学等。

西方的多元文化主义是在文化人类学领域产生的思想体系，是对文化人类学理论的概括和提升。"multiculturalism"可译作"多元文化主义"。有学者考证，"多元文化主义"（multiculturalism）一词是由美国犹太学者霍拉斯·卡伦于1915年在《民主与熔炉》一书中最早提出的。[1] 在20世纪60年代的加拿大，在弱势文化群体反对英裔文化和法裔文化掌握文化霸权（称为"二元文化"）、排斥他者文化的过程中，"multicuturalism"（多元文化主义）得到了广泛的使用。[2] 美国使用"multicuturalism"一词的时间晚于加拿大。美国学者格莱泽做过统计，美国主要报刊在20世纪80年代末才开始使用multicuturalism一词，该词在1989年仅出现33次，但很快出现了快速增长趋势。[3]

"cultural pluralism"可译作"文化多元主义"。美国文化人类学家哈维兰也使用"cultural pluralism"一词表达文化多元主义思想体系。他认为："文化多元主义是指在同一个社会或多民族国家内具有不同生活和思维方式的人们的社会和政治互动。"[4] "multicuturalism"与"cultural pluralism"的含义是一致的。随着时间的推移，"multicuturalism"的使用频率逐渐增多，但"cultural pluralism"仍然有一定的使用频率。

多元文化主义最早兴起于文化人类学领域，随着时代的发展，多元文化主义逐渐发展成为一种社会思潮，在人类学、政治学、经济学、法学、教育学等领域产生了深远影响，并促进了西方移民国家的文化政策从同化主义政策向多元主义政策的转变，而"文化多样性"正是多元文化主义的一个重要概念。

我国历史悠久、多民族多样文化的国情决定了，不仅要保护文化多样性，

---

[1] 参见常士訚主编：《异中求和：当代西方多元文化主义政治思想研究》，人民出版社2009年版，第12页。

[2] 参见王俊芳：《加拿大多元文化主义政策》，中国社会科学出版社2013年版，第58页。

[3] 参见常士訚主编：《异中求和：当代西方多元文化主义政治思想研究》，人民出版社2009年版，第377页。

[4] [美]威廉·A.哈维兰：《文化人类学》（第10版），瞿铁鹏、张钰译，上海社会科学院出版社2006年版，第506页。

而且要坚持文化一体性，做到文化多样性和一体性的统一。文化多样一体法哲学就是这一思想在法学领域的体现。

(二) 文化多样一体法哲学的主要论题

1. 对濒临灭绝的弱势文化的保护

一方面，在文化生态系统中，多样文化之间既存在着交流、互动、互补，也存在着文化竞争、优胜劣汰的现象。这些现象的存在对于文化生态的运行与进化都是有利的。这是法律与国家应当尊重文化生态规律、克制干预冲动的理由。

另一方面，也会出现这种情况，有些文化蕴含着人类的智慧，对人的生存和发展是有益的，却由于人存在依附强势文化、追求私利的本性而在文化竞争中处于濒临灭绝的状态。出于保护人类的文化资源、保护文化多样性、保护文化生态的理由，法律与国家应当担负起保护濒临灭绝的弱势文化的责任。

2. 原地居民的权利保护

文化人类学对原地居民文化的迅速消失感到担心，认为原地居民文化的消失将会造成文化类型的减少、文化遗产的消亡。虽然从目前人类对文化的认识水平上看，很少有人这样看问题，但是，尊重原地居民文化的呼吁不仅代表原地居民的利益，而且代表全社会的公共利益。

多元文化主义要求人们尊重不同的文化传统，将不同文化群体创造的文化遗产视为全人类的财富；要求人们抛弃对自己文化的偏执和对他者文化的偏见，尊重各个文化群体的平等权利，特别是尊重原地居民的平等权利，尊重原地居民创造的文化遗产。主流的生产生活方式不应当作为唯一的生产生活方式，原地居民的传统生产生活方式也具有存在合理性。应当允许原地居民在不同的生活方式之间作出选择。

3. 文化宽容的底线规则

多元文化主义学者也认识到，文化宽容的底线是文化运行规则的重要组成部分。金利卡认为："文化多元主义的宽容（tolerance）和多样性（diversity）都是具有明确限度的：多样性是有价值的，但只有在确定的共同规范和共同体制的框架内才能生效。否则就会引起动荡。"[1] 法律对多样文化的宽容是

---

[1] 转引自王俊芳：《加拿大多元文化主义政策》，中国社会科学出版社 2013 年版，第 130 页。

有限度的，一种文化要得到法律的宽容，必须满足最低限度的要求。因此，提出文化宽容的底线规则有利于维护文化的一体性。我国建立多样一体的文化体系可以批判地借鉴西方多元文化主义中的某些合理因素。一种文化要得到法律的宽容至少要满足如下条件：其一，不危害国家主权和领土完整；其二，尊重社会主义核心价值观；其三，符合最低限度的人权标准；其四，保持国家的宏观调控能力。确立文化宽容底线规则是建立文化法治的重要工作。

在经济全球化与主权国家利益错综复杂的今天，人民不再是同质的共同体，而是包含多种利益诉求和多样文化样态的异质的共同体。在弘扬和践行社会主义核心价值观的进程中，在守牢底线的前提下，包容性程度越高，党的事业越能得到人民的支持。党的执政能力越强大，社会越和谐，人民越幸福。

文化人类学崇尚文化多样性价值，强调对濒临灭绝的弱势文化（特别是传统文化）的保护。作为文化人类学分支学科的经济人类学和政治人类学为文化多样价值和传统文化保护增添了具体的内容。

（三）经济人类学

经济人类学，是对多种经济类型（谋生方式及在此基础上形成的制度）进行比较研究而形成的科学。经济人类学立足于原始经济和传统经济的研究，然后将研究视野扩张到现代经济类型。经济人类学隐含的理论前提是：原始经济和传统经济具有合理性；即使在经济不断发展的现代社会，原始经济和传统经济也具有存在的必要；应当尊重经济类型的多样性，为人们选择经济类型提供多种可能性。

1940年，美国人类学家梅尔维尔·赫斯科维兹出版了《原始人的经济生活》一书。1952年，该书再版定名为《经济人类学：比较经济研究》。该书首次用经济人类学作为著作名称，该书出版标志着经济人类学的诞生。1973年，法国人类学家戈德利耶出版了《马克思主义人类学的展望》一书，主张马克思主义、社会主义应当包容原始经济、传统经济。2001年，陈庆德出版的《经济人类学》（人民出版社2001年版）一书是第一部国内学者写作的经济人类学著作。该书论述了马克思主义对经济人类学的贡献，并对经济类型、民族经济、区域发展等问题进行了深入的研究。[1]

---

[1] 参见陈庆德："经济人类学的理论发展"，载《云南社会科学》2000年第2期，第86页。

经济人类学作为文化人类学的分支学科,使用文化人类学的田野调查方法和比较方法。

经济人类学是介于经济学与人类学之间的边缘学科。二者都关注经济现象与经济规律。

经济学与经济人类学的区别在于:

第一,研究对象的侧重点不同。经济学侧重于研究现代社会、主流社会的经济,关注经济发达社会的经济现象,如货币、价格、投资、工资、市场等。而经济人类学则关注经济不发达社会的经济现象(如礼物交换、各种类型的传统市场、职住合一的小作坊)。有学者研究发现,有管控的市场的蔬菜价格普遍高于无管控的市场。传统市场可以为居民提供低价的商品和服务,有存在合理性。

第二,研究方法的侧重不同。经济学更关注以货币计量的利益,侧重于定量研究,大量使用数学,而经济人类学则更关注非货币利益,侧重于定性研究,很少使用数学,可以称为"没有数学的经济学"。

第三,重点关注的利益主体不同。经济学更关注强势经济主体的经济利益、经济效率,尽管通过涓滴效应也可能使社会受益。而经济人类学则侧重关注弱势经济主体的利益,从保护文化多样性这一更高层次目标出发关注社会利益、社会整体效率。

第四,对资本与金融的态度不同。现代经济学更关注资本与金融促进经济增长的积极作用,而经济人类学则更关注资本与金融的过度扩张造成的社会危机,试图通过保护多样文化、保护原地居民权利等途径抑制资本与金融的消极作用。

(四)政治人类学

政治人类学,是研究他者社会的权力现象和运行规律的科学。在文化多样状态下,多种文化主体互为他者。政治人类学的他者视角有利于促进多种权力的互补、互动。

1940年,福蒂斯和普里查德在《非洲政治制度》一书将非洲国家的政治制度分为国家制度和非国家制度,集中处理公共事务的制度和不集中处理公共事务的制度等多种形式。在非洲原始部落社会,即使没有国家与政府,仍然保持着秩序。非国家制度具有存在合理性,建议英国殖民地当局予以尊重。学术界普遍认为,该书的出版是政治人类学诞生的标志。

政治人类学着重关注传统的小型熟人社会。在这些社会中，国家法和政府机构不发达，甚至缺失，主要靠传统的纽带（亲属关系、部落、原始信仰等）维系社会秩序，保障生产和生活的进行。[1]

国家制度着重体现原子主义的、陌生人社会的价值，而非国家制度则着重体现社群主义的、小型熟人社会的价值。

传统文化是文化生态的重要因子，在维护文化生态平衡过程中具有积极作用，因而具有存在合理性。在文化多样一体法哲学视野下，非国家制度的存在有利于弥补国家制度的局限性，矫正国家制度的失误，是国家制度的必要补充。

政治人类学关注弱势群体的非制度参与。传统文化（语言、民俗、艺术、民间信仰、家族、亲属关系）是弱势群体保护自身权利所凭借的资源，是弱势群体参与社会治理的重要途径。[2] 尊重传统文化有利于保持协商主体的平等性，有利于提高社会治理的水平。

早期的政治人类学着重研究传统社会内部的权力运行过程。在全球化不断扩展、传统社会不断受到蚕食、传统社会自觉或不情愿地接受现代文化的形势下，要保持政治人类学的研究传统，就必须开辟新的研究论题。当今的政治人类学关注的论题包括：传统社会与国家之间的关系、传统区域与现代区域之间的关系、弱势群体（农民、妇女、贫民）的权利保护、发展中国家的权利保护等。

政治人类学的研究方法是文化人类学的田野调查方法和比较方法。

关于政治人类学的学科归属，人类学学者强调，政治人类学是文化人类学的分支学科；而政治学学者则强调，政治人类学是政治学的分支学科。笔者持综合观点，认为政治人类学处于政治学和人类学两大学科的边缘地带，属于交叉学科，它既是文化人类学的分支学科，也是政治学的分支学科。

政治学（如行为主义政治学）与政治人类学存在共同的人性假设——政治人假设。作为政治学家和动物学家的亚里士多德认为："人类在本性上，也正是一个政治动物。"[3] 人类以其理性能力和道德能力，能比动物结成更为

---

[1] 参考董建辉："西方政治人类学60年的演进"，载《国外社会科学》2002年第2期，第8页。

[2] 参考董建辉、徐雅芬："底层民众与政治权力——西方政治人类学视野中的弱势群体研究述评"，载《国外社会科学》2011年第6期，第18页。

[3] [古希腊] 亚里士多德：《政治学》，吴寿彭译，商务印书馆1965年版，第7页。

复杂的政治组织，并使社会向着正义的方向发展。人是政治权力的主体，是政治过程的参与者。

政治学与政治人类学的差异主要在于研究对象的差异。政治学侧重于研究主流社会的权力，而政治人类学则侧重于研究非主流社会的权力；政治学侧重于研究国家权力，而政治人类学则侧重于研究国家以外的其他社会组织的权力。政治人类学强调国家以外的其他社会组织的权力具有合理性的一面。

# 第二章 文化多样一体的法哲学释义

## 第一节 文化多样性的内涵

### 一、文化的概念

文化是指人类创造的成果的总称。关于文化的要素,包括两要素说和三要素说。关于文化的结构,学界存在两要素说和三要素说的争鸣。

两要素说认为,文化包括物质文化和精神文化两要素。物质文化是指人类创造的有形文化成果;精神文化是指人类创造的无形文化成果,包括生产方式、生活方式、交往方式、价值观念、信仰、风俗习惯、道德、法律制度等。文化的两要素说更强调精神文化的地位和作用,并认为,精神文化、无形文化是文化的核心含义,物质文化则是其表现形式。

如果再从精神文化中分出制度文化要素,两要素说就过渡到三要素说了。三要素说认为,文化包括物质文化、制度文化(如经济制度、法律制度、政治制度)、精神文化(如道德观念、价值倾向、行为习惯、生活方式、理论观点、宗教信仰等)三要素。物质文化成果可以提供民生所需要的物质资源。而制度文化成果和精神文化成果则影响着物质文化成果的产出条件和分配方式。人们对物质文化成果往往能够一致接受,但对制度文化成果和精神文化成果的态度则往往存在争议。

文化具有广泛的功能。文化的功能包括沟通功能、规范功能、教化功能、传播功能、传承功能等。

文化人类学在人们对文化的一般认识的基础上,着重强调如下要点:

第一,文化是人类为适应自然环境而创造的成果,自然环境的类型会对文化的类型产生重大影响。自然环境的差异性是产生文化的地域性的重要原因。

文化随自然环境的变化而发生变迁。

第二，文化是人类为生存和发展而创造的成果，文化具有满足人的生存和发展需要的功能。有学者指出："文化其实就是人类为生存和发展而开展的一切活动的过程和结果。"[1]

第三，文化构成了人类生活的人文环境，是人类生活环境的一部分，它与自然环境一起构成了人类生活的整体环境。不同的文化群体在漫长的历史中逐渐形成独具特色的文化类型。文化具有群体性、民族性。

第四，文化的产生和发展是一个自然历史过程，文化发展史具有继承性、连续性，不可以任意割断。

根据人本主义心理学的需要层次说，人的生存需要最强烈，生存文化应当置于首位；在满足生存需要的前提下，人的交往需要和精神需要则变得强烈起来，交往文化和精神文化逐渐变得重要起来。按照文化与不同层次的需要的对应关系，可将文化分为三要素：第一要素，生存文化，即与生存有关的文化。具体包括适应环境和利用资源的知识、技术和工具、生产生活方式等。第二要素，交往文化，即与交往有关的文化，包括法律（规则与制度）、道德、风俗习惯等。文化中隐含着行为规则，人们可以根据规则预测他人如何行为，从而进行合作。第三要素，精神文化，即与精神有关的文化，包括价值观念、思维方式、理论学说、原始信仰等。多样价值观念各有其合理性。在多样性社会中，个体独立和团体纪律、尚武精神与爱好和平、田园牧歌的悠闲与勇于拼搏的精神等相互冲突的价值观念可以并存，供人们去选择，使人们各得其所。

文化凝聚了人类的智慧、情感和劳动。文化又是人生存环境的重要组成部分，人与文化存在着不可分割的密切联系。人与文化存在着互动关系。一方面，文化塑造人。每个人在自身素质、境遇和外部环境的综合作用下，也形成了不同的个性。另一方面，人也在塑造文化。每个人认同一种文化是因为这种文化为他的生存和发展提供了条件，承载着他改善命运的希望。尊重人就必须尊重人所生活的文化环境，漠视文化就是对人的不尊重。

与文化相近的概念是"文明"（civilization）。二者经常互换通用。相比较

---

[1] 王东昕："透过文化本质看文化多样性与环境多样性之内在关系"，载《云南民族大学学报（哲学社会科学版）》2008年第4期，第23页。

而言,"文化"侧重指制度成果和精神成果,而"文明"侧重指物质成果。

**二、文化多样性的概念**

《简明文化人类学词典》的"文化多元性"词条的定义是:"在同一社会内部存在不同的民族文化的现象。"[1]文化多样性概念含有不同民族文化共存、容忍民族文化特殊性和差异性的含义。笔者认为,可以对文化多样性概念的外延作出拓展。文化多样性概念所涵盖的领域不仅包括民族文化多样性,而且包括民间文化多样性、经济多样性、法律多样性等。

文化多样性(Cultural Diversity)是指一定区域内文化类型的丰富程度。文化多样性概念是对文化人类学基本思想的概括与提升,是文化多样一体法哲学的核心概念。文化人类学和文化多样一体法哲学都有同样的观点:不仅历史形成的每一种文化都是人类的文化遗产,都是人类生产和生活需要凭借的文化资源,而且文化多样性本身也是人类的文化遗产,是人类生产和生活需要凭借的文化资源,都应当加以保护。保护濒临灭绝的弱势文化、抑制强势文化的无序扩张,有利于保护和促进文化多样性。保护和促进文化多样性有利于促进不同的沟通与交流,为自由选择创造条件,并有利于改善人类的生存条件,有利于促进公共利益,增进社会幸福。文化人类学欣赏他者文化,将文化多样性作为一种价值目标加以追求。

文化多样性的概念是对文化人类学基本精神的概括和提升,本身具有丰厚的学术底蕴,对其进行发掘对于形成包容型法治的话语体系具有重要意义。

文化多样性概念的提出受到了"生态多样性"和"生物多样性"概念的启示。生态多样性既包含生物多样性,又是生物多样性的外部条件。生态多样性、生物多样性又是文化多样性的外部条件。生态多样性、生物多样性、文化多样性都是人类生存和发展的外部条件。

文化多样性的对立面是文化单一性。文化单一性又称为文化一元主义、文化绝对主义、文化帝国主义、文化原教旨主义等。

2001年联合国大会通过的《世界文化多样性宣言》第1条指出:"……文化多样性是交流、革新和创作的源泉,对人类来讲就像生物多样性对维持生物平衡那样必不可少,从这个意义上讲,文化多样性是人类的共同遗产,应

---

[1] 陈国强主编:《简明文化人类学词典》,浙江人民出版社1990年版,第78页。

当从当代人和子孙后代的利益考虑予以承认和肯定。"2005年《保护和促进文化表现形式多样性公约》也表达了类似的主张：文化多样性是人类赖以生存的资源，是可持续发展的条件；选择文化的权利是人权的重要内容；主权国家的政府和国际组织都有尊重和保护文化多样性的义务。在一国范围内，文化多样性是国家财产，是国家实力的重要内容，是国家竞争力的重要指标。保护少数群体文化就是保护国家财产，就是在培养国家实力。保护文化多样性不仅有利于安置人的生命，而且有利于安置人的心灵。

在文化多样性状态下，不同文化之间的关系包括相对独立、相互交流、相互促进（互动）、相互交融、相互补充（互补）、相互合作、相互竞争、相互平衡、相互制约等多种情况。

文化交流是指不同文化之间存在的物质、信息、人员的相互流动。

文化互补是指在文化生态系统中，可以运用一种文化的合理性弥补其他文化的局限性，从而形成多种文化在功能上的相互补充的关系。在文化生态系统中，多种文化存在互补关系。文化多样性意味着文化的差异化。文化的差异性越强，互补性也就越强；反之，文化的同质性越强，互补性也就越弱。容忍文化差异有利于实现文化互补。随着文化生态的进化，多种文化的差异会越来越大，互补性也会越来越强。文化生态经过漫长的进化过程，逐步形成了神奇的互补关系网络，几乎每一种文化的局限性都可以借助他者文化得到弥补。有学者指出："宽容是对人类理解力局限的一种补救，任何人都没有掌握最后的真理才有必要宽容。"[1]文化局限性决定了，文化的自我完善是有限度的，借助于他者文化的合理性弥补一种文化的局限性是必要的。

质疑文化多样性的观点认为，文化多样性会削弱国家和民族的凝聚力。一方面，这种观点有一定道理，过度的多样性确实会加剧离心倾向；另一方面，这种观点未认识到单一性也会造成离心倾向。由于社会的复杂性、单一文化在利益涵盖性和价值包容性上具有局限性，单一文化不可能使所有的人各得其所。由于一部分人处于文化的核心地带，在社会资源占有上居于优势地位，其他人处于文化的边缘地带，在社会资源占有上居于劣势地位。单一

---

[1] 常士䦆主编：《异中求和：当代西方多元文化主义政治思想研究》，人民出版社2009年版，第264页。

文化使处于边缘文化的主体很难有改变命运的机会，造成处于文化中心地带的主体与处于边缘地带的主体的对立和冲突。只有文化多样一体的文化生态才能最大限度地使不同文化主体各得其所、各安其位，避免边缘化现象。

### 三、文化多样性的成因

（一）生态多样性是文化多样性的环境原因

文化生态学认为，文化是人类在适应自然环境的过程中创造的成果的总和。这些文化成果包括生产生活方式、知识系统、价值体系、制度等。文化总是受到自然生态（相当于孟德斯鸠所说的"地理环境"）的制约。

自然生态的多样性是形成文化多样性的重要条件。要保持文化多样性就必须保持自然生态的多样性。过度地改变生态多样性迫使人们形成适应单一环境的文化，从而损害了文化多样性。[1]过于强调规划的统一性将会破坏生态多样性，进而将会损害文化多样性。

（二）文化传统的多样性是文化多样性的历史原因

动物行为学家经研究得知，灵长类社会中存在着两种不同的体制。①松散型体制（川金丝猴群体）。该体制的特征是：等级分化不明显，权利义务分化不明显，首领的特权较少。②紧密型体制（恒河猴群体）。该体制的特征是：等级分化明显，权利义务分化明显，首领的特权较多。[2]人类社会是从灵长类社会进化而来的，从灵长类社会体制的多样性可以推知，人类社会早期的体制也应当具有多样性。灵长类社会的两种体制对法文化研究的启示在于：社会体制是多样的，多种体制都有其合理性；各种体制存在着交替领先的情况；各种体制应当彼此相互影响、相互借鉴。

传统文化中的法律、政策、习惯、原则蕴含着不同历史时期的、无数的先人的智慧，包含着人类经过无数冲突和曲折换来的经验。

保守主义主张文化守成，即守住人类已经创造并且传承下来的文化遗产，包括物质文化遗产、制度文化遗产、精神文化遗产，具体包括建筑、生产方式、生活方式、法律、道德、宗教、价值观念等。柏克认为："当我们进行一

---

[1] 参见朱以青："文化生态学语境下的文化多样性"，载《山东社会科学》2012年第9期，第38页。

[2] 参考北京大学心理学系灵长类动物研究小组、湖北省神农架国家级自然保护区科考站：《金丝猴的社会：野外研究》，北京大学出版社2000年版，第91~92页。

切变革时，我们绝不全然守旧，也不全然图新——要有足够的旧东西以保存先人的原则和政策，保存议会的法律与惯例，不致传统的链条因之断裂。"[1] 丢掉历史形成的文化遗产，智慧将会失去源泉，行动将会陷入盲目甚至迷失方向。正如哈耶克所说："一个成功的自由社会，在很大程度上将永远是一个与传统紧密相连并受传统制约的社会。"[2] 现代文化必须建立在传统文化的基础上，文化创新必须建立在对传统文化继承的基础上。可以对传统文化中的有害因素作出有针对性的去除，对传统文化中的不合理因素进行有针对性的改造，而不能全盘否定传统文化。因为文化发展具有继承性，所以，应当尊重传统文化，实现传统文化的创造性转换。从传统文化到现代文化的变革从总体上是渐进的，剧进变革则是局部的、暂时的。过于强调剧进变革将会造成对传统文化的破坏。

（三）文化的相对性是文化多样性的文化自身原因

1. 文化的相对性观点的理论背景是温和的文化相对主义

拉德布鲁赫的相对主义法哲学认为，制度是不可检验的，制度的真理性不是绝对的。他认为，民主"准备将对国家的领导委托给任何一个能够获得多数的政治观点，因为它没有找出一个衡量政治观之正确性的明确标准，也不认为可能存在一种超越党派的立场"。[3] 温和的相对主义是怀疑主义的进一步发展，二者在思想史上是一脉相承的，二者都包含理性精神和批判精神。文化相对主义否认检验文化标准的观点是不合理的，但是其中包含的理性精神和批判精神则是合理的。文化相对主义在克服文化迷信、解放思想的过程中发挥了积极作用。文化相对主义的对立面是文化绝对主义。文化绝对主义犯了高估人类能力和高估文化完美性的错误。文化相对主义在克服文化绝对主义、破除文化迷信的过程中发挥了重要作用。因此，应当肯定文化相对主义的历史功绩。

极端的文化相对主义是错误的。美国学者赫茨菲尔德认为，极端的文化相对主义将会导致任何文化（甚至法西斯主义）都是合理的、可接受的，因

---

[1] [英] 埃德蒙·柏克：《自由与传统——柏克政治论文选》，蒋庆、王瑞昌、王天成译，商务印书馆2001年版，第121页。

[2] [英] 弗里德利希·冯·哈耶克：《自由秩序原理》（上），邓正来译，生活·读书·新知三联书店1997年版，第71页。

[3] [德] G. 拉德布鲁赫：《法哲学》，王朴译，法律出版社2005年版，作者"前言"，第2页。

此,"极端的文化相对论是根本站不住脚的"。[1] 极端的文化相对主义否认评价文化的标准的存在,否认文化有合理性大小的差异、先进与落后之分,否认不同文化在增进幸福上的权重差异,否认具有较强合理性的文化成为主流文化的可能性。因此,极端的文化相对主义不利于区分文化的积极因素和消极因素,不利于建立合理的文化秩序。文化相对论也是一种文化。我们对待文化相对论的态度像对待任何文化一样,赞成温和的文化相对论,反对极端的文化相对论。

2. 文化相对性概念的内涵

文化相对性是指不同文化各有其产生条件,各有其适应人群,各有其合理性和局限性。除依照正当法律程序宣布为非法文化的情况(如德国的法西斯主义、日本的军国主义)之外,不能想当然地认为某种文化是非法的。

文化相对性概念包括如下含义:其一,不同文化各有其产生和发展的自然、社会、历史背景。其二,不同文化各有其长处和短处。不同文化相比较存在着理论层次高低的差异、合理性程度的差异、解释能力强弱的差异、包容性的差异、实践能力的差异,等等。每一种文化都具有某些方面的优越性,但都不可能完美无缺。例如,人类的道德理想是丰富多彩的,一种文化总是着重体现某些道德理想,没有一种文化在道德上是完美无缺的。功利主义文化富于理性精神,但却缺乏奉献精神;非功利主义文化富于奉献精神,但缺乏对个体的尊重;道德理想主义追求某一方面的高尚道德,但却缺乏宽容美德。其三,不同文化各有其支持群体和适应群体。其四,不同的文化各有其最适宜的领域。

3. 文化相对性理论的主要观点

第一,文化评价标准是存在的。具体的评价标准包括:尊重生命、追求公众的最大幸福、尊重文化多样性、维护和平。由于时代的局限性和认识的局限性,通行的文化评价标准体系可能存在缺陷,但是,不能因此而否认人的能力并抛弃文化标准体系,应当随着时代发展和认识水平的提高而调整和完善文化评价标准体系。

第二,多种文化都存在各自的合理性,不宜轻易宣布其不合理或不合法。

---

[1] [美]迈克尔·赫茨菲尔德:《人类学:文化和社会领域中的理论实践》,刘珩等译,华夏出版社2009年版,第210页。

## 第二章 文化多样一体的法哲学释义

在依照正当法律程序宣布一种文化为非法文化之前,应当假定该文化是合理的、合法的。

第三,在文化生态中,任何文化的局限性都可以借助于他者文化予以弥补。文化的局限性、相对性是文化之间存在互补关系的重要理由。

(四) 主体选择的多样性是文化多样性的主体原因

自由主义的容忍文化实验的思想包含着尊重选择权、尊重选择的结果的思想。自由主义认为,文化实验是可行的,但文化实验不应具有排他性,如果一种文化实验具有排他性,就会妨碍其他文化实验的正常进行。哈耶克认为:"并不反对实验或尝试,所反对的乃是一切对一特定领域中的尝试或实验施以排他性的和垄断性的控制权——这种权力不仅不容许任何可供选择的方案的存在,而且还宣称自己拥有高于一切的智慧。"[1]在自由主义主导的社会,与自由主义具有竞争关系的文化类型(如非自由文化、非理性文化、非现代文化、非个体文化)都可以在不危及自由主义主导地位的前提下进行试验。

容忍多种文化实验将会导致文化类型的增多,因此,自由社会一定是多样性社会,自由是文化多样性的条件。具有自由主义倾向的多元文化主义学者金利卡认为:"现代自由主义民主国家内的社会文化注定是多元的……多样性是自由主义国家的公民的权利和自由受到保护后的必然结果。"[2]在自由社会,没有一种力量将社会共同体与更大的共同体(环境)分离开来,因此,自由社会也一定是一个开放社会。在开放社会下,异域文化的传入又增强了文化多样性。

总之,世界是多样性的,作为世界一部分的文化也必然是多样性的,文化多样性具有必然性。

### 四、文化的多样性与一体性

(一) 对立统一规律的依据

根据马克思主义唯物辩证法的对立统一规律,文化多样性和文化一体性

---

[1] [英] 弗里德利希·冯·哈耶克:《自由秩序原理》(上),邓正来译,生活·读书·新知三联书店1997年版,第82页。

[2] [加] 威尔·金里卡:《当代政治哲学》,刘莘译,上海译文出版社2011年版,第362页。

具有对立统一（相反相成）的关系。文化多样一体就是多样性与统一性的结合，在包容多样的同时追求统一，在追求统一的同时包容多样。文化多样一体就是趋异与趋同的结合，在趋异的同时坚持统一，在趋同的同时包容多样。通常所说的多元社会就是文化多样一体的社会，而不是多个单一性的社会。多个单一性的社会，各种文化之间只存在隔绝和冲突，不可能形成统一的社会共同体。

文化多样一体包括如下两个方面：一方面，应当坚持文化多样性。文化多样性要求多样文化彼此尊重他者文化（特别是弱势文化），通过协商解决文化冲突，遵守不造成他者文化灭绝的底线规则。坚持文化多样性有利于促进文化的优势互补，有利于保障选择权，有利于促进文化创新。另一方面，应当坚持文化一体性。文化的一体性即文化的统一性。文化一体性要求各个文化主体维护国家主权和领土完整，尊重人权，遵守法律，尊重主流社会的权威和主流价值观念。文化的一体性是实现国家统一和维护社会秩序的前提条件。文化多样与一体对立统一的社会才是和谐的社会，而单纯强调多样性和单纯强调一体对于建立和谐社会都是不利的。

文化多样一体是包容多样的一体，而不是排斥多样的一体。包容多样的一体承认矛盾的普遍性、不断解决前进道路上的问题，因而是可持续的。而排斥多样的一体所形成的秩序是以掩盖矛盾、抑制解决问题的努力为代价的，因而是不可持续的。

（二）中华民族的"多元一体"

费孝通先生提出了"中华民族多元一体"的概念。中华民族是指中国疆域内的所有人民。中国疆域内的五十六个民族是多元，中华民族是一体。中华民族的多元性和一体性是不可分割的两个方面。

一方面，应当保持中华民族的多元性。费先生认为："如果我们放任各民族在不同的起点上自由竞争，结果是可以预见到的，那就是水平较低的民族走上淘汰、灭亡的道路，也就是说多元一体中多元一方面会逐步萎缩，我们是反对走这条路的。"[1] 实行民族平等制度、民族区域自治制度、对少数民族给予适当的优惠政策有利于保证少数民族的生存和发展。

---

[1] 费孝通："中华民族的多元一体格局"，载《北京大学学报（哲学社会科学版）》1989年第4期，第19页。

另一方面，应当维护中华民族的一体性。捍卫国家统一和领土完整、打击恐怖主义、分裂主义和极端主义三股势力，维护中华民族的一体性。

中华法文化的多元一体是中华民族多元一体、中华文化多元一体的重要内容。有学者认为，中华法文化以汉族法文化为主体，经少数民族法文化的不断融入，形成了中华法文化的多元一体格局。"多元不仅不妨碍一体，而且是构成一体的因子；一体也不否认多元的价值，相反在不同程度上加以认定。"[1]中华法文化的多元一体格局不仅有利于尊重各民族的自主权，而且有利于维护社会和谐与国家统一。

(三) 文化多样性与一体性的对立统一

文化多样性是多样文化聚合在一起形成的文化丰富性、平衡性的状态。文化多样一体是包容多样的一体，而不是排斥多样的一体。包容性的体制本身能够赢得人们的认同，因此，包容多样就是保持一体性的一个条件。

文化的多样与一体是不可分割的两个方面，不仅要坚持文化的一体性，而且要在坚守底线规则的前提下，提高对多样文化的包容程度，最大限度地包容差异。

文化多样一体法哲学可为包容性法治提供解释性话语体系。在守牢底线的前提下，提高包容性程度，有利于提高党的执政能力，增进人民幸福。

## 五、文化多样一体与社会治理的完善

(一) 文化多样一体的社会治理模式释义

文化多样一体的治理模式要求，不仅要实现维护文化一体的目标，而且要实现保护文化多样性的目标，要将两个相反相成的目标结合在一起。有学者主张"文化多元与政治一体"的结合与互动。[2]一方面，文化多样可以为弱势群体提供参与社会生活的条件，避免被边缘化，有利于防止强势群体的压迫和国家权力的滥用。另一方面，政治一体有利于防止不同文化的无序竞争和瓦解社会共同体的倾向。

在文化多样一体的治理模式下，主导文化和强势文化可以从文化多样性

---

[1] 张晋藩："多元一体法文化：中华法系凝结少数民族的法律智慧"，载《民族研究》2011年第5期，第11页。

[2] 常士䦆主编：《异中求和：当代西方多元文化主义政治思想研究》，人民出版社2009年版，第133页。

中汲取治理经验而实现自我完善，政府可以将文化多样性作为治理资源从而提高治理水平。文化多样一体的治理模式能够把握好权力集中与分散的度，把握好自由与秩序相结合的度、效率与公平相结合的度。

文化多样一体的治理模式在尊重主导文化和强势文化的前提下，主张保护和促进文化多样性，容忍文化差异。主张主导文化对异质文化的整合，主张强势文化与弱势文化的和平共存，反对强势文化对弱势文化的同化。

构建文化多样一体的文化生态可以强化人们对共同体的认同。具有自由意志的人并不是彼此隔绝的，他们善于组成各种各样的联合体。马克思的自由人联合体的思想与社会契约思想具有一定的相似性。自由人的联合体是由具有独立精神的自由人组成的，不是随机凑在一起的乌合之众，不是强权之下的聚合体。自由人的联合体比暴力维系的团体更稳定、更富于活力。契约文化不仅塑造个体的人格，也塑造群体的人格。自由平等的人组成的联合体的群体行为具有更强的理性，更少的盲目性。文化多样性下的自由比文化单一性的自由更为充分。因此，文化多样性对渴望自由的人们更具有吸引力。孟子说："域民不以封疆之界，固国不以山溪之险……得道者多助……"[1] 维护社会和谐稳定的道理就是自由平等、包容多样。构建文化多样一体的文化生态可以吸引更多的人加入共同体，从而结成更大的共同体。

历史经验表明，过度的多样性和过度的单一性两个极端都会造成文化隔绝和社会冲突，只有实现文化多样一体才可以避免文化隔绝和社会冲突的危险。

文化单一性的治理模式否认差异的合理性，对多样文化采取了同化政策，不仅使主流文化失去了自我完善的机会，而且使政府失去了将多样文化作为治理资源的可能。文化单一性的治理模式总是或多或少地带有集权特征。文化单一性的治理模式已经不适应复杂社会的要求，文化多样一体的治理模式取代文化单一性的治理模式将成为历史的必然。

我国民族区域自治制度、区域法治都是文化多样一体的治理模式的重要表现。

（二）我国民族区域自治制度

我国的民族区域自治制度的基本精神是尊重多民族多样文化。文化人类

---

[1]《孟子·公孙丑下》。

学、文化多样一体法哲学可以为民族区域自治制度提供理论论证。宪法学者陈云生通过研究加拿大的多元文化政策，认为文化多样性将造福人类一切民族、文化群体，具有光明的发展前景，法律应当尊重少数民族的文化多样性。陈云生提出了"宪法人类学"的概念，认为文化人类学是宪法人类学的理论背景。文化多样一体是在文化人类学的土壤上产生的思想体系和文化政策体系。文化人类学、宪法人类学、文化多样一体法哲学三者可以为民族区域自治研究提供新的视角和方法。文化多样一体的价值蕴含包括"民族宽容与谦让""民族多样性与国家一体化的统一""民族平等和社会正义"。[1] 这些价值蕴含有利于抑制主体民族的自我中心主义，建立和谐的民族关系。我国的民族区域自治制度和西方的多元文化政策在价值观念上具有相通之处，借鉴西方的多元文化政策有利于促进我国民族区域自治制度的完善。

国际社会解决民族问题的通行做法是，维护国家统一和领土完整是前提条件，在此基础上扩大少数民族的自治权利。这种方案是主体民族和少数民族都能接受的解决民族问题的方案。国家民族区域自治制度应当体现人权、平等（包括形式平等与实质平等）、民主（包括表决民主与协商民主）、法治等价值。主体民族的文化意识应当从文化优越论向文化宽容论转变，国家的文化政策也应从同化政策向包容政策转变。这才是增强对统一文化的认同、增强社会凝聚力、抑制离心倾向的根本办法。

文化多样一体要求在遵守底线规则的前提下最大限度地包容差异。包容性的体制本身就能够赢得人们的认同，因此，包容多样就是保持一体性的一个条件。文化多样一体是包容多样的一体，而不是排斥多样的一体。包容多样的一体是充满自由、创新、和谐的一体，是一种可持续的一体。排斥多样的一体则是僵化的一体，是不可持续的一体。

（三）区域法治

文化人类学、文化多样一体法哲学可以为区域法治的研究提供话语体系。我国国土辽阔，各地区的自然环境和文化环境存在巨大差异，各地区的法治建设也存在地方特性，地方法治也应当更多地体现文化个性。在维护中央立法权威的前提下，扩大地方立法权有利于促进多样一体的立法体制的建设。

---

[1] 陈云生：《宪法人类学——基于民族、种族、文化集团的理论建构及实证分析》，北京大学出版社 2005 年版，第 800 页。

多样一体法学研究有利于为区域法治建设提供建设性建议。

扩大地方权力具有双重影响，既有带来多样性与宽容等优点，也有造成地方分离的危险。只要合理划分中央与地方的权力，就可以使其优点得到充分发挥，将其危险降低到最低限度。而否定区域自治的观点则夸大了区域自治给国家统一和社会文化带来的危险。在长期的大一统之下，人们习惯于中央集权的单一化的秩序，对多样一体的秩序感到陌生，甚至是恐惧。法律多样一体观念的启示在于，在尊重历史形成规则、权威的前提下，最大限度地包容多样有利于建立更自由、更有效率的秩序。

## 第二节 文化多样性的具体表现

### 一、经济类型的多样性

自然经济的主要社会纽带是血缘关系和地缘关系。经济联系主要发生在家族内部和本地区内部。自然经济占优势的社会更符合熟人社会的特征：人们习惯于偏向熟人的利益，情感因素侵蚀着规则的公正性和权威性，难以形成平等对待一切人的、全社会统一的利益评价标准。传统社会的法律思想主要移植了家族观念，强调保护家族制度和等级制度。这些特征与现代意义上的法的价值存在较大差别。所以，自然经济不利于普遍的法价值的形成和发展。

商品经济使陌生人为了共同的事业结成利益共同体，为共同的利益相互交往，从而削弱了传统的亲缘、地缘纽带。商品经济占优势的社会更符合陌生人社会的特征：情感因素对规则的公正性和权威性的威胁相对较小，比较容易形成平等对待一切人的、全社会统一的利益评价标准。法律观念主要移植了契约观念。商品经济、契约社会孕育着同样的人同样对待、同类情况同类处理的法治原则。商品经济有利于法的价值的形成和发展。

商品市场经济（以下简称"市场经济"）重视追求实际的利益，包含着务实精神。在市场经济占优势的西方社会中产生的功利主义与实用主义就包含着务实的合理成分。因此，市场经济下的人们比自然经济下的人们更愿意进行协商。市场经济下通过讨价还价达成意思表示一致的协议的过程就是利益妥协的过程。

在西方，市场经济在多样经济中占有较大的比重，在市场的冲击下，自然经济下的血缘地缘关系松弛了，导致亲情乡情的弱化。亲情乡情的弱化导致了熟人社会人情的松弛，为平民文化的兴起创造了条件。平民文化的一个思想基因就是平等思想。

也应当注意，单纯的市场经济也会造成不宽容。市场经济不节制将会侵蚀自然经济和合作经济，造成经济多样性损害。市场经济的节制可以为市场以外的其他经济类型保留存在空间。市场节制的前提之一是国家在市场发展目标上的节制，这是市场与其他文化类型协调发展的前提条件。以市场经济为基础，包容自然经济、合作经济的经济多样性体制（属于混合经济的范畴）有利于提高经济效率和社会效率，为协商机制的形成创造了经济条件。

在中国古代，存在着浓厚的重农抑商的传统，自然经济占统治地位，商品经济虽然也有较为繁荣的地区和时段，但从总体上被淹没在自然经济的汪洋大海之中，商品经济在社会生活中的地位不高，契约的应用不及西方普遍，缺乏系统的契约观念。自然经济下的小农的分散性是产生大一统政治与文化的社会条件。

当前，我国的市场建设同时存在三方面的问题：其一，市场的规范化还不健全；其二，存在市场过度扩张挤压传统经济的情况；其三，存在阻碍市场发展的行政因素。要完善市场就必须将市场放在文化生态的大背景下，理顺市场与其他社会要素的关系，而不应当在无视文化生态和多样经济的前提下实施市场的无序扩张。

二、所有制的多样性

第一，民营经济的存在有利于藏富于民，防止国家权力膨胀对个人权利的侵犯，有利于保持经济生活的灵活性。因此，应当为民营企业保留必要的生存空间。民营经济的存在有利于防止国有经济过度膨胀、国有经济与国家的高度结合而导致国家对社会的控制。苏联社会主义革命的早期领导人托洛茨基在1937年就对国有经济的过度扩张的消极作用进行了反思。他认为："在政府是唯一的雇主的国家里，反抗就等于慢慢地饿死。'不劳者不得食'这个旧的原则，已由'不服从者不得食'这个新的原则所代替。"[1]

---

[1] 转引自［英］弗里德里希·奥古斯特·哈耶克：《通往奴役之路》，王明毅等译，中国社会科学出版社1997年版，第116页。

法律的一个目标是财产的分散化。这样有利于使更多的人拥有财产，避免财富向少数人过度聚集。实现财产权的分散化的措施包括征收个人所得税、遗产税与赠与税、节制货币发行等。实行财产的分散化有利于为民营经济的生存和发展创造条件。

第二，国有经济的存在使国家能够掌握更多的经济社会资源，能够加强国家对经济社会生活的调控能力。一方面，国有经济比重过大将会导致国家权力对社会的过度控制，助长国家权力的膨胀，造成个人权利的萎缩，导致公民自主谋生能力的萎缩。如中国古代的官营制度、计划经济时代公有经济比例过高都导致了这一结果。另一方面，国有经济比重过小将会导致国家对经济社会调控能力的虚弱，导致资本支配社会，导致两极分化。因此，国有企业应当保持合理的比重。国有经济作为抑制私人资本的泛滥而产生的经济类型，是人类的伟大创造。国有企业的存在有利于防止私人资本的泛滥导致的两极分化和资本对社会的控制。

民营经济与国有经济应当实现资源交流。国有化意味着资源从民营经济向国有经济的流动；私有化意味着资源从国有经济向民营经济的流动。国有化与私有化是两个相反相成的政策目标。国有化与私有化的交替出现形成了经济多样性下的动态的所有制结构。

在混合经济（经济多样性）中，既应当允许各种经济类型相对独立，又应当允许各种经济类型相互混合。建立混合经济的措施之一就是各种类型的股份制企业互相持股，以持股权促进参与权。这样做有利于实现企业主体多样化，加强各种治理主体之间的制衡监督，提高企业的治理水平，改善企业的经营管理，提高企业的社会责任感。

混合经济可以避免单一经济主体控制社会而导致的自由减损。有学者指出："一个有众多雇主的社会也比只有一个雇主的社会可取得多。至少在前一个社会中，他们拥有更大的选择的自由，因而有了更大的机会来改善自己的生活。"[1] 在多种所有制并存的条件下，人们有选择在不同所有制单位工作的权利。人们可以选择在国有企业就业，也可以选择在私营企业就业，也可以选择自主创业。动态的所有制结构与公民的自由选择弱化了不同所有制极端化的可能性。

---

〔1〕 刘军宁：《保守主义》，中国社会科学出版社1998年版，第126页。

## 第二章　文化多样一体的法哲学释义

法治要求建立统一的物权保护规则，财产权的平等保护原则应当是一般原则。首先，在一般情况下，应当实现不同所有制主体的财产权的平等保护。其次，不同所有制主体财产权的不平等安排是权利平等原则的例外情况。例如，法律可以规定在资源垄断行业实行国有或国有资本控股。不同所有制主体权利的平等保护与不平等安排都是所有制立法不可缺少的组成部分。

土地公有制是土地所有制的一种形式。北美印第安人在历史上有实行土地公有制的传统。印第安人在当今的保留地仍然坚持实行土地公有制，个人无权出售公有土地，"没有共同体全体同意，不能转让土地"。在印第安保留地内，部落的集体土地权利优于其成员的土地权利，法律优先保护部落的土地权利。[1]出于保护文化多样性的理由，在弱势文化团体与成员发生财产权利冲突的情况下，加拿大的法律优先保护印第安团体的财产权利。这种做法是对这一公有制实验的支持。

而欧洲移民普遍实行土地私有制。随着欧洲移民人口的不断增长，美洲的土地私有制成了汪洋大海，而印第安人保留地内的土地公有制则成了一叶孤舟。随着美洲文化政策从同化向包容的转化，欧洲移民开始有意识地容忍印第安人保留地内的公有制实验，这一转变也体现欧洲移民文化中自由主义传统的影响。美洲在土地私有制占主导地位的前提下，容忍土地公有制实验，有利于保持文化多样性。

我国的土地占有制度应当体现多样性。在我国，农村土地流转问题上存在两种针锋相对的观点：一种观点认为农村集体土地不可流转。这一观点将会导致土地占有制度的僵化，导致土地利用效率的降低。另一种观点认为农村土地自由流转可以不受限制。这一观点将会造成土地兼并，造成"流民现象"。以上两种观点都走向了土地占有形式单一性的极端。文化多样性理论对土地制度的启示在于：任何土地占有形式都有局限性，土地的占有形式应当是多样的，而不应当是单一的。不管哪种土地占有形式占据主导地位，都不宜忽视土地占有形式多样性的意义。在民主法治制度下，可以通过协商制定不同土地占有形式的构成方案。我国土地制度改革的方向应当是多样性与统一性的结合。

笔者主张农村土地的适度流转，同时应当实施严格的法律规制。土地流

---

[1] 参见[加]威尔·金利卡：《多元文化的公民身份——一种自由主义的少数群体权利理论》，马莉、张昌耀译，中央民族大学出版社2009年版，第62~64页。

转应当遵循以下规则：其一，应当限制流转的总规模，防止土地过度地向少数人集中，防止过度流转。过度流转也会导致土地占有形态的单一性。应当保留公有土地的社会保障功能。其二，应当通过严格的法律程序对土地流转过程进行监管。其三，土地流转必须尊重农民的自愿，防止强迫流转（被流转）。应当对失地农民进行妥善安置，防止在土地流转过程中侵害农民权益现象的发生。

### 三、经济组织形式的多样性

**（一）个体经营**

个体经营是一种传统的经济组织形式，具有存在合理性。其一，个体经营具有灵活就业的优点。允许个体经济的存在可以提供大量的就业机会。个体经营可以为人们选择谋生方式提供多种可能性。其二，个体经营具有弹性工作时间的优势。法律关于最高工时的规定的目的在于为个人摆脱雇主或单位延长工作时间的压力而提供法律上的权利保障。因此，最高工时的规定只适用于公司、合作经济组织等存在延长工作时间的组织压力的场合，法定的最高工作时间可以为成员维权提供依据。最高工时的规定不适用于不存在组织压力的纯粹的个体经营。个体经营者可以自行决定工作时间，不受最高工时规定的约束。其三，个体经营可以为社会提供细致、便利的服务。多种经济组织形式具有互补关系。

**（二）合作经济组织**

在西方私营经济占绝对优势的情况下，也存在合作经济的尝试。以色列的基布兹和布萨夫都属于合作经济组织。其中，基布兹的公有化程度高于布萨夫。基布兹的内部土地、生存资料、主要生活资料都归基布兹所有，同印第安保留地内的公有制具有类似性。人们可以自行选择加入公社或离开公社，公社也有选择成员的权利。

美国旧金山的夕阳清洁公司也是一个合作社，他们承担着全市大约一半的垃圾清运工作。该合作社民主选举领导人，对劳动成果实行平均分配，领导人没有特殊的地位。[1] 在美国市场经济的汪洋大海中，也存在着合作经济

---

〔1〕［美］迈克尔·沃尔泽：《正义诸领域：为多元主义与平等一辩》，褚松燕译，译林出版社2002年版，第233页。

的孤舟。

合作经济组织的积极作用表现在如下方面：其一，合作经济组织的存在为人们选择工作团队增加了一种可能性，有利于就业权和择业权（就业选择权）的实现。在经济组织形式多样性之下，人们可以选择在不同的经济组织形式下就业，既可以选择在私营企业就业，也可以选择在合作经济组织就业，还可以选择个体自主创业。其二，合作经济有民主、平等、互助、节俭、吃苦耐劳、重视对集体与他人的义务等优点。其三，合作经济组织与私营企业的竞争有利于抑制资本的泛滥。其四，合作经济组织的存在有利于增强成员抵御自然灾害和市场风险的能力，增强民众参与决策的能力和维权能力。为保持合作经济组织的存在，法律应当保护合作经济组织最低限度的财产权。

玉龙雪山第一村的事例也是合作经济组织的尝试。在云南丽江玉龙雪山脚下的玉湖村是一个纳西族的村落。这里环境清幽、民风古朴，但旅游业的兴起打破了这里的宁静。私人兴办的旅游事业形成了不同经营者的利益分化、雇主与打工者的利益分化，造成了无序竞争和对自然环境的破坏。后来，在村党支部的领导下，玉湖村成立了旅游合作社，村民们都是合作社的主人，对旅游事业实行统一管理，这不仅促进了村民之间的和谐，而且有利于保护环境。自然经济与合作经济组织的存在有利于克制人的贪欲。[1] 人的贪欲虽不可彻底消除，但却可以尽量遏制。

合作经济组织也有局限性的一面。合作经济组织的泛化将会造成经济组织的单一性，将会限制生产要素的流动，造成体制的僵化，将会限制民众的谋生方式选择权。经济组织多样性有利于抑制合作经济组织的消极作用，发挥其积极作用。只有在经济组织多样性的条件下，合作经济组织的积极作用才能得到较好的发挥。

在支持公有制实验上，自由主义的多元文化主义与社群主义的多元文化主义存在着共识。

（三）国有企业管理主体多样性

当前，我国国有企业管理主体具有单一性，实际发挥作用的管理主体包括各级政府的国有资产管理委员会、国有企业领导层。国有企业管理主体的

---

[1] 参见路遥等："壮大集体经济实力拉动社区文明建设——丽江玉湖村旅游合作社发展之路"，载《湖北经济学院学报（人文社会科学版）》2012年第1期，第38页。

单一性造成的制约监督机制不完善是造成国有企业决策失误、国有资产流失、腐败、上缴利润流失等问题的重要原因。

解决问题的途径是实行国有企业管理主体的多样化。具体办法包括如下方面：

第一，在各级人大内部设立国有资产管理委员会，形成对政府国有资产管理委员会的监督。

第二，在国有资本控股的前提下通过公开发行股票的办法吸收不特定的个人参股（包括职工参股、公众参股、外资参股），形成股东多样化的局面。一方面，保持国有企业的控股地位有利于促使国有企业将社会利益作为首要目标，防止片面追求经济利益的倾向；另一方面，在市场经济条件下，应当允许国有企业股权的适当流转。这样，可以促使国有企业提高经营管理的效率，弱化对国家财政补贴的依赖。国有企业股权流转，必须在严格的监督程序下进行。

第三，通过公开招聘的方式吸收不特定的人成为国有企业员工，防止领导层对国有企业用人权的垄断。

第四，在涉及工作条件和福利待遇决策方面听取工会的意见，有利于形成决策主体与监督主体多样化的局面。

拟设立的各级人大国有资产管理委员会、各级政府国资委、国有企业领导层、个人股东、国企员工及工会都是国有企业的管理主体。国有企业管理主体多样化有利于完善决策机制和监督机制，改善国有企业的治理结构。

# 第三章
# 文化多样一体的法哲学范式

"范式"（paradigm）的概念是美国科学哲学家托马斯·库恩在《科学革命的结构》一书中提出的。范式的含义是科学研究的理论模型，包括基本概念、基本原理（公理或定律）、研究方法、共同体的价值信念等内容。因为在科学研究中存在着多元范式的竞争，所以，每一种范式都应当准备吸收其他范式的优点而自我完善。任何一种范式都具有假说的性质，都需要经过实践的检验才能确立。对文化人类学和法学作跨学科的研究，吸收两大学科的研究成果，建立文化多样一体法哲学不仅是理论发展的自然结果，而且符合时代对理论的需要。本章着重讨论文化多样一体法哲学的研究方法、文化多样一体法的性质、文化多样一体法学范式的特点。

## 第一节　文化多样一体法哲学的研究方法

### 一、马克思主义的唯物辩证法

（一）普遍联系的观点

唯物辩证法认为，世界是普遍联系的整体。恩格斯认为："当我们通过思维来考察自然界或人类历史或我们自己的精神活动的时候，首先呈现在我们面前的，是一幅由种种联系和相互作用无穷无尽地交织起来的画面……"[1]在处理社会问题时，应当注意到不同现象之间的联系，考虑到对其他因素的影响。例如，最低生活保障制度与传统街区保护存在密切关系。最低生活保障制度对于生活在传统街区的人们有明显的帮助效果，而对于生活在现代街

---

〔1〕［德］恩格斯："反杜林论"，载《马克思恩格斯选集》（第3卷），人民出版社2012年版，第395页。

区的人们的帮助效果则是有限的。再如，废品再利用企业为维持运行必然会产生一定量的雾霾，地方政府为控制雾霾而关闭废品再利用企业，将会造成本地废品再利用产业链的断裂，提高废品再利用成本，将会造成雾霾源的转移，将会在全局造成更大范围的雾霾。政策制定应当全面考虑多种因素的协调，处理好整体与局部的关系，避免顾此失彼。

根据普遍联系的观点，世界就是一个包含无数层级的系统。系统的某一层级相对于下一个层级是系统，相对于上一个层级就是构成更大系统的要素。系统论的创始人贝特朗菲承认辩证法对其创立系统论的启示作用。生态学将整个生物圈的生命体与自然环境看成是存在密切联系的生态系统。保持生态平衡对于自然生态的良性运行、对于人类生存环境都是有益的。在文化学意义上，整个社会就是一个文化生态系统。在文化生态系统与自然环境的关系方面，自然环境是文化生态系统的外部环境。在文化生态系统内部，多种文化之间存在着多种多样的联系。文化生态平衡与社会和谐程度存在着相关关系。文化生态平衡保持得好，社会冲突（可以以犯罪率和群体事件发生率等指标加以计量）就缓和。反之，文化生态平衡保持得不好，社会冲突就剧烈。

### （二）矛盾分析方法

唯物辩证法的一个重要观点是，事物内部包含既对立又统一的两个方面。列宁认为："统一物分为两个部分以及对它的矛盾着的部分的认识……是辩证法的实质。"[1]两个方面的对立指两个方面的相互排斥、相互竞争、相互分离；两部分的统一包括相互依存、相互协作、相互融合、相互转化的关系。矛盾的对立统一观点对认识文化生态具有重大意义。文化生态内部存在许多对偶的文化因素，如市场与政府、社会与国家、精英主义与平民主义、自由与秩序、效率与公平等，它们之间的关系是相反相成的关系，即对立统一关系。这些对偶的文化因素具有相反相成的关系，它们之间的竞争与互动有利于促进各自的进化，也有利于促进整个社会系统的进化；有利于各种文化的自我调整，也有利于促进整个社会的和谐。

矛盾的主要方面和次要方面是相互转化的。这一思想与文化多样性范式的划分文化领域的思想是一致的。文化多样性范式认为：通过划分文化领域，可以使相互竞争的文化因素都有占优势的领域；通过划分历史时期，可以使

---

[1] [苏] 列宁："哲学笔记"，载《列宁选集》（第2卷），人民出版社1972年版，第711页。

相互竞争的文化因素都有占优势的时期（例如，美国经济学家阿瑟·奥肯所说的效率与公平的交替领先）。这样可以在总体上和漫长的历史时期，保持文化生态系统的平衡状态。划分文化领域的思想有利于促进不同文化主体达成妥协方案。以不同主体的妥协方案为蓝本制定法律，有利于保持法律的公正性、权威性、稳定性。

**二、田野调查方法**

田野调查方法是文化人类学的研究方法之首。其内容包括：

（1）研究者走向田野、走向他者社会。人类社会各种文化类型的发展存在不平衡性，原始文化、传统文化、现代文化等是处于文化进化不同阶段的文化，都具有存在合理性。文化人类学侧重关注处于文化进化早期的传统社会，包括乡土社会、城市传统街区、自然保护区内的原地居民社会，等等。研究者要像旅行者那样，对多样文化抱有好奇、欣赏的态度，要站在原地居民的立场上思考问题，反映原地居民的意愿。研究者要在他者社会居住足够的时间，获得设身处地的体验。研究者通过观察、访谈、问卷等具体方法收集第一手资料。

（2）研究者从田野调查获得的经验出发提出理论，而不是单纯从书本和思辨出发提出理论。

（3）研究者在田野调查的基础上提出社会治理的建议：其一，为保护传统文化蕴含的文化遗产提出建议。传统文化蕴含着特有的文化遗产，传承着特有的文化基因，保留着特有的文化记忆。保护传统文化蕴含的文化遗产不仅有利于保持地方民众物质生活的丰富性，而且有利于保持精神生活的丰富性；不仅有利于保持文化的连续性，而且有利于保护文化创新能力。其二，为保护传统文化承载的财富提出建议。传统文化凝结着先人的智慧与劳动，保护传统文化有利于保持财富积累过程的连续性。其三，为保护传统文化区域内的弱势群体（如原地居民）的权利提出建议。传统文化区域是弱势群体集中居住的地方，保护传统文化有利于保护弱势群体的生存空间，有利于保护弱势群体的选择权利。

2011年秋季学期，笔者在武汉大学法学院攻读博士学位期间，在东湖村累计居住了两个月。东湖村和风光村依托武汉大学而得到了发展，是自然形成的传统街区。传统街区能够为学子们提供低价的社会服务。传统街区具有独特的社会服务功能，具有存在的必要。如果传统街区消失，武汉大学附近的物价总水平就会提高。东湖村和风光村位于珞珈山脚下、东湖之滨，落差较大，建高层建筑容易造成滑坡灾害，保持传统街区、传统建筑的风貌是好的选择。

社会学与文化人类学在研究对象、研究方法、学术思想、学术共同体等方面较为接近，没有严格的界限。但是，相比较而言，二者在研究对象上有所不同。社会学侧重于研究主流社会、我的社会，以对主流文化、我的文化的认同为前提。而文化人类学则侧重于研究非主流社会、他者社会，为弱势文化的生存声辩。

### 三、比较方法

比较方法也是文化人类学的研究方法之一。其内容包括：

（1）将文化分为不同的类型。例如，按照文化进化的不同阶段，分为原始文化、传统文化、现代文化；按照城市化程度，分为乡土文化、城镇文化、城市文化、都市文化；按照东方与西方的区分，分为东方文化、西方文化。在承认不同文化类型都具有合理性和局限性两面性的前提下对多样文化类型作出客观的比较。比较方法的广泛运用形成了文化人类学的一个优势——视角的多样性、视野的广阔性。借鉴不同文化的经验，有利于免受文化优越论的束缚，防止文化自我中心主义造成的偏见。比较方法的运用有利于弥补与矫正社会学、法学等强势学科所具有的视角单一的局限性。在学术研究中运用比较方法，有利于吸收不同的经验，提高理论的合理性。

（2）为弱势文化的合理性辩护。弱势文化为弱势群体的生存和发展提供了主要的资源。大部分弱势群体要寄居于弱势文化之下，寄居于强势文化下的弱势群体只是少数。保护弱势文化有利于保护弱势群体的生存和发展条件。

（3）从他者文化找到借鉴、助力。多种类型的文化应当相互尊重、平等相待。自己文化对他者文化（异文化）持包容、开放的态度。这是以研究者对自己文化的局限性的反思为前提条件的。在治理方案中运用比较方法，可以借鉴、吸收他者社会的治理经验，提高治理方案的包容性。良好的治理方案既包括对他者文化的质疑与批判，也包括对他者文化的借鉴与吸收。

例如，厦门市主城区和鼓浪屿可以作为一个对照组进行比较研究。鼓浪屿有着自然、古朴的风貌，人类活动对自然地貌的影响很小，历史上各个时期的建筑都得到了保存，满足了人们亲近自然、访古的需要，游人如潮，旅游经济火爆。在鼓浪屿，经济主体的自由度相对较大，政府对经济社会的干预相对较小。而厦门主城区则有着现代风貌。鼓浪屿和厦门主城区分别代表着传统与现代两种文化形态、两种治理模式，可以相互借鉴、相互补充。

再如，霸州镇和胜芳镇可以作为一个对照组进行比较研究。胜芳镇是原霸州市的一个镇，因为大清河码头而兴，商船向东可以到达天津，向西可以到达白洋淀，小船可以到达保定东郊。胜芳镇有着自然、古朴的风貌，胜芳古镇得到了完整的保护，在大清河畔建立了湿地公园。霸州镇是霸州市政府所在地，有着现代风貌。传统的胜芳镇和现代的霸州镇各展风采，相得益彰，客商可以根据自己的偏好选择其一作为兴业之地。

**四、文化的两向思维方法**

(一) 文化的两向思维释义

第一，文化既具有局限性的一面，也具有合理的一面。对文化内部成分的考察也可以坚定对文化包含合理因素的信心。文化包含事实判断和价值判断。其一，文化的事实判断是可以检验的，即可证实、可证伪的判断，其中可能有错误，但不可能完全错误。其二，文化的价值判断是不可检验的，即不可证实、不可证伪的判断，其中可能有不合理之处，但不可能完全不合理。例如，宗教主张的克制贪欲、爱护生灵、劝导行善等观念就是合理的，是人类文化宝库中的精神财富。认识到文化的合理性（特别是他者文化的合理性），认识到吸收他者文化的必要性是产生文化宽容的思想原因。从人的最大幸福出发，应当区分文化的局限性与合理性，并予以区别对待。法律应当吸收文化的合理性，容忍文化的局限性。

第二，文化既有积极作用的一面，也有消极作用的一面。传统文化与现代文化都具有存在的合理性，那种忽视传统文化的合理性，主张用现代文化彻底取代传统文化的观念是错误的。历史形成的文化成果（如自然经济、财产权、资本、市场、合作经济、国有企业等）都有其合理性，文化多样一体法哲学主张用其所长。人具有有益社会和有害社会的两种可能性，所以，人所创造的文化也是一把双刃剑，既可以带来幸福增量，也可以带来幸福减量。判断文化优劣的办法是计算幸福增量与幸福减量之和是正值，还是负值，以及数值的大小。从人的最大幸福出发，应当区分文化的积极作用与消极作用，并予以区别对待。法律应当发挥文化的积极作用，抑制与克服文化的消极作用。

以下（二）至（四）为文化的两向思维方法的例证：

(二) 财产权的两面性

第一，财产权有积极作用的一面。确认与保护财产权有利于激励人们保护财产、促进财产保持增值；有利于建立财产取得、转让的规则与秩序，弱化争夺财产的冲突；有利于维护公民不受国家干预的私域，帮助公民抵抗国家权力的滥用。因此，财产权制度具有存在的合理性。

第二，财产权也具有消极作用的一面。财产权不受限制也会造成两极分化与社会冲突，造成富人支配穷人和自由的减损，造成财产侵蚀公权力和支配公共事务，等等。对于财产权的消极作用应当予以防范，放任财产权的滥用是不合理的。例如，财产权的分散化就是防范财产权消极作用的有效途径。主张保护财产权的自由主义者也可以赞成财产权分散化的建议。哈耶克认为："正是经由财产的分散而使之成为可能的竞争制度，致使拥有特定资产的个别所有者丧失了一切行使强制的权力。"[1] 财产权分散化是形成雇主多样化的前提条件。在财产权分散化、雇主多样化的条件下，不仅经营者有更多的选择自由，而且受雇者也有更多的选择自由。

在制度设计中应当认识到财产权的两面性，并予以区别对待。

右翼（以自由主义为代表）强调财产权的积极作用，主张保护财产权。该观点走向极端就会导致财产权绝对主义；左翼（以社群主义为代表）则强调所有权的消极作用。左翼阵营中的无产者甚至反对确认财产权，认为确认财产权将会导致财产支配人。该观点走向极端将会导致财产权虚无主义。财产既是个人的，也是社会的。财产税就是社会对个人持有财产征收的租金。在一些公有团体中，生产资料和主要生活资料不确定财产权，这是一种有益的社会实验。文化多样一体法哲学主张财产权合理利用的观点是左右翼都可以接受的。

财产权的积极作用与消极作用是共同存在、无法分割的，财产权的消极作用不可能被彻底克服。如果为彻底克服财产权的消极作用而取消财产权，

---

〔1〕 [英] 弗里德利希·冯·哈耶克：《自由秩序原理》（上），邓正来译，生活·读书·新知三联书店1997年版，第174页。

财产权的积极作用也就不存在了。因此，必须容忍财产权的轻度的消极作用。

(三) 资本的两面性

资本是用于经营谋利的财富。资本是人造物的一种形式。人是资本的创造者，人性决定了资本的性质。正如人具有求利本性一样，资本具有逐利本性；人性具有光明和阴暗两重属性，资本也具有积极作用和消极作用两个方面。

第一，资本具有积极作用的一面。其一，资本是一种社会动员力量。发挥资本的作用有利于集中社会资源办大事。资本与权力都是社会动员力量。相对而言，在西方社会，资本的动员力量较强（如伊利运河债券）；在东方社会，权力的动员力量较强（如京杭大运河）。其二，资本是平衡权力的力量。资本与权力作为两种人造物都具有异化的可能性。防止二者走向异化的重要途径是使二者相互平衡。在西方，资本的异化更为严重，以权力平衡资本的意义更为重大；在东方，权力的异化更为严重，以资本平衡权力的意义更为重大。在社会主义初级阶段，又逢资本主导的全球化时代，为实现富民强国的目的，还不得不发挥资本的积极作用，还不能做到消灭资本。

第二，资本具有消极作用的一面。其一，资本的泛滥（过度扩张）将会加剧利益分化与社会冲突。资本增值速度过快将会导致资产所有者财富增长过快、工资收入在国民收入中的比重下降过快，造成劳动者的相对贫困，造成社会的两极分化，导致资本对人的压迫，加剧社会冲突。其二，资本的泛滥将会导致资本挤占民生资源，甚至导致资本运作绑架民生；将会导致资本对公权力的侵蚀。其三，资本的泛滥将会对环境构成压力。资本的泛滥将会助长人的贪欲、加剧资源的消耗和污染物的排放，造成生态灾难。其四，资本的泛滥将会挤占民生文化（如教育科技）所需要的资源，破坏民生选择权赖以存在的条件。市场的过度膨胀（资本的泛滥、货币的泛滥）对传统文化构成侵蚀，阻碍了新的社会实验的进行（如欧文共产主义新村的失败）。马克思对资本压迫人的现象给予了尖锐的批判："资本来到世间，从头到脚，每个毛孔都滴着血和肮脏的东西。"[1]

资本的逐利本性是由人的求利本性扩张造成的。资本是一把双刃剑，运用得当就会使其积极作用充分发挥出来，从而增进人的幸福；如果不加节制

---

[1] [德] 马克思：《资本论》（第1卷），人民出版社1975年版，第829页。

任其泛滥就会使其消极作用充分发挥出来，从而危害社会。

资本的泛滥根源于人的贪欲。克制人的贪欲是必要的，节制资本也是必要的。例如，在税收制度上节制资本的措施就是对资产（包括存量和流量）征税，这样，既可以防止资本的恣意扩张，提高资源的使用效率，又可以为保障民生征集财政资金。

资本是一种客观存在的文化现象，其为善和为恶两种可能性难以完全分割，因此，资本的消极作用是无法完全克服的，为发挥资本的积极作用就必须容忍资本的轻度消极作用。如果因为资本的轻度消极作用就消灭资本，那么，资本的积极作用也就无从发挥。例如，资本与权力是两种相互平衡的力量，如果因为资本有局限性就消灭资本，就会造成权力的膨胀。因为权力具有相对集中性，资本具有相对分散性，所以，权力膨胀的社会危害比资本泛滥更为严重。

资本的正反两方面的作用在不同时代有所消长。在资本初兴的时代，资本在反对权力异化、风俗习惯的异化过程中所发挥的积极作用是主要的，其消极作用是第二位的，但在资本泛滥的时代，资本的消极作用明显地显现出来，节制资本的必要性就会明显地突出出来。

资本的合理利用包括发挥资本的积极作用和抑制资本的消极作用两个方面。资本的运作接受法律的约束和公众的监督，不仅会造福社会，而且有利于促进资本所有者的长远利益；资本的运作如果不受节制，虽然会给资本所有者带来短期的暴利，但是也会给社会带来危害，给资本所有者带来不安。资本为善的可能性和为恶的可能性哪个占优势，关键在于制度的良恶。在不良的制度下，资本危害社会的倾向较为明显；在良好的制度下，资本造福社会的倾向较为明显。良好的制度必须建立在对资本属性的全面认识和区别对待的基础上。

各方可以在资本的合理利用上达成广泛的共识。一方面，应当发挥资本的积极作用；另一方面，对于资本的消极作用，应当予以节制。如果法律不节制资本，就会造成资本的泛滥，造成资本对资源配置和利益分配的支配，从而加剧社会不公。

资本的消极作用（异化）如何克服？在文化多样性条件下，防范资本消极作用的主要途径是借助于多种文化的力量抑制资本的泛滥（如法律的约束、国家权力的平衡、自治组织与舆论的监督等）；法律上的强制手段仅是辅助措施。

雇佣现象是资本文化的一部分内容。雇佣现象中存在雇主占有雇员劳动、造成雇主与雇员社会地位分化的情况。这些情况在现阶段虽可加以限制，但无法彻底消除。

人文主义法学的宽容人的弱点原则、文化多样一体法哲学的容忍文化局限性原则都主张允许一定范围内的雇佣劳动存在，允许适度的占有劳动的现象。如果为了追求彻底的公平价值而彻底取消雇佣现象，将会产生如下弊端：其一，经济交往、经济合作将会变得非常困难，效率价值就会受到损害。其二，将会使国家成为几乎唯一的雇主，人们为了生存和发展不得不屈服于国家权力，从而丧失选择权。哈耶克认为，"被雇佣者的自由还依赖于数量多且行业不同的雇主的存在"，"假设条件即是，社会中只有一个雇主——例如国家，或者接受雇佣乃是唯一被允许的维持生计的手段"。[1]

在个体经营户、私营企业、合作经济组织等多样经济组织并存，为人们提供多种选择余地的情况下，雇佣现象的消极作用可以降低到可以容忍的限度。如果雇主类型是单一的，雇佣限度的消极作用就会很强大。在雇主是唯一的情况下，对于大多数劳动者，受雇佣只能是一种无奈的"选择"，雇佣现象的消极作用将会无限放大。

抑制雇佣现象的消极作用的主要途径是借助于文化生态平衡的作用。限制雇佣现象消极作用的具体途径包括：其一，尊重经济多样性（包括自然经济、合作经济、国有经济），为自主择业提供创造条件，从而减少对私人雇主的依赖。其二，实现财产权分散化，保持较大的雇主数量，从而扩大雇员的选择空间，减少对单一雇主的依赖。

克服雇佣现象的消极作用还必须借助法律的力量。具体措施包括：法律保护劳动者的权利，拓宽雇员与雇主进行集体交涉的法律途径，等等。

（四）*市场的两面性*

市场经济是指生产产品的主要目的是通过销售获得利润的经济类型。在市场经济下，生产者与消费者是分离的。市场经济既促进了分工的发展，又促进了人们的相互依存。

---

[1]［英］弗里德利希·冯·哈耶克：《自由秩序原理》（上），邓正来译，生活·读书·新知三联书店1997年版，第148页。

一方面，市场具有积极作用的一面。有些城市低收入者说，农民有土地（承包权），而市民没有。其实，"市"就是固定的交易场所，城市的市场功能大于农村，市场可以为市民提供更多的就业、创业、致富的机会。如果说拥有土地承包权是农民的资源优势，那么，接近市场就是市民的资源优势。市场还具有资源配置的作用，发挥市场的作用有利于提高资源使用效率。市场是人类创造的文化成果（人造物），是文化多样性的重要内容。

另一方面，市场也具有消极作用的一面。其一，市场无法保证充分就业。在市场下，由于存在劳动者之间的就业竞争和劳资之间的双向选择，必然会有一部分竞争力弱的劳动者成为失业者。虽然法律规定了劳动权，但单纯的市场无法消灭失业现象，并在事实上剥夺了一部分人的劳动权。市场下的失业率随着经济的波动而波动。当经济进入衰退周期，失业率就会提高。其二，市场经济对资源和环境的压力大于传统经济类型。市场竞争激发了人的贪欲，造成了追逐财富和攀比消费的竞赛。市场经济过度地依赖经济增长，过度地依赖消费、出口、投资对经济的拉动。如果增长速度缓慢或出现负增长，就会造成企业破产和金融不稳定。因此，市场经济难以实现自我节制。其三，市场打破了自然经济状态下的依靠血缘关系和地缘关系维持的人际关系，造成了人际关系紧张。市场的积极作用和消极作用是难以完全分离的，要发挥市场的作用，就必须容忍市场的轻度的消极作用。

防范市场与资本的消极作用的途径包括如下方面：其一，发挥市场与国家（权力）的平衡机制的作用，使市场与资本的异化都得到抑制。其二，借助于多样经济（如自然经济、合作经济）的平衡作用对市场的消极作用予以弥补与矫正。其三，通过法律手段抑制市场的消极作用可以作为必要的补充。例如，通过法律手段抑制股市炒作、打击股市操纵行为对于建立股市秩序是必要的。只要有市场的存在，其消极作用就不可能被完全消除，通过以上手段将市场的消极作用控制在社会可容忍的限度内，没有必要消灭市场。事实上，消灭市场也是不可能的。试图消灭市场不仅会妨碍资源的合理配置，而且会导致黑市的泛滥，使许多交易行为脱离法律的约束。

市场对几种主要的法价值的作用也具有两面性：

第一，市场对自由具有正反两方面的作用。一方面，市场有促进自由的积极作用。市场的合理运行有利于打破地方割据、冲破特权束缚，形成统一的交易规则，有利于增进自由。另一方面，市场的泛滥（无序扩张）也有妨碍自由的消极作用。市场的泛滥冲击了经济类型的多样性，造成了经济类型的单一化，大批自由劳动者（小农、小工商业者）破产，为了生存而被迫成为雇佣劳动者，为雇主所支配。市场的膨胀损害了文化选择权的实现所依赖的条件。在自主创业渠道不畅的情况下，出卖劳动力在很大程度上是被迫的，大多数人只能在受雇于哪个雇主上作选择，而不能在受雇与不受雇之间作选择。

第二，市场对平等具有正反两方面的作用。一方面，市场的合理运行有促进平等的积极作用。在市场经济下，经济合作的主要纽带是契约关系。契约关系中包含着意志自由、权利义务平等的精神。市场对宗法关系和等级特权构成了冲击。另一方面，市场与资本的泛滥也有妨碍平等的消极作用。市场下的自由竞争也造成了市场主体内部的两极分化，加剧了人际关系紧张与社会冲突。因此，包括市场经济在内的多样经济类型比单纯的市场经济更有利于实现平等，也更有利于促进民生。在多样经济类型中，市场经济可以居于主导地位，但不宜成为唯一的经济类型。

第三，市场对效率具有正反两方面的作用。一方面，市场有促进效率的积极作用。市场下的自由竞争和利益激励机制有利于发挥人的积极性，激发人的潜能、创造性；市场还可以促进生产要素的合理流动，有利于实现资源的合理配置，提高经济效率。另一方面，市场的泛滥也有降低社会效率的消极作用。市场有失灵的可能，市场失灵也可能导致资源的无效配置，从而降低效率；市场经济出现的周期性的经济危机会使人们辛勤积累的财富化为乌有。

右翼强调市场的积极作用，左翼强调市场的消极作用，从市场的合理利用出发可以找到体现共识的结合点。

**五、文化的多向思维方法**

文化的多向思维方法认为，文化具有多重属性，行动方案的制定应当考虑文化的多重属性。

文化具有多对相反相成的属性：

第一，文化是理性与非理性的统一体。人是理性与非理性的统一体，这就决定了人所创造的文化也是理性与非理性的统一体。除个别情况外，不同文化有不同程度的理性因素，只不过不同文化所包含的理性因素的多少存在差异。

第二，文化是善性与非善性的统一体。人是善性与非善性的统一体，这就决定了人所创造的文化也是善性与非善性的统一体。文化的善性是指文化中包含的有利于增进人的幸福的积极因素。文化中的非善性是指文化中包含的未能增进人的幸福或消减人的幸福的因素。除个别情况外，不同文化有不同的善的因素，只不过不同文化所包含的善的因素的多少存在差异。

此外，文化在意志力上是坚强与柔弱的统一体；文化在对待传统的态度上，是保守与创新的统一体；等等。文化是多重属性相互交错的统一体。

法律应当考虑到不同文化的各种相互矛盾的属性，形成一套周密的政策组合方案。因此，文化的两向思维、多向思维是文化宽容的重要内容。

多向思维强调生产生活方式的多样性、经济类型的多样性、经济组织形式的多样性，等等。

多向思维方法既认识到了现代文化的合理性，也认识到了现代文化的局限性，因而认为现代文化既需要发展，也需要节制，应当在节制中发展，应当实现现代文化与传统文化和谐共存。例如，关于房地产，单向思维方法认为，现代建筑越多越好，不惜造成资源浪费；而多向思维方法则主张保护不同历史时期的建筑，满足多种多样的需求。再如，关于汽车，单向思维方法认为，机动车越多越好，不惜向本已狭小的人居空间不断添加；而多向思维方法则主张确定合理的机动车保有量，发展公共交通、尊重传统交通方式，满足人们多种多样的交通需求。关于市场化程度，单向思维认为，市场化程度越高越好，不惜摧毁自然经济和合作经济；而多向思维则认为，市场化应当保持一定的限度，应当为自然经济和合作经济保留存在空间。

文化的单向思维具有危害性。其一，导致文化多样性的损失。文化的单向思维导致强势文化的非理性扩张和有益的弱势文化的消亡。这种情况不仅造成了文化资源的损失，而且妨碍了人们选择自由的实现，造成了体制僵化，加剧了体制改革的难度。其二，导致文化生态失衡。强势文化的局限性随着强势文化的扩张而显现。在文化单一性下，强势文化无法通过自己的力量克服自身的局限性，也无法借助于文化生态平衡的机制加以克服。在文化单一性下，弱势文化的合理性受到了压抑，不能得到弘扬。

人类文化发展的大趋势是从文化单一性向文化多样性转变，相应地，文化政策发展的大趋势自然是从文化同化政策向文化包容政策转变。

根据文化的两向思维方法和多向思维方法，文化的属性是多样的。在文化的多种属性之间，法律应当着重关注合理性的一面，用其所长。在对待文化多样性的态度上，法律应当有海纳百川的胸怀与气度。法律吸收文化的合理性既是法的宽容精神的重要内容，也是法律对文化的策略组合的一个方面。

### 六、文化的历史分析方法

可将文化的发展分为三个阶段：新生阶段、发展阶段、衰弱阶段。从维护文化多样性、保护文化资源的目的出发，多样一体法哲学提出如下主张：

第一，为新生文化的产生和发展创造宽松的外部环境。现代文化的产生和发展需要传统文化为其提供空间与资源条件。在文化多样性意义上，新生文化的产生也不意味着旧文化的消亡，而是意味着旧文化在文化生态系统中的位置的调整。现代文化作为新生文化，虽然具有合理性，但也必须在节制中发展，应当始终保持与传统文化的协调关系，现代文化的无节制扩张也会造成文化生态的失衡。

第二，防止处于弱势地位的传统文化走向灭绝。因为传统文化具有有益的社会功能，所以，传统文化永远具有存在的合理性。法律与政策如果过于强调现代化目标，就会造成现代文化的过度膨胀和传统文化的消亡。法律与政策的目标不仅包括发展现代文化，也应当包括保护传统文化免于灭绝。传统文化与现代文化的平衡是文化生态平衡的重要内容。传统文化是文化生态不可缺少的组成部分，永远要保持最低限度的存在，传统文化的缺失将会导致文化生态的失衡，进而导致社会不和谐。

第三，抑制强势文化过度的外延扩张。造成传统文化走向灭绝的原因不是现代文化的内涵扩张，而是现代文化过度的外延扩张。现代文化适度的外延发展是现代文化发展的外在条件，因而是可以接受的；而现代文化过度的外延扩张则会造成传统文化的灭绝，因而是不可接受的。为防止传统文化走向灭绝，就必须抑制现代文化过度的外延扩张。例如，雾霾产生的原因部分在于现代文化过度的外延扩张。只有发挥传统文化的生态友好功能，并且在鼓励现代文化内涵发展的同时节制其过度的外延扩张，才能为解决雾霾问题创造条件。对于文化（包括传统文化与现代文化），不仅要两面地看、多面地看，而且要历史地看。

## 第二节 文化多样一体法的性质

### 一、文化多样一体法是调整型法

文化多样一体法哲学主张,通过文化生态的培育为每个人选择合适的文化空间创造条件。这样可以使人的自由意志得到最大程度的尊重,使人的潜能得到最大程度的发挥,使社会冲突降低到最低限度。因此,文化多样一体法是社会治理顶层设计的重要内容。

文化多样一体法主张将保护文化多样性、培育文化生态作为治理手段。法律对文化生态的培育至少体现在确立文化生态的运行规则、节制国家对文化生态的干预、规范国家对文化生态的干预行为等方面。文化多样一体法哲学主张运用法律、政策、社会组织规范等多种规范形成系统化的行动方案(通常称为"一揽子方案")。在法律与其他社会规范的关系问题上,既承认法律与其他社会规范的区别,又强调法律与其他社会规范的协同作用。文化多样一体法哲学的目标之一是为正在生成的文化多样一体法探索道路。

### 二、文化多样一体法是服务型法

文化多样一体法强调法律运行成本更多地投向自然生态保护、文化遗产保护、文化创新、社会服务、文化生态的培育等领域。文化多样一体法隶属于人本法的范畴。在人本法中,从事公共服务的部门和工作岗位增多,大量优秀人才更多地流向公共服务部门。文化多样一体法强调法律的社会服务功能。

而过去的法律在利益协调和价值沟通方面的功能较弱,在强制和惩罚环节投入较多成本,包括侦查的成本、审判的成本、执行的成本等,大量优秀的人才集中到主管强制和惩罚的部门。

### 三、文化多样一体法是软法

文化多样一体法主张在保护文化多样性的前提下,通过将文化生态调整到适合人的最大幸福的状态,从而达到社会治理的目的。文化多样一体法的一个重要目标是物尽其用。例如,通过保护文化多样性、调整文化生态可以做到餐厨垃圾和地沟油的充分利用、病死动物的处理，减轻对食品安全构成的威胁，从而降低食品安全违法犯罪的发案率，减少因违法犯罪受到处罚的人数，而且可以减少强力部门人员的名额，减少办案所需的经费。

罗豪才教授认为，按照是否通过国家强制力保证实施，可以将法分为软法（soft law）和硬法（hard law）。"能否运用国家强制力保证实施成为我们区分、理解和定义软法与硬法概念的一个关键。"[1]硬法是依靠国家强制力保证实施的规范。"软法"（soft law）是指不运用国家强制力保证实施的规范。保证软法实施的主要力量是法律本身的感召力和舆论的支持。只有在软法无法防止即将发生的危险或制止正在发生的恶行的情况下，才能使用硬法手段。即使使用硬法手段，也应当保持节制，将硬法手段的消极作用降低到最低限度。

文化多样一体法是一种调整性法、非惩罚性或弱惩罚性法，具有软法的性质。文化多样一体法的实施可以起到最大限度地减少强制措施和制裁措施的使用，将法的强制性降低到最低限度，从而可以减轻强制给人带来的痛苦。文化多样一体法的实施可以从根本上化解、弱化冲突、预防冲突，将冲突消灭在无形之中。按照文化多样一体的要求完善治理理念和治理方略，可以改善治理状况，并且将强制力的运用降低到最低水平。

人文经济学领域有一个说法——人文经济学是不用数学的经济学。套用这种说法，人文主义法学、多元文化主义法学是没有惩罚的法学，人本法、文化多样一体法是没有惩罚的法。人本法、文化多样一体法是软法的重要组成内容。随着人类法律的进步，软法必将在未来法律中居于主导地位。

文化多样一体法的运行需要借助硬法最低限度地实施。由于人类的理性能力、意志能力、道德能力的局限性，也由于文化多样一体法自身的不完善，人们在遵守文化多样一体法方面将会出现问题，因此，文化多样一体法也需要最低限度的硬法的强制措施的保障。例如，为维护最低限度的秩序而制定的文化运行的底线规则就属于硬法规范。

尽管硬法为未来法律所不可缺少，但亦为未来法律所不崇尚。尽管软法的实施也需要借助于硬法的强制力，但是，在文化多样一体法中，硬法规范不仅规范数量少，而且职能在未来法律中居于辅助地位。

---

[1] 罗豪才、周强："软法研究的多维思考"，载《中国法学》2013年第5期。

软法之治（人本法之治）的思想有利于促进掌权者的治理方式由刚性治理向柔性治理转变，有利于促进大众的行为方式由顺从与反抗的两难选择到服从与批判相结合转变。

**四、文化多样一体法是人本法**

法是社会治理的方法。在法学史上，出现过各种各样的法定义。其中影响较大的法定义学说包括命令说、规则说、理性说、正义说、契约说（公意说）、通行规则说、判决说、社会控制说。不同的法学派别对某一种法定义情有独钟，各种法定义都具有一定的合理性。人文主义法学、文化多样一体法哲学提出了一种新的法定义——法是社会治理的方法。这种法定义的类型可以称为社会治理方法说。

文化多样一体法将全社会的最大幸福作为最高目标，关注人的文化属性，因而属于人本法的一部分内容。通过对人本法、文化多样一体法的研究，可以提出改善社会治理的系统化建议。人本法、文化多样一体法是顶层设计的重要内容。

套用分析法学派"恶法亦法"的说法和法律人类学"民间法也是法"的说法，可以提出"社会治理的方法也是法"的说法。这种说法有为正在形成中的良好的社会治理方法之意。文化多样一体法、人本法是正在生成的法。在人类现有的法治框架下，文化多样一体法、人本法已经得到了一定程度的发展，但还很薄弱，需要不断付出艰苦的努力。

## 第三节　文化多样一体法哲学的性质

文化人类学以其出发点的正义性、研究方法的实证性、基本概念的概括性、基本原理的普适性、研究视野的广阔性而被称为社会科学之母。文化多样一体法哲学（也可以称为"文化多样一体法学"）正是在文化人类的土壤上产生的范式。文化人类学与文化多样一体法哲学的关系是体与魂的关系。文化人类学是体，文化多样一体法哲学则是魂。文化多样一体法哲学强调包容、中庸，同情弱势群体和弱势文化，出于正义与公共利益而关注传统文化保护。文化多样一体法哲学是对文化人类学精神的概括、提炼、升华。

第三章　文化多样一体的法哲学范式

## 一、文化多样一体法哲学的优点

1. 研究视角的多样性

李龙先生认为，法理学研究坚持马克思的唯物辩证法，在此前提下，应当实现单一视角向多视角转变。改革开放初期，法理学研究的单一视角就是阶级斗争视角。20世纪90年代以后，学界开始从多视角研究法理学问题，其中有代表性的视角包括权利本位视角、法律文化视角、本土资源视角等。[1] 产生于文化人类学基础上的文化多样性理论不仅自身就是一个研究视角，而且为多视角的结合提供了理论支撑。

在自由、多样、开放的社会，人们可以从文化多样性的视角认识文化，有利于开阔视野，摆脱狭隘的自我中心倾向。文化的两向思维方法、多向思维方法的确立有利于促进文化宽容思想的发展，有利于促进文化多样一体法哲学、宽容法哲学的发展。文化的两向思维方法、多向思维方法的确立有利于促进文化多样性政策、文化宽容制度的发展。

2. 试图做到经验研究方法和理论研究方法的结合

文化多样一体法哲学范式的主要研究方法包括田野调查方法、两向思维方法、中庸的思维方法。其中，田野调查方法来自文化人类学，是一种经验研究方法。两向思维方法来自唯物辩证法的两点论；中庸的思维方法来自中国传统哲学和西方的政治妥协思想。两向思维方法和中庸的思维方法都属于理论研究方法。

3. 具有独特的论题

文化多样一体法哲学范式的主要论题包括：文化选择权与弱势群体保护、文化平等与弱势群体保护、文化生态与法治方略的完善、原地居民权利保护、治理主体的多样性与协商民主、文化遗产保护、民间法、法律多样等问题。

文化多样一体法哲学范式的论题包括如下类别：其一，基础理论部分。具体包括文化多样性对法价值体系的影响、文化多样性对民生法治的影响、文化多样性对生态法治的影响、原地居民权利的法律保护、文化多样性与包容性法治策略的完善等。其二，专题研究部分。具体论题包括民间法、法律

---

[1] 参见李龙、程关松、占红沣：《以人为本与法理学的创新》，中国社会科学出版社2010年版，第24页。

多元、文化遗产的法律保护等。基础理论部分是文化多样一体范式的核心部分。与专题研究部分相比，基础理论部分具有独特的研究内容，具有更多的迷茫等待破解，而目前的研究状况比较薄弱。因此，笔者将研究的重点放在基础理论部分，而没有放在研究力量雄厚、成果丰硕、共识较多、资源丰富的专题研究部分。

## 二、文化多样一体法哲学是人本法哲学的子范式

人本法哲学与文化多样一体法哲学的共性在于：其一，二者都将人的最大幸福作为最高目标与指导思想。其二，二者都主张尊重人性。有学者对历史上出现的人的观念进行归类，其中主要的类别包括宗教人、文化人、自然人、理性人、政治人、经济人、道德人等。这些类别之间存在着交叉或包含关系。[1] 人本法哲学与文化多样一体法哲学都主张法律应当体现人性的多方面属性。可见，两范式存在着亲缘关系，可以归入同一理论阵营。

为便于对人本法哲学范式和文化多样一体法哲学范式进行比较，可将历史上的人性假设分为具有对偶关系的三组假设——自然人假设与文化人假设，个体人假设与社会人假设，同质人假设与异质人假设。两范式的人性假设的侧重有所不同。

人本法哲学的理论背景是人文主义与人学。受人本与人学的影响，人本法哲学更为关注人的自然属性。人本法哲学的人性假设具有三个特点：其一，自然人假设。自然人是自然生物意义上的人。自然人的行为主要受基因、需要、自然环境的影响。其二，个体人假设。该假设认为：人是理性的、自由的，人是自己利益的最好判断者；人是有能力的，能够独立承担责任。该假设具有原子主义的特征。其三，同质人假设。该假设认为：各个族群在基因、身体素质（包括神经生理素质）方面的差别并不大。在人类社会早期，文化尚不发达，文化差异也不明显，同质人假设具有较大的影响。早期的人性假设的长处在于运用分析方法，把握人的一些关键属性，排除大量难以把握的复杂因素，为制定规则、建立形式法治提供理论基础。

文化多样一体法哲学的理论背景是文化人类学。受文化人类学的影响，文化多样一体法哲学更为关注人的文化属性。文化人类学的人性假设具有如

---

[1] 参见赵敦华：《人性和伦理的跨文化研究》，黑龙江人民出版社2004年版，第6页。

## 第三章 文化多样一体的法哲学范式

下特征：其一，文化人假设。人是文化的创造者，人创造文化的目的在于满足自身生存和发展的需要。人的生存和发展不仅需要借助于自然生态，而且需要借助于世代传承的文化条件。人生活在一定文化之下，不可避免地会接受一定文化的语言、思维方式、习惯、规则。人格（个性）不仅受基因、需要与自然环境的影响，而且也受文化的制约。塑造人格的多种因素中，文化是更为重要的因素。人的发育期（婴儿期、儿童期、少年期）是人格形成的关键时期，未成年人所处的文化环境的类型是形成人格类型的关键因素。在包容性文化或亚文化中成长的人形成包容性格的可能性较大。[1]其二，社会人假设。该假设认为：人是愚钝的、理性有局限性，不能对自己的利益作出正确的判断；人缺乏自由意识，性格懦弱，意志薄弱，不能独立承担责任。个体的生活需要社会的指导和帮助。人生活在社会中，人是社会的成员，不可避免地要服从社会利益，接受社会规则的指导和约束。现实的人具有多重身份，不仅是单个的自然人，而且是团体的成员、国家的公民、人类共同体的一员。现实的人的每一种身份都隐含着履行义务的要求和行使权利的规则。其三，异质人假设。因为文化是有差异的，所以，受文化影响的人自然是有差异的。在多样文化之下，不同的文化群体追求幸福的途径自然是多样的。相对于人本法哲学，多样一体法哲学具有更为丰富的色彩。

文化人类学、文化多样一体法哲学的人性假设的出现有利于弥补早期的人性假设偏重自然人假设、个性人假设、同质人假设造成的视角单一的局限性，从而丰富了对人性的认识。文化人类学、文化多样一体法哲学的人性假设的长处在于，揭示规则未能概括文化多样性的、未能照顾弱势文化的特殊性的局限，从而有利于促进对濒临灭绝的弱势文化的特别保护，促进规则的变通，为实质法治提供理论基础。

人本法哲学以其悠久的历史、丰厚的文化底蕴、博大的理论体系而居于母范式的地位。文化多样一体法哲学主张尊重人的幸福、尊重人的文化属性，因而是人本法哲学理论体系的重要组成部分。文化多样一体法哲学可以作为人本法哲学的子范式。人本法哲学与文化多样一体法哲学就像一对双星，人本法哲学是主星，文化多样一体法哲学是不可缺少的伴星。

---

[1] 参考夏建中：《文化人类学理论学派：文化研究的历史》，中国人民大学出版社1997年版，第174页。

### 三、文化多样一体法哲学的作用

因为文化多样一体范式具有包容性、开放性的优点，所以，该范式与其他范式具有广泛的相容性，可以在多种范式之间发挥沟通协调的作用。

文化多样一体法哲学强调法律与政策体现文化多样性的理想，因而也具有理想主义倾向。文化多样一体法哲学属于包容多样的理想主义，而不属于单一的理想主义。文化多样性主义比文化单一性的理想主义更全面、更实际、更合理。

文化多样一体研究属于顶层设计研究的一部分内容。文化多样一体研究可以为主流的治理方案提出补充性方案，使主流的治理方案更加完善。文化多样一体范式具有辅佐治理的作用。文化多样一体范式的存在有利于探索文化法治的规律，促进文化政策和社会治理方略的完善。

由于主流文化也存在局限性的一面，依据主流文化制定的治理方案也难免具有局限性。主流治理方案如果吸收体现文化多样一体的治理方案，可以增强主流治理方案的合理性，使其赢得更多的文化主体的支持，从而增强权威性和稳定性。因此，文化多样一体法哲学的治理方案是对主流法哲学治理方案的有益补充。文化多样一体范式不仅具有推进理论创新的意义，而且具有完善社会改革方案的实践意义。

# 第四章
# 文化多样一体与法价值体系的完善

## 第一节 文化多样性本身就是值得追求的法价值

国内外许多学者都认识到了,文化多样性是值得珍视的法价值。金利卡指出:"文化多样性被视为是有价值的,不仅因为它可从准美学意义上创造一个更有趣的世界,而且因为其他文化包含了不同的社会组织选择模式,这对人们适应新情况也是十分有用的。"[1] 文化多样性不仅能够增强人们适应复杂环境的能力,而且能够满足多种多样的审美需要。

### 一、文化多样性价值的优良品性

(一) 文化多样性具有较大的利益涵盖性

与其他价值相比,文化多样性价值更接近全社会的整体利益、长远利益,它与特定的利益集团没有明显的联系。同时,文化多样性与特定的利益集团也不存在明显的对立。对于各个利益集团,文化多样性价值虽不完全满意但却是可以接受的。从文化多样性出发制定政策,有利于避开现实利益关系的纷扰,使政策更能体现整体利益、长远利益。

文化多样性价值以外的其他价值都与特定的利益集团存在着不同程度的对应关系,其利益涵盖性低于文化多样性;在价值体系中,存在一些具有冲突关系的对偶价值,如自由与平等、效率与公平。价值冲突的社会原因在于不同利益集团的竞争,特别是精英与大众两大利益集团的竞争。两大利益集团各有其价值倾向性:精英倾向于自由,而大众则倾向于平等;精英倾向于

---

[1] [加] 威尔·金利卡:《多元文化的公民身份——一种自由主义的少数群体权利理论》,马莉、张昌耀译,中央民族大学出版社2009年版,第175页。

效率，大众倾向于公平。不同利益集团的价值倾向性根源于他们在现实利益格局中的地位。

虽然不同的利益分配方案都有其合理性，但合理性程度有所不同。社会主义的利益分配方案具有更大的合理性。社会主义主导的多元分配方案具有更大的正义性。

尊重文化多样性，有利于借助他者文化在利益分配的优势上弥补自己文化在利益分配上的局限性。实现全社会利益最大化的分配方案只能是一个包容多种分配标准的组合分配方案。组合分配方案比任何单一的利益分配方案具有更大的利益涵盖性，其实施虽然不能符合个别主体的绝对利益，但却有利于实现全社会的最大利益，有利于改善社会整体的利益分配状况，建立良性的利益分配格局。正义的一个重要含义是利益分配的合理性。文化多样性有利于提高利益分配的合理性，从而有利于促进正义。

而单一文化在利益分配上则具有局限性。文化与权力一样，都具有利益调整功能。每一种文化类型都是一种利益分配方案，都是一种利益排序方案。人们与文化中心的距离是影响其获得利益总量的重要因素。距离文化中心越近，获得利益越多；距离文化中心越远，获得利益越少。每一种文化都有适应群体与不适应群体。在文化单一性之下，那些处于文化边缘地带，又难于流向文化中心的人将会成为相对恒定的弱势群体。任何文化在利益涵盖性上都有局限性，都不可能使每个人获得绝对的幸福，这是文化局限性的表现之一。单一文化在利益分配性上的局限性必须借助于他者文化才能得到弥补。

（二）文化多样性具有较大的价值包容性

根据逻辑学、公理学思想，可以将人类的价值（目标）体系比作一个具有逻辑联系的金字塔体系。在人类的价值体系中，人的幸福应当是最高价值，其他价值的地位都低于人的幸福。文化多样性价值的优良品性决定了其在价值体系中居于较高地位。文化多样性价值的地位低于幸福价值，而高于其他价值。形象的说法是：如果说幸福是法价值王国之君，那么，文化多样性则是法价值王国之相。文化多样性可以作为独立的价值而存在，不可能被自由、平等、正义等相近价值吸附并取代。例如，文化多样性的地位高于自由与平等。文化多样性以外的其他价值虽然也有增进人的幸福的积极作用，但总是难以避免局限性。要实现人的幸福，就必须实现多元价值的协调发展，而不是个别价值一枝独秀。

第四章　文化多样一体与法价值体系的完善

　　文化多样性价值可以在价值体系中发挥沟通协调的作用。文化多样性价值可以沟通人的幸福这一最高价值目标与其他价值之间的关系，为增进人的幸福而要求具体价值作出克制。文化多样性价值可以协同相互冲突的价值的关系，可以节制个别价值的过度扩张，提高价值体系的适应性、包容性。法律体现文化多样性将会增强法律的利益涵盖性和价值包容性，有利于提高法律的品质、增强法律的权威，进而增进人的幸福。

　　文化多样性与任何价值都具有较好的相容性，任何价值主张如果不走极端，都可以成为文化多样一体法哲学的主张。但是，文化多样性的包容性是有条件的，不是绝对的。只有在其他价值不走极端的情况下，文化多样性才与此价值具有较好的相容性。而在其他价值走向极端的情况下，文化多样性与此价值的相容性就会显著降低。

　　（三）文化多样性有利于提高治理资源的丰富性

　　文化具有提供民生条件、组织动员、规范行为、记忆与传承、审美、情感寄托等多方面的功能。文化与自然环境一起构成了人的生存资源。保护文化多样性有利于保护文化资源的丰富性、发挥文化多样性的互补作用，有利于提高生活质量；保护文化多样性有利于借鉴他者社会的治理经验，提高治理水平；保护文化多样性有利于为人们提供多种选择空间，增强人们的适应性。英国学者沃特森认为：“我们都很乐意生活在文化多样性的社会，因为它使我们的生活方式变得多彩多姿，增加了我们作为消费者的选择范围。”[1] 形形色色的单一文化主义（包括西方中心主义、现代主义、城市中心主义、消费主义）等构成了对传统文化的侵蚀。文化多样一体法哲学主张提高社会治理对传统文化的包容能力、对差异的接受能力、对变革的适应能力。

　　文化多样性是人们达成利益妥协与价值妥协的条件。文化多样性越强，异质主体通过商谈达成社会契约就越容易。法律以社会契约为蓝本，就越容易被异质主体接受，法律实施的成本就越低。如果不接受文化多样性，人类的冲突就难以弱化。人类接受文化多样性的道路不管有多漫长，最终还是要逐步趋近这一目标。

　　总之，文化多样性是法律（广义的法律包括政策）应当追求的目标。文化现象对于社会秩序具有正反两方面的影响，文化既是文化共同体内部成员

---

[1]　[英] C.W. 沃特森：《多元文化主义》，叶兴艺译，吉林人民出版社2005年版，第114页。

沟通和联系的纽带，也可能使不同文化持有者之间的隔阂与冲突变得剧烈。这正是有文化的不宽容比无文化的不宽容更严重的原因。要享受文化沟通的便利，避免文化冲突的弊害，既要提倡有文化，又要提倡文化多样性（文化宽容）。文化多样性要求法律从体现单一文化目标向体现多样文化目标转化。如果法律与政策仅体现单一文化目标，忽视多样文化目标，甚至不惜损害多样文化目标，将会损害文化多样性、造成文化资源的损失。

文化多样性是评价法律优劣的标准。文化多样性是良法的一个优良品性。良法必须具备尊重文化多样性的特征，不尊重文化多样性的法律就是恶法。文化多样性也是评价政府工作的标准。应当根据文化多样性的要求调整评价政府工作的标准体系。根据文化多样性的要求，评价政府工作的具体指标包括如下方面：自然生态的保护、古迹的保护、传统产业的保护、传统街区的保护、传统民居的保护等。对于仅体现单一文化目标的政策，从单一评价标准上看是有所得，而从多元评价标准上看却可能是有所失。

"文化多样性"成为一个新的法价值可以提高法价值体系的丰富性。人类寄予法律的理想集中体现在法价值之上。人类的理想是多样的，法价值体系自然也是一个开放体系。

## 二、文化多样性价值的局限性

（1）文化多样性价值具有知识上的局限性。文化多样性关注文化多样、主张文化宽容，但对具体领域的真理的揭示缺乏针对性，必须从其他价值中汲取营养才能实现自我完善。文化多样性价值只能在与多样价值、多样文化的互动过程中发挥沟通协调的作用。

（2）文化多样性价值具有社会承认上的局限性。其一，文化多样性主张利益克制，即在争取利益的目标、手段、策略、路径上保持克制态度，不赞成追求绝对利益。对于利益主张者而言，接受文化多样性意味着利益目标上的退却；对于利益维护者而言，接受文化多样性意味着让渡更多的利益。因此，利益主张者和利益维护者都难以接受文化多样性。其二，文化多样性主张价值克制，不赞成排他的理想主义。各种文化的理想主义者都难以接受文化多样性。

人们习惯于文化单一性带来的思想的简捷和行动的便利，忽视只顾一点不及其余带来的消极作用。人们不习惯文化多样性带来的思想的纠结和行动的顾盼，忽视多向思维增进社会和谐的积极作用。文化多样性要求人类有更多的理性、更少的任性。文化多样性虽然是一种有益于人类的价值理想，但是让人们按照文化多样性的要求行事还是会面临很多阻力。

由于人类的求利本性和利益集团之间的竞争，治理者、普通人、法律至少在现阶段普遍达不到文化多样性的要求，文化多样性难以赢得普遍的支持。这种状况决定了文化多样性价值行动能力的局限性。

文化多样性价值所具有的种种局限性决定了，文化多样性价值隐含的社会治理的建议只能作为社会治理的补充方案，只能在辅助现实社会的权威、辅助主导文化的前提下发挥辅助治理的作用。文化多样性价值不可能独立承担治理社会的责任，不具有意识形态功能。

## 第二节 文化多样性与其他价值的完善

### 一、文化多样性是幸福价值实现的条件

保护文化多样性的起始点在于保护传统文化。保护传统文化，发挥传统文化对现代文化的平衡作用，有利于克服现代文化的局限性，抑制现代文化对人们的压迫。在尊重公民选择文化的自由权利的情况下，当一种文化出现压迫人的倾向时，人们可以选择其他文化，以躲避该文化的弊害。例如，传统街区与传统建筑的存在有利于保障人们的居住选择权，防止人们沦为房奴。再如，自然经济的存在有利于降低商品和服务的价格，减轻市场与资本的泛滥对人的压迫。弱势群体享有文化选择权，有利于选择适合自己的文化空间，防止其在现代文化中成为边缘群体，有利于躲避资本和国家权力的压迫，有利于弱化资本和国家权力的压迫带来的痛苦。在现代文化吞噬传统文化的情况下，现代文化的异化将不会再有制衡的力量，弱势群体丧失了选择文化的空间，他们被迫生活在现代文化之下，没有逃避的可能。在资本吞噬多元经济的情况下，人们只能忍受资本的压迫；在国家吞噬社会的情况下，人们只能忍受国家的控制。传统文化的存在是弱势群体实现文化选择权的条件。保护文化多样性有利于提高弱势群体（乃至全社会）的幸福指数。

传统社区是弱势群体生存的家园、创业的场所、躲避市场经济大潮冲击的港湾。传统文化的存在为人们保留了若干可供选择的文化类型。传统文化

的消亡意味着多元文化的重大损失。人们将会失去许多选择的可能性。在不同文化的竞争中,市场文化已占据绝对优势地位,传统文化显得非常脆弱,处于江河日下的境地。为保留传统文化这一人类文化的基因,有必要尊重传统文化主体的权利,建立保护传统文化的制度。

**二、文化多样性是自由价值实现的条件**

自由主义主张尊重人们的自由意志,尊重人们选择文化(谋生方式、宗教信仰等)的自由权利,尊重文化团体在法律范围内享有的自治权利。密尔认为:"要想给每人本性任何公平的发展机会,最主要的事是容许不同的人过不同的生活。"[1] 尊重文化多样性有利于为人们的个性的自由发展创造条件。自由主义的多元文化主义学者金利卡认为:"文化内的多样性的价值,在于为每个人创造更多的选择,扩大选择范围。"[2] 在文化多样性下,人们可以对不同文化进行对比,从而作出选择。文化类型越多,越有利于人们选择适合自己的文化类型,从而有利于增进幸福。维护文化多样性是实现最大幸福的条件。而在文化单一性下,人们只能被动地接受作为生存环境一部分的既有文化,人们选择文化的自由权利事实是不存在的。

在文化生态中,个人经选择获得的文化空间就是私人领域的重要组成部分。自由主义认为,在社会生活中,存在着由公民自由权利支配,不受国家权力干预的"私域"。"私域"可以理解为私人生活的领域(空间),不经依法授权,国家不得介入私人领域。在私域中,公民与自治组织在法律范围内行使自由权利,不受国家意志的干涉。尊重私人领域有利于抵御国家权力对私人自由权利的侵犯。

在文化多样性社会,不同文化相互制约而形成了文化平衡状态、可以保护有益的弱势文化免受强势文化的侵蚀而走向消亡。因此,文化平衡状态有利于保护文化多样性,为公民选择文化的自由权利的实现创造条件。《保护和促进文化表现形式多样性公约》序言第3款规定:"文化多样性创造了一个多姿多彩的世界,它使人类有了更多的选择。"而在文化单一性社会,强势文化

---

[1] [英]约翰·密尔:《论自由》,许宝骙译,商务印书馆1959年版,第68页。
[2] [加]威尔·金利卡:《多元文化的公民身份——一种自由主义的少数群体权利理论》,马莉、张昌耀译,中央民族大学出版社2009年版,第175页。

因不受制约而恣意扩张，容易造成弱势文化的灭绝和文化多样性的损失，形成迫使人们接受强势文化的压力，限制了公民选择文化的自由权利的实现。

传统生活方式与现代生活方式是两种相对独立的生活方式。传统生活方式（包括乡土文化、城市传统街区中的生活方式）追求人与自然的和谐、生活节奏的舒缓，习惯于简单生活，厌弃竞争。而现代生活方式（如城市现代街区的生活方式）则崇尚权利本位、追求效率、追求创新、习惯于竞争。两种生活方式各有其存在的合理性，应当允许人们按照自己的喜好作出选择。

经济类型多样性可以为人们选择经济类型自由的实现提供条件。人们可以选择生活在市场主导的区域，也可以选择生活在自然经济主导的区域。国家应尊重人们选择自然经济的权利，对选择自然经济的人们提供各种各样的物质帮助，让他们共享现代文化的成果。在发展一种经济类型的同时，也应当尊重其他经济类型，尽可能满足其他经济类型的要求。为发展一种经济类型而摧毁其他经济类型将会损害经济多样性，造成民生资源的损失。国家不宜用法律手段强行改变人们的传统谋生方式，将人们绑在市场竞争的"战车"上。

社群主义与自由主义虽然存在冲突，但是并没有走向完全排斥自由的极端。在文化多样性为自由选择提供条件的观点上，二者是一致的。社群主义的多元文化主义者沃尔泽认为："个人自主的自由理想只能在多元文化社会中才能实现。在那里，不同文化的存在为有意义的选择提供了余地。"[1]

文化多样性价值与自由价值具有正相关关系，二者互为条件、相互促进、能够实现良性互动。一方面，文化多样性给予人们更多的自由选择的空间，有利于增进自由；另一方面，自由选择的结果也必然是增进文化多样性。

文化多样性是人的多向发展的条件。文化多样性尊重人们选择文化的自由权利，从而为人的多向发展提供宽容的社会条件。一元社会习惯运用国家与集体的力量强制推行单一文化，人的命运是由传统社会的权威、政府或他人安排的。一元社会事实上剥夺了人们选择文化的自由权利。

可以根据文化多样性对"人的全面发展"作出重新解读。在知识分门别类、分工日益发展的条件下，单个人的全面发展是有限度的。对于单个人来说，还是强调"多向发展"更有实际意义。每个人的多向发展自然会形成全

---

[1] [美]迈克尔·沃尔泽：《论宽容》，袁建华译，上海人民出版社2000年版，第9页。

人类的全面发展。"人的全面发展"着重指人类的全面发展。

### 三、文化多样性是平等价值实现的条件

(一) 复合平等的含义

美国多元文化主义学者沃尔泽提出了复合平等观。他认为，文化多样性下的平等是复合平等，不是简单平等。简单平等是简单社会中单一分配标准下的平等。复合平等是复杂社会中多种分配标准并存状态下的大致平等。[1] 复合平等的含义可以分解为如下方面：

1. 平等实现的首要环节是形式平等（规则平等、机会平等、权利平等）

第一，复合平等是选择机会的平等，即选择权的平等。在文化多样性条件下，每个人选择适合自己的文化领域的机会平等。在文化多样性充分丰富的理想状态下，每个人都能找到适合自己的文化领域。文化多样性越强，人们的选择空间越大，越便于人们找到适合自己的文化领域。

第二，复合平等意味着每个人获得优胜的机会平等，即每个人在自己选择的文化领域内获得优胜的机会的平等。沃尔泽的复合平等论承认不同的人在不同领域取得的优势地位，同时也应当防止人们利用某一领域的优势地位的影响而获得其他领域的优势地位。他说："最有成就的政治家、企业家、科学家、士兵和情侣将是不同的人；并且，只要他们所拥有的物品并不给他们带来一连串别的物品，那么，我们就没有理由害怕他们的成就。"[2] 如果将平等理解为人们在每一个具体文化领域内都实现平等，就会导致人们在利益分配上斤斤计较，导致整体社会事业裹足不前。

在多样社会，实现平等的主要途径是保持和促进文化领域的多样性，使每个人都有平等的选择机会，都有平等的获得优胜的机会。在文化多样性下，人们更有可能找到适合自己的领域，更有可能取得获得优胜的机会。

2. 适当提高对具体文化内部差别的容忍程度

复合平等容忍具体文化内部存在适度的不平等。在保持文化多样性和尊重自由选择的情况下，可以允许人们在某一领域取得较大的优势地位，可以

---

[1] 参考 [美] 迈克尔·沃尔泽：《正义诸领域：为多元主义与平等一辩》，褚松燕译，译林出版社 2002 年版，第 1 页。

[2] [美] 迈克尔·沃尔泽：《正义诸领域：为多元主义与平等一辩》，褚松燕译，译林出版社 2002 年版，第 24 页。

扩大对结果的不平等的容忍程度。沃尔泽认为，在能够防止人们利用一领域的影响获得他领域的利益的前提下，可以提高对某一领域内不平等的容忍度。沃尔泽说："只要他们所拥有的物品并不给他们带来一连串别的物品，那么，我们就没有理由害怕他们的成就。"[1]虽然从个别文化领域看，利益分配是不平等的，但从多元文化总体上看，利益分配是大致平等的。文化多样性越强，越便于人们找到获得优胜的机会。因此，文化多样性越强，平等实现得越充分。

扩大对差别的容忍程度有利于促进分工和协作，从而增强文化团体的效能；有利于促进组织与规则的进化，从而促进文化创新与社会进化。

3. 平等实现的重要条件是防止将一种分配标准强行推广到其他领域

每一个领域都有适合的分配标准，各种分配标准具有独立性，不可强行将一个领域的分配标准推广到其他领域。如果将一种分配标准强行推广到其他领域就会造成不可容忍的不平等。他说："政治平等主义的目标是不受支配的社会……当没有人占有或控制支配的手段时，男人们和女人们是彼此平等的。"[2]当人们不掌握将一种分配标准强行推广到其他领域的时候，人们之间是平等的；而当一部分人掌握将一种分配标准强行推行到其他分配领域的时候，人们之间是不平等的。

在文化多样性社会，可以借助于文化平衡机制防止不平等的泛滥。强势文化的过度扩张造成的不平等是更为严重的不平等。要实现平等就必须抑制强势文化的过度扩张，维持文化生态平衡。文化多样性下的文化生态平衡是实现平等的条件。在文化多样性下，文化生态平衡机制抑制文化异化的能力较强，能够有效地抑制强势文化的无序扩张，从而为实现强势文化主体与弱势文化主体的平等创造条件。

4. 复合平等是形式平等与实质平等的有机结合

简单平等容易推行，尽管存在许多副作用。而复合平等则不可能一下子实现，复合平等必须经过两个环节才能实现。首先，形式平等是平等实现的首要环节。坚持形式平等是在多样性社会推进法治的前提条件。其次，实质平等是平等实现的必要环节。推行实质平等可以矫正形式平等环节存在的

---

[1] [美]迈克尔·沃尔泽：《正义诸领域：为多元主义与平等一辩》，褚松燕译，译林出版社2002年版，第24页。

[2] [美]迈克尔·沃尔泽：《正义诸领域：为多元主义与平等一辩》，褚松燕译，译林出版社2002年版，第4页。

缺失。

(二) 简单平等的地位

简单平等是一种社会理想。简单平等要求每个人分配同等的资源,是一种同质的平等。平民统治的社会倾向于主张简单平等。简单平等作为多种社会实验中的一种类型是有益的。沃尔泽说:"简单平等只有在一个具体时间点内的地点的一个群体中才能保证。"[1] 简单平等是复合平等中不可缺少的内容。复合平等可以容纳简单平等。

简单平等作为一种社会理想是有益的,但不宜将简单平等当作唯一、排斥其他社会理想。可以在适合的领域内推行简单平等,而不宜将简单平等强制推广到全社会。

简单平等的局限性表现在如下方面:

第一,简单平等难以在单一文化框架下使每个人都得到满意的安排。简单平等是同质的平等,是单一文化下的平等。在文化单一性下,人们生存和发展的文化空间主要是被决定的,人们的选择余地很小。对于那些处于文化边缘地带的人,难以改变被支配的地位和命运,平等只能是奢望。

第二,简单平等将遭遇资源环境的阻力。该观点设想,只有让人们都住上豪宅、开上好车才算平等。在现实社会中,资源是有限的,环境对污染物的承载能力是有限的。让所有的人都过上现代生活是不可能的,必然有相当多的人要过低资源消耗、低污染的传统生活。

第三,简单平等将会遭遇个性选择的阻力。由于自然与社会环境的复杂性、人的个性差异,人们必然会作出不同的生活选择,相当多的人会选择过传统生活。

第四,简单平等将面临团体内部个体竞争和等级分化的威胁。由于人的体力、智力、经历、环境的差异,自由竞争的一个结果是背离平等,人类社会有背离平等的自然倾向。沃尔泽在讨论平等的著作的开篇第一段话就指出:"平等从字面上理解是一个宜于背叛的理想。献身于它的男人和女人,一旦组织起争取平等的运动并在他们中间分配权力、职位和影响力,就背叛了它。"[2]

---

[1] [美]迈克尔·沃尔泽:《正义诸领域:为多元主义与平等一辩》,褚松燕译,译林出版社 2002 年版,第 188 页。

[2] [美]迈克尔·沃尔泽:《正义诸领域:为多元主义与平等一辩》,褚松燕译,译林出版社 2002 年版,"序言"第 1 页。

争取平等的人们为实现自己的目标必须结成一定的组织，为增强组织的效能必须确定等级。而一旦确定等级就背离了平等的目标。综合以上理由，文化单一性的简单平等不可能贯彻到底。

强行推行简单平等将会产生如下消极作用：

第一，造成国家权力的扩张。因为平等的实现必须借助于国家干预，过于追求平等价值将会导致国家权力的扩张，从而损害文化多样性，造成民生资源的损失。

第二，导致效率降低。简单平等忽视了正当合理的差别所具有的激励个人努力，发挥个人潜能，提高经济效益，鼓励为社会作贡献等积极作用。简单平等有可能压抑个体的积极性，不利于形成鼓励个体积极性的激励机制。

（三）平等主义的发展趋势

有学者主张"打破绝对平等观念，引入多元平等观念"，[1] 此处的"绝对平等观念"就是简单平等。人类的平等实践证明，人类只能在文化多样性下实现相对的平等，而不可能在文化单一性下实现绝对的平等。平等理想只有扎根于文化多样性的土壤上，与多样文化展开对话，才能够保持生命力。

平等主义者是文化生态的重要因子，其在控制过度的两极分化方面、抑制文化生态走向脱离民生需要等方面发挥了积极的作用。

在文化多样性社会，平等主义在坚持平等价值上应当有所节制，应当包容异质价值（自由、效率等）；平等主义应当遵守按照正当程序制定的规则。如果满足以上要求，平等主义就会赢得更多的支持，就可以成为与自由主义相竞争的范式，高举平等主义的旗帜而不会感到羞怯，就没有必要寄身于自由主义的屋檐下。

## 四、文化多样性是正义价值实现的条件

（一）分配标准的探索

亚里士多德区分比值相等与数量相等是关于分配标准多样性的较早探索。比值相等强调不同的人分配不同的利益，这是精英主义的分配标准。数量相等强调同样的人分配同样的利益，这是平等主义的分配标准。亚里士多德认

---

［1］蒋先福、彭中礼、王亮："'肯定性行动计划'的法理学思考——以平等理论为视角"，载《时代法学》2006年第3期，第19页。

为，以上两种分配标准都有其合理性，都存在适合的分配领域。他说："（两者起先都不该专执自己的观念），正当的途径应该是分别在某些方面以数量平等，而另些方面则以比值平等为原则。"〔1〕应当在某些分配领域实行比值相等，在另外一些分配领域实行数量相等，使两个分配标准都能得到实行。这样，可以兼顾精英与大众的利益要求，形成各方都可以接受的妥协方案。

佩雷尔曼对分配标准多样性进行了更为详细的论述。他认为，人类社会存在五种被视为"公正的"分配原则：无差别分配（平均分配）、按劳动分配、按优点分配、按身份分配、按需要分配。〔2〕笔者认为："无差别分配（平均分配）"和"按需要分配"常常一同出现，可以一起讨论；投资领域的按投资分配也是一种独立的分配形式。五种公正的分配标准包括如下类型：

（1）平均分配，即每个人分配同等的利益。存在着适合实行平均分配的领域。例如，社会保障利益（如最低生活标准的确定、公立学校的教学条件、公立医院的医疗条件等）适合实行平均分配。理由在于，在公共资源有限的条件下，社会保障制度只能普遍地、平等地保障人的基本需要。再如，食物匮乏时期在食物配给制度下实行平均分配。又如，政治领域投票权适合在有选举权的选民之间实行平均分配，实行一人一票的原则。主张在所有的利益分配的场合都实行按人均分配的思想就是平均主义。

（2）按劳动分配，即按照劳动贡献分配利益。该分配标准适用于按劳动成果分配利益的领域，特别适用于雇佣劳动分配工资的情况。传统的"劳动"概念主要指体力劳动，而对知识劳动（即创造科技产品、知识产品的劳动）强调得不够。在现代社会中，知识劳动是经济和社会发展的主要推动力，所以，既应强调多劳多得，也应强调优劳优得。

（3）按投资分配，即按照投资贡献分配利益。该分配标准适合于分配投资孳生的利益（如利润）的领域。按投资的前提是对个人的财产所有权的尊重。保护财产所有权制度和按资本分配有利于鼓励人们创造财富并合理地利用财富，在当今历史阶段尚存在的合理性，但也应该注意防止资本奴役人的弊端，必须注意采取有效措施将按资本分配的弊端降到最低限度。

（4）按优点分配，即按照优点分配利益。该分配标准适用于分配不可分

---

〔1〕［古希腊］亚里士多德：《政治学》，吴寿彭译，商务印书馆1965年版，第235页。
〔2〕参见张文显主编：《法理学》，高等教育出版社、北京大学出版社2011年版，第274页。

割的稀缺资源的领域。优点包括人的知识、能力等。适用于一些竞争性的职位和机会的分配。例如，高校以考试成绩为依据录取新生，政务类公务员由选举产生，业务类公务员通过考试而录用，体育优胜奖通过比赛而颁发，参军人选通过选拔而确定。上述机会和职位都是比较好的职位，因而只能通过选举、考试等制度加以选拔。优点多的人取得好的职位和机会，优点少的人取得差的职位和机会更能体现全社会的利益。

（5）按身份分配，即按照正当合法的身份分配利益。该分配标准适用于对人的努力予以肯定和奖励的领域。身份是指人在社会等级体系中所处地位的标志。例如，市长、董事长、教授等名词都是一个人在社会中所处地位的标志。

应当区分合理身份和不合理身份，然后区别对待。合理的身份是指通过公开、公平、公正的竞争程序而确定的身份。按合理的身份分配利益具有一定的合理性。

不合理的身份是指不是通过程序公开和平等竞争而确定的身份。如传统社会中的世袭制度。再如通过不正当手段而获得的职位和机会。按不合理的身份分配是带着封建特点的分配方式。按不合理的身份分配具有非正义性。文化多样一体法哲学并不一味地否定按身份分配，而是主张按身份分配，并将按身份分配限制在合理的限度内。

（二）分配标准的多样性

分配标准的多样性是指多种分配标准相对独立、并存、互补的状态。

不同的分配领域实行不同的分配标准，不同的分配标准不相互混同。一个分配领域对应着一种分配标准。每一种分配标准都有其适宜的分配领域，在其适宜的分配领域内具有合理性，而超越适宜的分配领域则是不合理的。不同物品的分配标准不可混同。沃尔泽认为，分配标准是多元的，"正义原则本身在形式上就是多元的；社会不同善应当基于不同的理由、依据不同的程序、通过不同的机构来分配"。[1] 不同社会领域的不同利益（物品）各有其适合的分配标准（正义原则）。多种分配标准的相对独立是实现正义的必要条件。

---

〔1〕［美］迈克尔·沃尔泽：《正义诸领域：为多元主义与平等一辩》，褚松燕译，译林出版社2002年版，第4页。

例如，市场领域的分配标准是按贡献（投资、劳动）分配。具体包括：股份公司的利润分配标准是按投资分配；劳动成果的分配标准按照付出劳动的量或质来分配。而社会保障领域的分配标准则是按基本需要平均分配。再如，相对而言，基础教育资源分配应当偏重公平，强调按人的需要平均分配；而高等教育机会分配则应当偏重效率，强调按照人的优点分配机会。又如，不可分割的稀缺资源（如公共职务、入学机会）的分配原则是通过竞争（选举或考试）按优点分配。每一种分配标准对应着一个正义原则，分配标准的多样性意味着正义原则的多样性。

平均分配是正义的分配标准之一，但不是唯一标准。平均分配在适合的分配领域具有存在的合理性，但超出适合的领域就不适用了。不宜将平均分配强行推广到其他分配领域。平均分配的强行推广必须借助于国家的强制力，如果借助于国家的力量强行将其推广到一切分配领域，将会造成国家权力的膨胀和公民自由权利的萎缩，将会造成文化多样性的损失，将会降低激励机制的效能。

存在着倾向于平均分配的社会实验。例如，西方国家中一些具有社会主义、共产主义思想倾向的人组成的社会实体（以色列的基布兹、一些国家存在的原始共产主义村落）。这些社会实验对于社会发展是有益的。倾向于平均分配的社会实验要保持生命力，就必须包容分配标准的多样性。

分配标准具有相对性。每一种分配方案都有其适用范围，没有绝对合理的分配方案。任何一种分配方案都不足以解决复杂的分配问题。文化多样一体法哲学主张，通过划分领域，承认不同的分配标准在各自的分配领域中的合理性，主张实现多样分配标准的共存、妥协与互补。在多样分配标准体系中，按劳分配应当占据主导地位，同时也应当发挥其他分配标准的积极作用。

在人类的童年时代，人们普遍认为存在唯一的分配标准。这种观念部分来源于人类追求秩序的渴望。不同的主体从自身利益出发，主张各种各样的分配标准，彼此互不相让，各种分配标准之间存在尖锐的对立，从而加剧了人类社会的冲突。

简单社会的平等观主张每个人分配同等的物品。而在多样的复杂社会中，社会生活是多种多样的，可分配的物品是多样的，分配标准也是多样的，每一种物品对应着一种分配标准，不存在适用于所有分配领域的统一标准。沃尔泽说："应该置任何追求唯一分配标准的主张于不顾，因为没有一种标准可能与多样化的物品相称。"[1]不同领域存在不同的可分配利益（沃尔泽称为"物品"），不同的可分配利益对应着不同的分配标准。复杂社会应当包容分配标准的多样性。

（三）防止利用某一领域的优势地位支配其他领域的分配

分配正义要求禁止利用一领域的优势支配它领域的分配。沃尔泽说："应该将注意力集中到减少支配上，而不是，或者不主要集中在打破或限制垄断上。"[2]既要防止因权致财（利用掌握公共权力的优势谋取财富，防止权力介入经营活动），也要防止因财致权（利用占有财富的优势谋取权力）。

市场与国家（政府）的分配标准不可混同。市场与国家应当具有相对独立性。市场与国家（政府是国家的代表）的主流价值有所不同。市场的主流价值是自由，而国家的主流价值是平等；市场的主流价值是效率，而国家的主流价值则是公平；市场主体以营利为目的无可厚非，市场上的资源可以自由买卖，而国家则应当以追求公共利益为目的，国家掌握的稀缺资源则不可以买卖。

投资领域的分配标准是按投资分配，而政府的公共职位的分配标准则是按优点分配。投资与公共职位的分配标准不同，二者不能混同。

政府的公共职位、公共服务、政府掌握的稀缺资源必须按照合理的理由分配，如通过公开的竞争程序（如选举、考试、考核、招标）获得。政府的公共职位、公共服务、政府掌握的稀缺资源不可以自由买卖或送人情。市场与政府的运行规则不宜混同。如果将市场的规则引入政府，将会导致政府的腐败；如果将政府的规则（命令与服从）引入市场，将会破坏自由平等的竞争规则，导致市场混乱。

在古代社会，政府是最主要的权力中心，整个社会具有单极社会的特征，因权致财是普遍现象，财产数量与权力大小具有正相关关系。在近现代社会，资本权力与政治权力的相对分离加强了，因财致权和因权致财受到了遏制。这是近现代社会相较于古代社会的进步之处。但是，在资本主义社会，资本是最主要的权力中心，因财致权是难以避免的。虽然在法律条文上禁止行贿

---

[1][美]迈克尔·沃尔泽：《正义诸领域：为多元主义与平等一辩》，褚松燕译，译林出版社2002年版，第25页。

[2][美]迈克尔·沃尔泽：《正义诸领域：为多元主义与平等一辩》，褚松燕译，译林出版社2002年版，第20页。

受贿、禁止公共职位买卖，但是，无法改变资本支配社会的现实。

正义与秩序具有相关性。人类具有追求正义的愿望，如果利益分配正义，人们就会更倾向于认可现行利益分配的秩序，竞争将会变得缓和，冲突将会弱化。反之，如果利益分配不正义，竞争将会变得激烈而无序，冲突将会变得剧烈。

**五、文化多样性是秩序价值实现的条件**

人是有文化的动物。通过文化扩张实现利益是人类求利行为复杂性的一种具体表现。每一种文化都与一定共同体的利益和价值密切相关。每一种文化都是一定共同体表达利益和价值的渠道。文化冲突的背后是利益冲突。每一种文化都试图争取优势地位，文化扩张必然导致文化冲突，文化冲突是加剧社会冲突的重要原因。文化多样性意味着不同文化（特别是异质文化）相互容忍、和平共处。文化多样性是建立和平的秩序的前提条件。

文化多样性促进和平的作用机理包括如下内容：

（一）文化多样性社会通过划分文化空间而隔离冲突

通过对动物（包括人）竞争行为的观察可以得到如下认识：生态多样性可以为不同的生灵提供觅食、躲避敌害的场所，为不同的生灵提供相对独立的生存空间。生态多样性越强，生存竞争越温和；生态单一性越强，生存竞争越剧烈。

这一观察对于比较文化单一性与文化多样性下的冲突具有启示作用。不同的文化类型为人们提供了众多相对独立的生存和发展空间，人们在各自的文化空间中发展自己，可以降低竞争的激烈程度。文化多样性有利于分散竞争目标、隔离冲突者，从而弱化社会冲突。例如，印度和受印度文化影响的国家和地区尊重传统文化、尊重文化多样性，生活在传统社区、居住在传统建筑内的弱势群体过着慢节奏的生活，仇富心态不强、幸福指数较高。文化多样性越强，生存竞争的激烈程度越弱；反之，文化单一性越强，生存竞争的激烈程度越强。

在文化多样性之下，某一文化的边缘群体为改变命运，可以流向其他文化寻找出路，而不必成为反抗单一文化的叛逆者。正如《诗经》所说："逝将去汝，适彼乐土。"因此，文化多样性不仅可以为更多的人提供生存和发展的条件，而且有利于实现和平。文化多样一体法哲学认为，社会有义务为成员提供多种可选择的有益的文化空间。与个体相比，社会是强势一方，社会对个体的塑造强于个体对社会的改造。社会如果对个体持宽容态度，个体就更有可能以宽容的态度回报社会。文化多样性是影响人类竞争行为的重要因素。

(二) 文化多样性社会通过分散竞争目标而弱化冲突

在文化多样性社会，利益目标是多样的，竞争目标是多样的，人们可以选择不同的途径走向成功，不必集中追求单一目标，这样，可以降低竞争的激烈程度。

在文化多样性社会，评价标准和分层标准是多样的，如经济标准、政治标准、学术标准、声望标准等。评价标准和分层标准的多样性使得尽可能多的人能够找到获得优胜的机会（可能性）。评价标准和分层标准的多样化是弱化竞争激烈程度的因素。文化多样性社会为和平竞争取代暴力竞争创造了文化条件。

而在文化单一性社会，竞争目标具有单一性，财富和权力几乎成为唯一的竞争目标。文化单一性社会的评价标准和分层标准也具有单一性。这种状况加剧了竞争的剧烈程度和社会冲突的激烈程度。

(三) 文化多样性社会容易以和平的方式形成秩序

文化具有利益表达功能，每一种文化都是一种参与社会生活的渠道。文化多样性有利于拓宽参与社会生活的渠道，吸引人们选择宽容文化参与社会生活，从而抑制非宽容文化的生长。文化多样性社会可以通过疏通合法参与渠道而释放社会冲突的能量。而文化单一性则导致利益表达渠道单一，这是导致一部分人选择非宽容文化参与社会生活的原因。例如，文化宽容政策比文化同化政策能够得到更多的少数民族、信教群众的支持，使他们远离宗教极端主义、民族分离主义、恐怖主义三股势力，有利于促进民族团结和社会稳定。

文化具有利益协调功能，人们可以通过多元文化的协商、妥协而形成共识，并使法律体现共识，从而形成各方都可接受的行动方案。文化多样性下的秩序建立在多元文化主体自由选择的基础上，能够得到多元文化主体的认同。在文化多样性下，维护秩序的主要力量是多元文化主体的支持，而不是国家的强制。因此，文化多样性下的秩序是一种可持续发展的动态秩序，是一种高水平的秩序。正如有学者指出："多元文化主义常常是在巩固而不是在削弱社会团结。"[1]而在降低群体事件的发生率和刑事案件发案率的各种途径中，多种文化的合理配置与权利冲突的合理配置是根本途径，法律强制与法律制裁仅为辅助途径。文化单一性下的秩序则是靠大一统文化和国家强制力维持的僵化秩序，是一种低水平的秩序，这种秩序具有不可持续性。

法律尊重文化多样性、吸收多种文化目标有利于提高社会治理的适应性。有学者指出："必须提高社会治理体制、机制的包容性，发展社会治理模式的多样性，增强社会治理方法的灵活性。"[2]包容多样性有利于防止治理模式的频繁更迭。而在文化单一性思维的影响下，人们往往认为治理模式是唯一的，而且每一种治理模式的实验者都认为自己掌握了真理，于是，多种治理实验不可避免地发生冲突。

每一种有益的文化实验都是人类探索发展道路的有益尝试。允许多种文化实验就意味着允许多种社会发展道路的尝试。多种文化实验虽有竞争，但不是绝对对立的。一种文化实验应当借鉴其他文化实验的经验。多种文化实验应当建立在文化多样性的坚实基础上，而不是建立在摧毁文化多样性的沙漠上。

人类的局限性和社会的复杂性决定了，人类不能制定绝对正确的方案、找到绝对正确的道路，人类只能通过多种尝试逐渐摸索相对正确的方案、相对正确的道路。人类的历史就是在不同方向的尝试之间走出的一条蜿蜒曲折的道路。文化多样性的存在有利于校正前进的方向。例如，自由主义与社群主义就是人类探索发展道路的两种不同方向上的尝试，这两种尝试既有对立的一面，也有相容的一面，二者不是非此即彼的。

法律与政策应当吸收不同方向的尝试所获得的经验。只有吸收多种方案的合理经验才能找到相对正确的方案（兼容并包，执两用中），才能找到相对正确的道路（行于中道）。

文化单一性社会不容忍多种发展道路的尝试，忽视在多样文化（特别是异质文化）的互动中校正方向，因而犯错误的可能性增大，社会将在盲目力量的驱使下左右摇摆，不利于全社会探索合适的发展道路。

---

[1] [加]威尔·金利卡：《当代政治哲学》，刘莘译，上海译文出版社2011年版，第384页。

[2] 程关松："在法治中国理念引领下创新社会治理体制——以纠纷的解决为中心"，载《江西社会科学》2013年第11期，第182页。

(四) 文化多样性有利于减少法律与政策调整的成本

如果将文化多样性社会的政策调整过程比作坐标系下的阻尼震荡曲线，就会发现，文化多样性社会的政策调整过程具有如下特点：其一，周期短。这说明政策调整所需要的时间成本较低。其二，振幅小，且在不断缩小。这说明政策调整、社会转型的物质成本和人力成本较低。这一阻尼震荡曲线说明了，文化多样性的社会冲突是可控的。文化多样性下的社会冲突是探索社会发展道路的有益尝试，是探索社会发展道路过程中值得付出的代价，因而是一种良性的社会冲突。在文化多样性社会，文化震荡趋于缓和，多种文化有协同进化的趋势；不仅文化的多样性在不断增强，而且文化的统一性也在不断增强。

文化生态学不仅要求多样文化保持适当的比例关系，而且认为，多样文化的比例关系是动态的、可变的，可以在社会发展过程中不断调整不同文化的比例关系。文化多样性为人类在试错过程中探索发展道路创造了文化条件。

文化多样性范式主张文化的自我克制，尊重他者文化的存在空间。特别是主张主流文化尊重异质文化的存在空间，核心文化尊重边缘文化的存在空间。文化多样性存在互动、交流、妥协、融合，有利于促进文化多样性的协同进化。

文化多样性是形成柔性利益机制的重要原因。保护文化多样性有利于抑制单一文化的过度发展造成的利益失衡，有利于保持社会公正。

文化多样性社会尊重文化主体的权利，承认轻度文化冲突的积极作用，有利于为社会矛盾的及时解决创造条件。文化多样性有利于实现可持续稳定。

在文化单一性社会，文化震荡现象更为严重。在文化单一性社会，强势文化掌握了法律的话语权，文化多样性受到压抑。强势文化不能吸收文化多样性的营养而自我完善，其兴起时的势头逐渐减弱，其文化潜力必将耗尽，弊端逐渐显现。法律因为不能吸收文化多样性的营养而走向僵化。单一文化的最终结局是：社会发展迷失了方向，多种发展道路的竞争使社会陷入动荡。

文化单一性社会的文化同化现象是加剧文化冲突的重要原因。从文化学视角观察，文化单一性社会至少存在两种压制：其一，主流文化主体对非主流文化主体的压制；其二，文化的核心群体对边缘群体的压制。在文化单一性社会，人们缺乏逃避以上两种压制的渠道，社会矛盾不能及时解决，从而造成了矛盾的积累，逐步形成破坏性力量。文化单一性社会表面的、暂时的平静是以造成矛盾的积累、牺牲未来的稳定为代价的，实际上是将社会矛盾的解决推给将来，给将来解决矛盾造成更大的困难。因此，文化单一性不利于社会的可持续发展和可持续稳定。

文化单一性社会的刚性利益机制是造成体制僵化、利益调整成本高、利益冲突剧烈的原因。例如，中国历史上的"独尊儒术"造成的文化单一性是造成近代"千年未有之变局"的重要原因。在文化单一性社会，利益调整成本过高，利益的适时调整无法正常进行，于是造成了社会矛盾的积累，将更为剧烈的冲突留给将来。

在文化单一性社会，强势文化的极端化和对弱势文化的不宽容造成了不同文化的剧烈冲突，造成对社会发展道路（模式）的频繁更替，并伴随剧烈的社会动荡，造成民生资源的屡次破坏。文化单一性社会更有可能选择激进道路。

中国传统的家族社会的特征造成了大宗率小宗的体制。当大宗能够控制小宗的时候，社会就能够维系统一；而当大宗不能控制小宗的时候，社会就会陷入混乱。社会团体之类的维系社会团结的纽带过于薄弱。这是造成治乱循环的重要原因。

单一文化的过度扩张虽然在一定时期形成了单一文化的超稳定秩序，但从长远看则不利于建立文化多样性的和谐秩序。从长远看，文化单一性社会的政策调整周期较长，恢复秩序所需要的时间较长。文化过度扩张与其反过程——文化的矫枉过正循环往复，扩大了文化调整的周期，加大了文化调整的成本，延缓了文化调整的进程。

从文化单一性社会向文化多样性社会的转化应当在维护社会稳定的前提下进行，走一条渐进道路。

## 六、文化多样性是文化创新的条件

法律（制度）是文化的组成部分，法律创新是文化创新的重要组成部分，法律创新能力是文化创新能力的重要组成部分。文化多样性的政策有利于提高全社会的制度创新能力。

（一）文化多样性有利于培育文化创新（包括法律制度创新）的动力机制

（1）文化多样性下的文化传承是文化创新的条件。文化创新必须建立在文化传承的基础之上，保护传统文化可以为文化创新创造条件。人类创造文化的过程不是一蹴而就的,而是一个不断再创造的过程,保护传统文化有利于保持文化创新能力。

(2)文化多样性有利于促进新的文化基因的产生。相对而言,欧洲有文化多样性的传统,其成因包括自然地理、经济、政治等多个方面。地理环境是形成文化多样性的最初始的原因。在古希腊罗马时代,南欧破碎的地理环境形成的多个既相对独立又能相互交流的文化体系,为文化多样性的发展提供了良好的实验场所。南欧的多种政体类型为政治学和法学研究提供了多种类型的素材。例如,亚里士多德的《政治学》一书通过对多种政体类型的比较研究而提出了政体分类的思想。他对六种不同政体的褒贬包含着法律体现公共利益、反对多数人暴政、法治优于一人之治等思想。[1] 他的政体分类思想在其政治法律思想体系中居于理论基础的地位。

(3)文化多样性促进了多种文化基因的融合。文化多样性的融合可以为不同制度基因的结合提供机会,从而使制度创新成为可能。与生物学中的远缘优势的道理相同,同质文化基因的组合很难导致文化创新,而异质文化基因的组合容易导致文化创新。文化多样性政策重视对优秀外来文化的移植,重视外来文化与本土文化的结合。

多种文化基因的融合的社会机制表现在如下两方面:其一,文化多样性主体的协商、妥协、交流。文化多样性政策允许文化多样性的相互争鸣,有利于在制度创新中集中众人的智慧。其二,适度的文化竞争。文化竞争与优胜劣衰的结果迫使文化主体吸收文化多样性的成果,不断作出创新。适度的文化竞争具有促进文化表达、文化交流、文化进化的积极作用。文化多样性有利于促进多种文化的交流与竞争。

而在文化单一性社会,人们缺乏协商、妥协、交流的习惯,多种有益的文化基因难以结合起来形成新的制度。例如,中国法律传统中包含着法治的基因片段。儒家主张仁政、德政,反对苛政的思想包含着良法思想;墨家的兼爱思想包含着平等思想;道家的无为而治思想包含着消极自由、自治、国家的不干预义务等思想;法家的"法治"包含着法律权威、执法一贯的思想。各家如果能够互相借鉴、取长补短,就有可能生长出现代法治思想。

---

[1] 参见[古希腊]亚里士多德:《政治学》,吴寿彭译,商务印书馆1965年版,第133~134页。

在文化多样性社会，异质文化基因的组合为文化创新和制度创新提供了内在条件。文化的差异性越强，文化创新能力越强。反之，文化单一性越强，文化创新能力越弱。如果不容忍差异，强求一律，将会弱化文化创新的动力机制。文化多样性各有其合理性，只要将各自的合理因素汇集起来，同时避免各自的局限性，就可以形成较好的文化创新法律机制。文化竞争和自由选择有利于保留增进幸福的文化基因组合，淘汰不利于增进幸福的文化基因组合。文化竞争和自由选择是文化进化的制度动因。《世界文化多样性宣言》第1条指出："文化多样性是交流、革新和创作的源泉，对人类来讲就像生物多样性对维持生物平衡那样必不可少。从这个意义上讲，文化多样性是人类的共同遗产。"文化生态的保护既是保障民生的条件，也是善治的条件，还是文化创新（包含制度创新）的条件。

不同文化的竞争、妥协、公民的选择有利于促进文化生态朝着有利于增进幸福的方向进化。

（二）文化多样性政策为文化创新（包括法律制度创新）提供了宽松的制度环境

人类的理性能力和道德能力的局限性决定了人类无法绝对地划定真理与谬误、无害与有害的界限。在文化多样性下，判别标准相对多样，判别主体相对多样，有利于营造宽容的文化氛围。宽容不具有明显危害的"谬误"，有利于营造探索真理的宽松环境。

例如，保护传统文化是维持民间法存在的背景条件。传统文化（特别是传统的生产生活方式、交往方式）是民间法的载体，传统文化的消亡将会导致民间法的消亡，导致民间社会蕴藏的制度创新能力的萎缩。

文化多样性不仅自身是一个法价值，而且还是实现其他法价值的条件。法价值体系不是封闭的，而是开放的。将文化多样性作为一种法价值，并且发挥其在价值体系中的积极作用，有利于增强法价值体系的丰富性。

## 第三节 处理价值冲突的原则

### 一、最大幸福原则

最大幸福原则是指，为实现全社会的最大幸福，对相互冲突的价值可通过划分领域,使不同的价值都有领先的机会。法价值在不同领域的不均衡分布有利于实现利益最大化。

第一,幸福在法价值体系中居于最高地位。人类行为的目的是追求幸福,人的最大幸福是法的终极目标、最高目标。我国倡导的"以人为本"原则已经并且将继续对法理学产生深刻的影响。"只有关心人、爱护人的法律才能在人们的心中树立权威,才能为人的生存和发展创造良好的条件,进而增进人的幸福。"[1] 法价值研究在一定意义是跨越人的研究和法的研究的综合研究。法理学应避免出现"见法不见人"的不良倾向,将人民幸福作为最高目的。而幸福以外的其他价值则处于低于幸福价值的位置,将幸福以外的其他价值作为最高目的加以追求的做法将会导致价值体系的失衡。

第二,幸福价值具有包容性,可以与其他价值相互兼容,与其他价值没有实质性的冲突。

第三,幸福价值可以在多种价值体系中发挥综合协调的作用。幸福价值要求按照人的最大幸福的要求确立处理价值冲突的各项原则。本章提出的价值穷尽原则、价值平衡原则、最大利益原则就是按照幸福价值的要求提出的。按照幸福价值的要求处理价值冲突,可以使多种价值目标都得到最大限度的实现,使投身于不同价值目标的人的才华都得到最大限度的发挥。幸福价值就像多种价值之间的黏合剂、调节剂、催化剂、稳定剂。在多种价值体系中,幸福价值的这一特殊作用是其他价值难以替代的。

最大幸福原则是处理价值冲突的初始原则,下文将要讨论的价值穷尽原则、动态平衡都是根据最大幸福原则提出的。

## 二、价值穷尽原则

价值穷尽原则是指,法律应当尽可能全面而充分地包容各种法价值,不在非舍弃不可的情况下,不舍弃任何法价值。要使不同的主体在同一个社会共同体内部和谐相处,就必须尊重每一个主体正当合法的利益和他们各自关切的法价值。需要舍弃某些价值的特殊情况只是极端情况,在现实生活中并不常见。

价值穷尽原则成立的理由至少包括如下三个方面:

---

[1] 刘国利、吴镝飞:"人文主义法学引论",载《中国法学》2004年第6期,第32页。

第一，每一种价值的局限性都需要其他价值予以弥补。任何价值都有局限性，包括利益涵盖的局限性和认识的局限性。综合法学派的代表人物博登海默认为："平等、自由、安全和公共利益都不应当被假设为绝对价值，因为它们都不能孤立地、单独地表现为终极和排他的法律理想。所有上述价值既相互结合又相互依赖，因此在构建一个成熟和发达的法律体系时，我们必须将它们置于适当的位置之上。"[1]一种价值的局限性需要其他价值的补充与矫正。宽容要求法律对多元法价值的兼顾（兼收并蓄）。

第二，每一种价值都体现了一定文化主体的利益，法律体现价值越多样，法律的品质越优良。要使不同的主体在同一个社会共同体内部和谐相处，就必须尊重每一个主体正当合法的利益和他们关切的法价值。解决价值冲突的最好办法是多种价值的相容（融合），特别是对立价值的妥协，而不是非此即彼。

第三，每一种法价值都包含一定文化主体的智慧，法律体现多种价值有利于吸收尽可能多的主体的智慧。

在多向思维的影响下，价值权衡要考虑尽可能多的价值，特别是弱势价值。因此，多向思维下的行动方案具有细致性、周密性。文化宽容、文化多样性要求法律体现的法价值尽可能多。法律体现的价值越多样，法律越公正合理，法律的权威性越高、法律的稳定性越强。应当制定融汇各种价值的妥协方案。价值妥协也是一种利益妥协的类型。

而在单向思维的影响下，价值权衡往往只考虑一个或数个价值，容易忽视大量存在的弱势价值，造成行动方案的简单化、粗糙化。

宽容法哲学要求多种价值的妥协与互动。价值是一定主体的利益与意愿的反映。主体是多元的，价值也必将是多元的。从人的幸福与宽容价值角度看，任何价值都是相对的。为使多种价值得到最大程度的实现，每一种价值都应当保持克制态度。为使弱势价值得到最大限度的尊重，那些已经在现实的价值博弈中取得优势地位的强势价值就应当保持克制态度。特别是异质价值的相互克制更为重要。

宽容价值虽然承认价值竞争现象的存在，承认价值通过竞争获得优胜地

---

[1] [美] E. 博登海默：《法理学：法律哲学与法律方法》，邓正来译，中国政法大学出版社1999年版，第199页。

## 第四章 文化多样一体与法价值体系的完善

位,但反对走向损害价值多样性的极端化倾向。防止强势价值走向毁灭多种价值的极端有利于保持价值的多样性,特别是为弱势价值保留存在空间。任何价值过度膨胀,都将产生不宽容。

不同的法价值各有其存在的合理性,一种价值只要不走极端,就可以与其他价值相容。多种价值如果都不走极端,就可以彼此相容。

德沃金的原则相容思想构成了对价值相容性的支持。德沃金认为,相互冲突的规则是非此即彼的,而相互冲突的原则是可以兼顾的。他说:"当各个原则互相交叉的时候,要解决这一冲突,就必须考虑有关原则分量的强弱。"[1] 原则与价值存在着密切的联系,原则是联系价值与规则之间的桥梁。在人类知识的金字塔体系中,价值的地位高于原则。价值的相容性是原则相容性的原因。如果原则是相容的,那么,作为原则的上位概念的原则的相容性则是理所当然的。一项法律制度可以同时吸收不同的法律原则。法价值与法律原则具有密切的相关关系。法律原则是法价值的法律化的表述,是法价值连接法律规则的桥梁。因此,不同的法价值也是可以相容的。一项法律制度应尽可能充分地体现各种法价值。

例如,杜德利案(1884年)。一艘英国船在南大西洋遇暴风雨失事,失事地点距离最近的陆地1000英里以上。船长杜德利与其他三位水手斯蒂芬斯、布鲁克斯、帕克在救生艇上漂泊,等待救援。其中一位水手帕克不听劝告喝了海水,身体极度虚弱、不能站立。在食物耗尽的情况下,杜德利提议杀死帕克,用帕克的肉充饥,斯蒂芬斯支持,布鲁克斯反对。三人靠吃帕克的肉等到了救援船。英国法院认定杜德利与斯蒂芬斯犯故意杀人罪,判处绞刑。由于英国民众对险境下的杀人持同情态度,维多利亚女王赦免了他们。本案判决和对犯罪人的赦免照顾到了道德理想(道义)、法律权威、最大利益多个目标,实现了多个目标的合理结合。[2]

法价值是人类法律智慧的集中体现,法律体现的价值越丰富,法律越合理、越有权威。

---

[1] [美] 罗纳德·德沃金:《认真对待权利》,信春鹰、吴玉章译,中国大百科全书出版社1998年版,第46页。

[2] 李松锋译:"女王诉杜德利和斯蒂芬斯案",载《苏州大学学报(法学版)》2014年第1期,第148页。

### 三、价值调和原则

（一）价值调和原则释义

价值调和原则，是指相互冲突的法价值彼此克制、让步，使各种价值都得到照顾，如果不是情势所迫，不做非此即彼的安排。每一种法价值背后总有相关的主体。不同主体具有不同的利益要求和不同的价值主张。价值主张建立在利益要求的基础上。在长期的社会生活中，价值主张与利益要求已经形成了密切的契合关系。价值冲突是利益冲突的体现，价值融合也是利益妥协的体现。价值兼顾的实质就是冲突利益的兼顾。

在法价值体系中，存在着一些具有对偶关系的价值。例如，自由与平等、公平与效率、自由与秩序、人权与秩序、传统与现代等都属于对偶价值。这些对偶价值之间的关系就是辩证法所说的对立统一（相反相成）关系，双方既存在相互冲突的一面，也存在互为条件、互相作用的一面。

个人自由与集体目标的兼顾。在个人自由与集体目标的关系问题上，不同的学派作出了不同倾向的回答。自由主义强调个人自由的优先性，认为个人自由是无数个人目标实现的条件，担心借助于公权力推进集体目标会妨碍个人自由。而社群主义则强调集体目标的优先性，认为集体目标是个人自由实现的条件，担心过于强调个人自由会妨碍集体目标的实现。

根据唯物辩证法的对立统一规律，个人自由与集体目标具有相反相成的关系，二者既具有相互冲突的一面，也具有互为条件、互相促进的一面。无论是自由主义主导的社会还是社群主义主导的社会，都应当兼顾个人自由与集体目标，而不能将个人自由与集体目标对立起来。

儒家文化和社会主义文化都较为重视集体目标，受这两种文化的影响，当代中国较为重视集体目标。加拿大多样一体法学学者查尔斯·泰勒认为："一个具有很强的集体目标的社会，只要能够尊重多样性，……而且能够为基本权利提高足够的保证，就可以成为一个自由社会。"[1]要使无数个人自由得到实现，集体目标就应当保持适度的节制，国家干预就应当保持适度的克制。只有这样，才能使个人自由与集体目标得到兼顾。只要在坚持最低限度

---

[1] [加] 查尔斯·泰勒："承认的政治"，董之林、陈燕谷译，载汪晖、陈燕谷主编：《文化与公共性》，生活·读书·新知三联书店2005年版，第318页。

的集体目标的底线同时，最大限度地尊重个人自由，就可以实现个人自由与集体目标的双赢。

### (二) 对偶价值的动态平衡

落实价值调和原则的具体办法是实现对偶价值的动态平衡。为实现全社会的最大幸福，通过划分领域或划分历史阶段，使相互冲突的价值都有领先的机会，并在总体上达成平衡。每一个时代总是将有利于解决首要问题的法价值放在突出地位。宽容价值虽然反对对单一价值的过度偏向，但却承认某一时代、某一特殊情况下对某一价值或某些价值的适度偏重。有学者指出："法价值是一个由多种要素构成、以多元形态存在的体系。在该体系内部各种价值要素的位阶是上下浮动的。在社会发展的每个阶段和每个特定时期，总有一种价值处于首要地位，其他价值处于次要地位。但这绝不意味着该首要价值是排他的，次要价值是无关紧要的；不意味着首要价值在各个法律领域、法律运行的各个环节都是绝对领先，其他价值绝对从属；更不意味着首要价值将持续第一，其他价值永远居后。"[1] 当法价值出现冲突，且无法得到同等重视的情况下，就需要对相互冲突的法价值进行评价和权衡，使某种价值得到优先贯彻。某种法价值取得了优先地位，意味着某种政策主张取得了优先的地位。法价值的调整意味着优先价值的更替，意味着价值配置方案的变化、多种价值平衡方案的变化。

在强势价值处于优先地位的情况下，应当最大限度地尊重弱势价值，使弱势价值得到最大限度的满足。

对偶价值在不同法律部门不均衡分布。在不同的法律部门，法价值的权重不同。相对而言，民法更重视自由，更重视保护个人的自由权利，强调保护所有权和契约权。经济法更重视平等、公平，强调通过税收手段限制个人的所有权、契约权、消费权等。

对偶价值在法律运行的各环节不均衡分布。相对而言，执法环节更强调效率（但也不应忽视公正价值）。其原因在于，在执法环节，需要对各种经常发生或突发的事件作出及时处置，以平息事态、恢复秩序。而司法环节更强调公平价值。其原因在于，在司法环节，事态已经得到控制，需要对事件的公正性和行为的合法性作出审查，需要平心静气地寻找解决问题的合理化

---

[1] 张文显：《法哲学范畴研究》，中国政法大学出版社 2001 年版，第 189 页。

方案。

对偶价值在稀缺性程度不同的资源分配领域不均衡分布。稀缺资源（土地、房产、干旱地区的水资源等）的分配应当更重视公平；非稀缺资源（金融资产等）的分配可更重视效率。

对偶价值在需要的不同层次上不均衡分布。满足基本需要的资源（必需品）的分配更重视公平。满足非基本需要的资源（非必需品）的分配可更重视效率。

对偶价值在市场领域与政府领域不均衡分布。市场着重追求自由与效率价值。在市场主体的逐利本性的驱使下，市场自发地将效率价值作为优先追求的价值，市场对效率的追求重于对公平的追求。市场运行的自然结果是强弱分化，从而偏离平等目标。为顺应市场的自然本性，与市场密切相关的立法（如投资法）着重追求效率价值及与效率密切相关的自由价值。而政府则应当着重追求平等与公平价值。政府与市场的价值取向应当有所区别。政府工作应当有利于增进平等，消除不平等。如果政府也将效率价值放在首位，国家的利益调控政策就会偏离平等与公平价值，就会加剧社会的两极分化程度（马太效应）进而会危害秩序价值，并最终损害效率价值本身。例如，政府征收累进税和实行社会保障制度就是体现利益均衡化的措施。政府的财政资金应当向民生事业和社会公益事业倾斜。政府工作应当有利于消除不合理的利益差别（如阶层差别、城乡差别、地区差别的过度蔓延），实现利益分配均衡化。国家通过温和适度的抑强扶弱的政策措施将利益分化控制在社会可接受的限度内，有利于保护弱势群体的利益，扩大中产阶层，防止出现两极对立，有利于维护社会和谐稳定。政府着重追求公平价值目的在于矫正市场体现公平价值上的缺失。与国家宏观调控密切相关的立法（如社会保障法）应着重追求平等与公平。追求公平、平等是政府不可推卸的责任。市场与政府的不同价值取向的相互作用是从总体上实现效率与公平相平衡的条件。

对偶价值可在不同的文化领域分别领先。可将文化领域分为传统文化与现代文化两个领域。在传统文化领域（如城市传统社区、乡土社会、传统产业）更强调保护文化遗产；在现代文化领域（如现代街区、企业单位、高技术产业等）更强调文化创新。

例如，在安全形势不同时期，法价值构成不同。在和平时期，秩序得到保障，自由、人权价值更受重视。为增进自由、人权，要求加快改革现有秩序。在紧急状态下（如"非典"时期），秩序、安全价值更受重视。如果秩序、安全不存在了，自由、人权价值就失去了存在的基础，自由、人权形势就会恶化。为维护秩序、安全，可适度克制自由和人权。应当注意的是，即使在需要克制自由与人权价值的紧急情况下，也不得非法剥夺生命权，也要保障基本的言论自由。

（三）对偶价值动态平衡的机理

法价值平衡的实质是利益平衡。文化多样社会不可避免地要分化为精英与大众两大利益集团。对偶价值的冲突与平衡的内在原因在于，精英与大众两大利益集团的冲突与妥协。

对偶价值（自由与平等、效率与公平、秩序与变革等）的交替领先根源于精英与大众力量的消长。随着精英与大众力量的消长，法律与政策的价值取向也会随之消长。在精英占优势的时期，具有精英主义的价值主张（如自由至上论、效率优先论、秩序至上论）就会占据优势地位。而在大众占优势的时期，具有平民主义倾向的价值主张（如福利主义、公平优先论、变革主义）就会占据优势地位。

文化多样性社会存在着交叉支持的现象。大众的一部分出于维护生活方式多样性的目的而支持自由主义；精英中的一部分出于正义感而支持国家干预。文化多样性社会的交叉支持现象打破了精英与大众两大利益集团的界限，弱化了精英与大众的对立，增强了利益格局的柔性特征，有利于促进法律的适时变化，增强法律的适应性。

文化宽容、文化多样性主张精英主义与平民主义两大文化体系的融合。因为精英主义文化和平民主义文化各有其合理性，也可以分别在不同领域、不同时期占优势，但要从总体上作出谁更优先的论断是不可能的。因此，从总体上看，还是自由与平等相协调、公平与效率相协调、秩序与变革相协调等提法更合理，更有生命力。

因为不同的法价值总是与一定的政策主张相对应，所以，法价值的冲突往往意味着政策主张的冲突，法价值的平衡往往意味着政策主张的平衡。过于强调单一价值将会造成法价值的失衡和政策主张的偏颇。其后果是非常严重的。在许多发展中国家的现代化过程中，常常出现自由（人权）与秩序（稳定）、发展与秩序的失衡。例如，过于强调自由，使传统的威权型秩序受到冲击，而现代的自由平等秩序尚未建立起来，导致社会秩序混乱。过于强调秩序，导致传统的威权型秩序的僵化性得不到改变，使现代的自由平等秩序难以建立。

一个健全的社会需要建立在精英与平民相互平衡的基础上，而精英专制和平民专制的社会都会显示出各自的病态。

建立对偶价值的动态平衡有利于防止多种价值体系的固化造成的社会僵化，有利于防止多种价值之间的绝对对立。对偶价值的彼此平衡有利于防止每一方过度膨胀。

对偶价值的交替领先有利于维护社会的动态平衡。可以用阻尼振荡模型描述对偶价值的交替领先。首先，在文化多样性社会，价值与政策调整曲线振幅小，并不断接近中点，这说明多元利益主体的意见在互动过程中逐渐接近，利益调整的资源成本小。其次，在文化多样性社会，价值和政策调整周期短。这说明价值与政策调整时间成本小。在文化多样性社会，利益秩序的刚性特征在不断减弱，柔性特征在不断增强。

文化多样性社会的利益格局具有柔性特征，利益调整比单一社会容易。文化多样性社会是孕育民主法治的良好的社会条件，文化多样性社会总是或多或少地具有民主法治社会的特征。民主法治制度为利益调整提供了良好的制度条件。

而在单一社会，价值调整（伴随政策调整）与政策调整的曲线振幅大、周期长。振幅大，说明单一社会的利益调整的资源成本较大；周期长，说明单一社会的价值调整与政策时间成本较大。

在社会生活中，人们可能未认识到对偶价值平衡的重要性，或者即使认识到了也难以把握对偶价值的平衡，价值的过度偏向是难以避免的。当在某一时期的价值偏向达到社会难以承受的程度时，价值调整的时机就到来了，法律体现单一价值的偏向性必将在下一个政策过程中加以调整。为矫正一种价值的偏向性，就将出现对立价值的偏向性。这种现象可以称为"矫枉过正"。

在文化多样性社会，法价值的平衡只能是大体上的平衡。在各个领域、不同时期、法律运行各环节强行追求价值平衡将会导致社会生活的单一化、禁锢化，妨碍自由与创新。文化多样性、文化宽容认可国家根据具体情况对某一或某些价值作出适度偏重，但反对价值的过度偏向。特别是在对偶价值中，对一种价值的过度偏向必然导致对另一价值的偏废。

相互冲突的价值的平衡是动态的，而不是静态的。机械地维持相互冲突的价值的静态平衡将会使社会发展受到禁锢。

在文化单一性社会，强势群体掌握着规定的制定和执行的权力，弱势群体被排斥在规则的制定和实施之外，成为被支配的客体。这种情况导致了法律与政策的偏向性。在文化单一性社会，精英操控的政府总会出台有利于精英的法律与政策。

（四）对偶价值动态平衡的实例

1. 自由与平等的动态平衡

（1）自由与平等存在相互冲突的一面。自由与平等的冲突的社会根源在于精英（杰出人物）与大众两大利益集团的竞争。精英具有良好的个人素质或社会资源，能够在自由竞争的条件下立于不败之地，因此，精英更崇尚自由。而大众则不具备精英那么多的有利条件，只有实行平等才能保证基本利益的实现，因此，大众更崇尚公平。

第一，过度地追求自由将会损害平等。由于家庭条件、社会环境、竞争起点、个人素质、选择与机遇等条件的不同，自由竞争的结果必然造成社会分化，导致弱势主体对强势主体的依附，从而损害了平等。自由的过度扩张不仅使市场中的不同个体在竞争中出现两极分化，而且还将这种优势和劣势传承给后代，使后代人在出生时就面临严重不平等的竞争条件。自由的过度扩张将会导致人际冲突加剧，社会共同体分化甚至是解体。

第二，过度地追求平等将会损害自由。实现平等必须借助于国家对经济社会生活的干预，过度追求平等（平等的极端化）将会导致国家权力的过度扩张和国家强制力的滥用，从而侵犯公民的自由空间，甚至造成社会僵化。

（2）自由与平等存在互为条件、互相促进的一面。如果一方消亡了，另一方也就消亡了。自由与平等互为条件、相互促进的社会条件在于精英与大众两大利益集团的相互依存、合作、妥协。西方自由主义阵营内部包含市场自由主义和福利自由主义两大派别。二者对于自由与平等的兼顾、协调已经达成了广泛的共识。区别在于倾向性有所不同：自由主义更强调自由，而福利主义更强调平等。他们的共同点是认为自由与平等都是美好的价值，二者是可以兼容的，法律与政策应当满足两个价值的要求。

第一，保障最低限度的自由是实现平等的前提条件。保障公民的自由，可以遏制特权的膨胀，有利于促进平等。

第二，大体上平等是保持自由的条件。有学者认为："就契约而言，真正的自由要求缔约双方之间大体上平等。如果一方处于优越地位，他就能够强制规定条件。如果另一方处于软弱地位，他就只好接受不利的条件。"[1] 保障公民的平等权利也可以遏制特权的膨胀，有利于排除对自由的干涉。

例如，自由与平等是对偶价值，彼此保持克制才能实现两种价值的平衡。一方面，由于利益竞争的存在和竞争起点的不平等，过于强调自由价值（如财产权的绝对化、契约权的绝对化）将会导致两极分化，导致一部分人对另一部分人的支配，从而导致强势群体对弱势群体的不宽容。自由价值的过度膨胀就会损害平等价值。另一方面，由于平等的实现必须借助于国家强制，所以，过于强调平等将会导致国家权力的膨胀和公民自由权利的萎缩，不利于鼓励勤奋、创新。

2. 效率与公平的动态平衡

（1）效率与公平具有相互冲突的一面。效率与公平相冲突的社会根源在于右翼与左翼两大利益集团之间的竞争。右翼主张效率优先，相应的政策主张包括：减少国家对经济的干预，减少累进税（个人所得税和遗产税），减少公共工程和社会保障事业的财政支出。右翼认为，过于强调公平，国家出台过于严厉的利益调节措施不利于鼓励勤劳和创造。而左翼则主张公平优先，相应的政策主张包括：加强国家对经济的干预，增加累进税，增加公共工程和社会保障事业的财政支出。

（2）效率与公平的关系存在互为条件、互相促进的一面。效率与公平相平衡的社会背景是右翼（精英）与左翼（大众）两大利益集团的相互依存。在西方，公平与效率的协调是通过左右翼（派）的妥协而实现的。法律与政策应当兼顾效率与公平两种价值。过于强调效率就会造成社会两极分化，从而危害公平、加剧社会冲突。过于强调公平就会减少投资，弱化人们创造财富的积极性，从而危害效率。

效率价值与公平价值的含义存在重合之处。例如，贡献大者分配较大的份额，既体现效率价值的要求，也体现公平价值的要求。

---

[1] [英]霍布豪斯：《自由主义》，朱曾汶译，商务印书馆1998年版，第41页。

# 第五章 文化宽容与包容性法治

## 第一节 宽容与文化宽容释义

### 一、宽容的概念

商务印书馆出版的《新华词典》对"宽容"词条的解释是"原谅，饶恕，不予计较追究"。即使主体对客体的评价不是正面的，甚至可能是负面的，但仍然承认客体存在的合理性，并保持容忍、克制、不干预的态度。房龙认为，宽容是"容许别人有行动和判断的自由，对不同于自己或传统观点的见解的耐心公正的宽容"。[1] 宽容（tolerance）是对差异的容忍，对不同于自己的事物（思想观点、理论体系、行为方式、风俗习惯、制度等）的容忍。

宽容至少包括如下含义：

（一）宽容要求保护濒临灭绝的弱势文化，尊重文化多样性

强势文化应当不断吸收多种文化合理因素。强势文化吸收多种文化（包括异质文化）的利益要求和价值主张，有利于借助于多种文化的合理因素弥补与克服自身的局限性并实现自我完善，有利于保持旺盛的生命力。反之，当强势文化难以吸收多种文化的营养、难以借助于多种文化弥补自身的局限性时，其生命力就会走向枯竭，其强势地位就会面临危机。因此，文化的包容性、适应性是文化保持生命力的关键。例如，国家法作为一种社会规则，只有借鉴其他社会规则，才能使自己得到不断进化。政府作为一种社会组织，只有借鉴其他社会组织的经验，与其他社会组织进行互动，才能使自己不断

---

[1] [美] 亨德里克·威廉·房龙：《宽容》，姚伟编译，武汉出版社2009年版，第4页。

得到进化。

在文化多样性社会，文化主导权的竞争既是合理性的竞争，也是包容性的竞争。谁具有更大的合理性和包容性（包括利益包容性和价值包容性），谁就将在主导权的竞争中占据优势地位。强势文化越包容，自己文化的份额就越大，自己文化的特点就越持久。

而文化单一性下的强势文化忽视吸收多种文化（特别是异质文化）的营养，造成自我封闭、僵化，妨碍自我完善。一种文化如果忽视从多种文化中汲取营养，其生命力就会逐渐枯竭。文化目标越纯正，文化发展的阻力就越强大，文化目标的推行就越依靠强力。在传统的单一社会，靠强力维护纯正的单一文化目标也可能持续很长时间，但却会付出过于高昂的物质成本和时间成本。

（二）宽容要求保护权利，特别是弱势主体的权利

伏尔泰认为："企图使所有的人都用同样的方式就形而上学进行思考，是绝顶荒唐的想法。使用武力征服整个世界，这比制服一个城市所有人的头脑容易得多。"[1]尊重个人的文化选择权可以为人们参与文化运行、推动文化进步创造条件，有利于塑造健康的文化个性。自由权的重要类型是言论自由和表达自由。洛克说："尽管我反对你的观点，但我要用生命捍卫你说话的权利。"[2]言论自由是自由的重要内容，言论自由权是一项重要的权利，尊重言论自由是现代法治的一个基本原则。弱势主体与强势主体相比较，弱势主体对宽容更为渴望。宽容最初是弱势主体的利益要求。

（三）宽容要求强势主体负有更多的宽容义务

文化宽容特指强势文化对弱势文化的宽容、主导文化对非主导文化的宽容、法律与国家对多种文化的宽容等。强势文化应当对多种文化（包括弱势文化、异质文化）持宽容态度。理由在于：其一，正义原则的要求。强势主体掌握着更多的社会资源和物质资源，因而也就产生了更多的包容义务，应当作出更多让步。例如，富人对穷人负有更多的宽容义务、精英对大众负有更多的宽容义务、多数人对少数人负有更多的宽容义务。强势主体包容弱势主体，不仅有利于改善弱势主体的生存和发展条件，有利于促进公共利益，

---

[1] [法] 伏尔泰：《论宽容》，蔡鸿滨译，花城出版社2007年版，第148页。
[2] [英] 洛克：《论宗教宽容——致友人的一封信》，吴云贵译，商务印书馆1982年版，第1页。

而且也有利于改善法治环境，有利于自身的长远利益。其二，实质平等的要求。在形式法治意义上，每个人都享有被宽容的权利，也都负有宽容的义务。在实质法治意义上，为使弱势主体遭受不宽容待遇的不利地位得到矫正，法律应当规定强势主体负有更多的宽容义务。宽容集中体现为强势主体对弱势主体的宽容。其三，强势文化作为文化秩序的主要构建者、维护者，公权力的实际掌握者，应当从维护公共利益的目的出发给予多种主体以宽容待遇。如果强势文化能够树立宽容精神，与非强势文化和谐共处，不仅有利于提高整个文化生态系统的和谐程度，而且有利于维护强势文化的权威。多种文化既构成对强势文化的制约，也是强势文化实现社会治理可以凭借的资源。如果强势文化不够宽容，多种文化不断走向衰弱，强势文化治理社会可以凭借的资源也就会不断消失，治理社会的手段就会走向枯竭。

宽容要求强势主体对弱势主体的利益要求作出让步。一种观点认为："宽容是指一个人虽然具有必要的权力和知识，但是对自己不赞成的行为不进行制止、妨碍或干涉的审慎选择。"[1]宽容特指强者对弱者的宽容。要使宽容成为全社会普遍接受的价值目标，并得到法律的承认，需要得到强势主体的理解、让步。宽容可以改善强势群体所处的法律环境，有利于增进勤劳富人的长远利益。多种文化主体可以通过合作实现双赢、多赢，共同分享社会发展的成果。沃尔泽指出："有着不同历史、文化和认同的群体之间的和平共处……正是宽容所带来的。"[2]从长远看，宽容对强势主体也是有益的。

（四）宽容要求国家负有宽容责任

理由在于：其一，人是目的，国家是增进人的幸福的手段。为增进人的幸福，法律应当规定国家的宽容责任。其二，国家与多样文化相比，国家是强者，而公民和组织在国家面前是脆弱的。根据保护弱者的原则（来源于正义原则），国家作为强者，负有更多的宽容义务。国家法对多种文化的宽容集中体现在国家法对文化局限性的容忍上。同理，集体对成员负有宽容责任。

根据社会生活的不同领域，文化宽容可分为：经济宽容、政治宽容、价值宽容、风俗习惯宽容、宗教宽容、学术思想宽容、道德宽容等。蔡元培担

---

[1][英]戴维·米勒、韦农·波格丹诺主编：《布莱克维尔政治学百科全书》，邓正来译，中国政法大学出版社2002年版，第820页。

[2][美]迈克尔·沃尔泽：《论宽容》，袁建华译，上海人民出版社2000年版，第2页。

任北京大学校长期间实行的"思想自由,兼容并包"的政策属于学术思想宽容。该政策不仅对北京大学的学术发展和人才培养起到了重要作用,而且对文化政策的制定具有启示作用。

## 二、宽容形成的原因

### (一) 人类的同类意识

人类的同类意识是宽容产生的社会心理原因。人类的同类意识是指人们认识到自己与他人为不同于其他物种的同类,同类之间应当彼此同情、关爱。受到宽容价值熏陶的人更有可能克制私利,对他者利益作出更大的让步,对全社会乃至全人类的利益作出更多的关注。每个人都希望得到他者的宽容,每个人都应当宽容他者,每个人都是宽容的主体。从"己所不欲,勿施于人",可以推广到"己所欲,施于人"。人类的同类意识要求人们克制私利,与他人合作;要求人们去除文化的自我中心主义,尊重他者文化,尊重文化多样性。

### (二) 和平与共赢的愿望

理性的人类更能认识到获得绝对利益的愿望不仅不理性,而且代价高昂。只有通过协商、妥协达成分享利益的协议才能实现和平和共赢。每一种文化都隐含着一种利益分配方案,要实现和平和共赢就必须坚持文化宽容。

宽容要求人们克制自己的利益要求和价值主张,从而增加了获得利益的成本,不利于获得绝对利益的愿望的实现。因此,人们虽然口头上承认宽容是美德,但在对宽容的追求与支持上却表现得很冷漠。在人类理性尚不健全、绝对主义尚处于支配地位的情况下,每一种价值都有过度膨胀的倾向,一切价值的极端化的倾向都可能反对宽容。

文化不宽容将会加剧文化冲突。在文化不宽容之下,不仅不同文化类型之间的冲突较为剧烈,甚至同一文化内部不同亚文化之间的冲突也很剧烈(如中世纪基督教内部的派系)。

### (三) 温和的文化相对主义

温和的文化相对主义认为,任何文化都存在局限性,自己的文化也有局限性,他者文化也有合理性。温和的文化相对主义是一种具有理性精神的思想体系。胡适在《容忍与自由》一文中指出:"我们着想别人宽容谅解我们的见解,我们必须先养成能够宽容谅解别人的见解的度量。……受过实验主义的训练的人，本来就不承认有'绝对之是'，更不可以'以吾辈所主张者为绝对之是'。"[1]希望得到宽容是人们的共同愿望。我们希望得到他人的宽容，他人也希望得到我们的宽容。宽容是相互的，要想赢得他人的宽容，就必须对他人施加宽容。

温和的文化相对主义有利于克服人类的自我中心倾向。朴素的大众意识具有自我中心性、排他性、封闭性。房龙认为："许多群体，无论大小总是蜗居在自己的坚固堡垒中，他们把偏执和固执的思想铸成了一扇铁门，以此抵御外来的影响。"[2]在现实社会中，每个人都生活在各自的堡垒之中，捍卫着各自的利益和价值，对他者的利益和价值持排斥态度。一元文化主义认为，自己的文化是优越的，并且自觉或不自觉地将文化扩张作为利益扩张的手段，不惜造成他者文化的摧残和文化遗产的损失。其后果则是加剧文化冲突和社会冲突。

朴素的大众意识认为，自己持有的文化就是至真、至善、至美的文化。人们常常将自己生活于其中的文化当作是理所当然地加以接受，而不去反思其局限性。正像苏轼的诗句"不识庐山真面目，只缘身在此山中"。朴素的大众意识具有先入为主、自我中心、盲目自信、从众效应、自负、狂热等不良特征。

人们习惯于固守自己的文化堡垒，不愿作出让步。一般的人（精英与大众皆然）都自发地亲近与自己的利益与经历息息相关的价值，并通过对该价值的支持、阐释表达自己的利益要求。当人们遭受不宽容待遇的时候，希望得到宽容；而当自己处于有利地位的时候，却自觉或不自觉地忽视对他人的宽容。这种矛盾心态出现的原因在于人类有追求私利和自我中心的弱点。要实现宽容，就必须克制这一弱点。

在文化单一性社会，文化的单向思维占据主导地位，文化主体过度追求文化目标的纯正性。人们对自我文化持有自我中心的态度，漠视他者文化的存在，漠视他者文化对于所属群体的生存和发展的意义，忽视自我文化与他者文化乃至整个文化生态的协调发展。在文化单一性之下，强势文化对多种文化（特别是异质文化）缺乏宽容。文化主体在发展自己文化的同时，忽视

---

[1] 转引自陈根发：《宽容的法理》，知识产权出版社2008年版，第51页。
[2] [美]亨德里克·威廉·房龙：《宽容》，姚伟编译，武汉出版社2009年版，第241页。

与他者文化的协调发展，忽视文化生态的结构和功能的整体性，忽视文化进化的连续性、渐进性。文化主体追求文化竞争的绝对优势，文化竞争的结果是一种文化的完胜和他者文化的完败。

朴素的大众意识在认识水平上大致接近人类的童年意识，而真理总是首先由个别人发现的，让全体人类接受真理是非常困难的。大众意识的非理性倾向是产生绝对主义和不宽容的土壤。在个体理性和集体理性不健全的情况下，个体更多地受到自我文化的束缚。在大众普遍接受背景文化的条件下，对背景文化作出反思不仅无利可图，而且是危险的。

绝对主义将会加剧不宽容。绝对主义认为，存在着完美无缺的文化，并且有幸被自己所掌握。绝对主义是对自己文化的理想化。有理想是人类特有的优良品质，在一般情况下，每一种文化都可以看成是人类文化宝库的瑰宝。适度的理想主义也是可以宽容的。而过度的理想主义则会对文化多样性造成损害。在文化单一性社会，人们对自己文化持绝对肯定的态度，对他者文化采取漠视的态度，对异质文化采取压制的态度。在文化的单向思维的影响下，形成形形色色的排他的文化体系。这些排他的文化体系可以统称为"文化绝对主义"或"文化帝国主义"。

对自己文化的绝对肯定、对异质文化的绝对否定、对他者文化的忽视冷漠必然造成不同文化的持有者的尖锐对立。不同文化的持有者的文化立场处于对立的两个极端，互不对话，彼此敌视。例如，宗教极端主义（恐怖主义为其具体表现之一）是克制主义的极端，物欲主义（消费主义为其具体表现之一）是功利主义的极端，两个极端是彼此对立的，一个极端不消除，另一个极端也无法完全消除。

在文化单一性社会，各种文化主体（特别是主流文化主体）普遍持有如下观念：其一，自己持有的文化是至真、至善、至美的，依自己持有的文化设计的理想蓝图将给社会带来幸福。其二，运用国家强制力将自己的理想蓝图强加给社会是不朽的事业。这些观念的认识论基础是对人的能力（包括理性能力和道德能力）的夸大。各种文化主体普遍持有这样的观念是造成文化不宽容的重要原因。在文化单一性社会，文化发展更有可能走上激进道路。

例如，理性主义就属于理想主义的一种类型。理性主义夸大了人类的理性能力，认为人类能够创造出至真的文化，并且对自己持有的文化的理性特征持过于自信的态度。科学主义是理性主义的一种表现形式。科学主义夸大科学技术的作用，忽视科学技术不当使用的危害。

再如，道德理想主义也属于理想主义的一种类型。道德理想主义对人类的道德能力作了过高的评价，认为人类能够创造出至善的文化，并且对自己持有的文化的至善特征持过于自信的态度，对他者文化持不宽容态度。因此，道德理想主义也包含非道德因素。至善美德与包容美德永远存在紧张关系。维护文化多样性与追求道德至善不可能同时得到完美的实现，只能找到兼顾两个目标的结合点。

又如，现代主义夸大现代化的积极作用，忽视现代化的消极作用；城市中心主义夸大城市的积极作用，忽视城市的消极作用；市场原教旨主义只认识到市场的积极作用，忽视市场的消极作用，忽视节制市场的必要性；团体本位主义夸大团体的积极作用，忽视团体的消极作用。现代主义、城市中心主义、市场原教旨主义、团体本位主义也都属于理性主义的范畴。

形形色色的理性主义都包含对他者文化的不宽容，都试图掌握国家权力，并借助于国家权力推行单一文化。在文化单一性倾向下，各种文化主体都坚持自己文化目标的纯正性，试图建立大一统的文化秩序，因此各文化主体都试图消灭异质文化、征服弱势文化。暂时的宽容不过是权宜之计。在文化单一性倾向下，用强力强迫他人接受自己文化的情况常常发生，人们选择文化的自由权利得不到尊重和保障。如果每一个文化主体都对他者文化持有不宽容的态度，文化竞争与社会冲突就会被激化。在大一统的文化秩序下，文化竞争与社会冲突看似并不明显，这是权力高压下的一种表面现象。大一统的文化秩序造成社会矛盾的积累，为未来更大的文化冲突与社会冲突积蓄着能量。

### 三、宽容是值得珍视的法价值、社会价值

法的价值（也称"法价值""价值"），即法的理想和目标，人们经常谈论的法价值包括自由、人权、平等、正义、秩序、效率等。法价值是多元的，法价值体系是开放的，而不是封闭的。许多美好的理想和目标都可以成为法价值。例如，便利、宽容、文化多样性、和平、和谐、创新也可以作为法价值。法律的价值考虑越充分，法律就越合理、越周密。

每一个利益群体都有自己的价值偏好。例如，精英偏好自由，大众偏好平等；精英偏好效率，大众偏好公平。依照每一个利益群体的价值偏好制定

的政策为该利益主体满意，但却可能为其他利益主体所反对。

宽容价值主张站在全社会最大幸福的立场上，在吸收多元价值合理性的前提下制定行动方案。宽容价值不是完美无缺的，依宽容价值不可能制定使每个人都称心如意的方案。有学者指出："宽容价值作为美德是崇高的，但它并未受到人们的尊崇，因为它在许多问题上都不能提供两全其美的解决之道。"人们如果愿与其他主体和平地生活在蓝天之下就只能接受依宽容价值和宽容原则制定的虽不完善但尚可接受的方案。如果人们能够明白这一道理，就可以更多地理解与接受宽容价值。

宽容就是一种美好的理想，也可以成为法的价值。正如国内研究多种文化的学者指出："正义与宽容是多样一体法学的两大基本价值。"[1] 宽容价值（文化多样性）具有较高的理论层次、较大的价值包容性等优良品性。这些优良品性决定了宽容价值可以在法价值的沟通与协调、法的价值权衡上发挥重要作用。

有学者甚至认为，宽容价值在价值体系中的地位高于其他价值（如自由与平等）。文化进化的重要内容是从不宽容走向宽容；宽容不仅是文化生态走向成熟的标志，也是每一种具体的文化走向成熟的标志。

宽容可以赢得众人的支持，因此，宽容也是力量。如果仅把宽容作为一种处世策略，那么，宽容就是不稳定的、有限的。要使宽容更有力量，还应当将宽容作为一种价值理想、一种生活方式、一种文化政策、一种治理模式。从不宽容到宽容的发展是人类从野蛮走向文明的重要内容。

宽容价值也具有局限性的一面。其一，由于宽容价值具有较高的理论层次，距离具体的人群较远，缺乏对特定人群的亲和力，因此缺乏有效的支持。其二，宽容价值距离具体的实践较远，操作性不强，难以对实践产生直接的影响。其三，宽容价值立足于全社会的最大利益，缺乏具体的支持团体，难以获得有效支持。因此，在人类社会的现阶段，宽容价值只有辅助其他价值才能发挥一定作用。

联合国教育、科学及文化组织于1995年通过的《宽容原则宣言》给"宽容"下的定义是："宽容是对世界丰富多彩的不同文化、不同思想表达形式和

---

[1] 常士䦤主编：《异中求和：当代西方多元文化主义政治思想研究》，人民出版社2009年版，第253页。

不同的行为方式的尊重、接纳和欣赏。"既要宽容自己所不喜欢的文化，也要宽容对自己文化构成竞争的文化（异质文化）。沃尔泽说："宽容使得差异性存在，差异性使得宽容成为必要。"[1]每一种文化都应当宽容他者文化，每一种文化也应当得到宽容。不同利益群体的利益要求、价值取向、历史背景不同，他们所形成的文化自然是多样的。宽容要求与他者文化和平共处。一种文化只有吸收他者文化的合理因素，借助他者文化弥补自身的局限性，借助他者文化克服自身的异化，才能不断进步。

**四、文化宽容的概念**

文化宽容是指对多样文化持有的宽容态度，包括多样文化相互之间持宽容态度、强势文化对弱势文化持宽容态度、法律与国家对多样文化持宽容态度、对濒临灭绝的弱势文化的保护等内容。

文化宽容与文化多样性是两个平行发展，而又相互促进的理论传统。一方面，"文化宽容"与"文化多样性"的含义基本相同，可以互换通用。二者都包含容忍差异、包容多样的含义。文化是人生存和发展的条件，人类要实现和平，就必须彼此尊重他者文化。尊重他者文化就是尊重他者的生存权利。另一方面，"文化宽容"与"文化多样性"的含义也有所不同：

第一，二者的历史传统不同。文化宽容传统来源于政治宽容与宗教宽容。历史上最早以"宽容"命名的法律文件是1649年美国殖民地时代马里兰州的《宽容法案》（Act of Toleration）。联合国教科文组织于1995年通过的《宽容原则宣言》认为："宽容是个人、群体和国家所应采取的态度。"这一条文也可以表达为：个人、群体、国家有宽容的义务。从国家法的角度看，该文件对国内的主体没有法律约束力，但在道义与舆论上，该文件具有强大的影响力。而文化多样性传统来源于文化人类学领域，强调对历史形成的、已经成为弱势文化的传统文化的宽容。最早以"多元文化"命名的法律文件是1988年加拿大的《多元文化法》（Canadian Multiculturalism Act）。文化宽容形成的时间早于文化多样性，文化多样性是在文化宽容的背景下产生的。

第二，二者的侧重点不同。"文化宽容"强调政治宽容和宗教宽容。而

---

[1] [美]迈克尔·沃尔泽：《论宽容》，袁建华译，上海人民出版社2000年版，第2页，"前言"。

"文化多样性"则强调对传统文化的宽容。二者的侧重点是在不同历史传统的影响下形成的。

随着文化宽容与文化多样性两种文化传统的互渗，文化宽容和文化多样性的含义已经逐步走向趋同，可谓殊途同归。文化宽容和文化多样性的含义可以相互解释、相互补充。文化宽容与文化多样性两种传统是互为条件的。在文化宽容的社会，文化多样性保持得较为完好；在文化多样性社会，文化宽容程度也较高。

宽容入法与文化多样性入法都是法律发展的大趋势。不管二者哪一个进入法律，都会推动另一个进入法律的进程，也都意味着法律的进步和社会的进步。文化宽容入法、文化多样性入法有利于增加全社会的宽容总量，增加全社会的幸福总量。而在没有制度约束的情况下，个人宽容是不稳定的。

## 第二节 法律对多样文化的宽容态度

容忍是法律对多样文化的中间态度。法律对文化的容忍是法律对文化的不置可否的态度，即既不肯定，也不否定的中间态度，是除肯定态度（承认、保护、奖励）与否定态度（确认无效、追究责任、实施惩罚）之外的第三种态度。

在文化单一性理念下，法律与政府通常对一切文化作出非此即彼的表态，要么予以肯定，要么予以否定，不存在第三种态度。而在有限政府的理念下，法律与政府没有必要对一切文化作出或肯定或否定的表态，法律与政府应当在社会生活中保持一定的超然姿态。对于新生文化，在其有益性与有害性尚不清楚的情况下，法律就应当采取不置可否的态度。例如，私人侦探、民间讨债行为在不违反国家法的强制性规范的前提下就可以作为国家法可以容忍的文化现象。对于这类行为，完全合法化就会侵蚀国家机关的类似职能；彻底禁止又会造成无法弥补政府失灵造成的秩序真空。彻底合法化和彻底禁止两个极端都是不可取的。

法律对文化的宽容包括容忍文化的局限性、容忍文化的轻度危害、容忍文化个性等方面。

## 第五章　文化宽容与包容性法治

### 一、法律容忍文化的局限性

根据文化的两向思维方法和多向思维方法，文化具有局限性的一面。从增进人的幸福这一指导思想出发，可以提出法律针对文化局限性的对策——容忍文化的局限性。因此，"容忍文化的局限性"既是法律对文化的政策组合的一个方面，也是多样一体法哲学的一个基本原则。

（一）法律容忍文化的局限性的理由

1. 人的局限性决定了文化的局限性

第一，人的理性是有限的。古希腊哲学家苏格拉底认为，认识到自己的无知是一种智慧。该观点包含了理性有限性的思想。怀疑主义（以休谟为代表）、保守主义揭示了人类理性能力的有限性。具有有限理性的人类所创造的文化必然是有局限的。要宽容人的理性的有限性就必须容忍文化的局限性。因此，理性的有限性是容忍文化的局限性的认识论前提。

哈耶克认为："主张宽容的经典论点，无疑是以承认我们所主张的这种无知为基础的。"[1] 人类的认识是有限的，即使人类认识不断进步，也不可能彻底弄清文化生态系统的所有奥秘。因此，促进文化进化应当尊重文化生态系统自身的进化规律，借助于文化生态系统内部的进化动力，汲取他者文化的资源。人们可以为文化进化提供良好的外部环境，并逐步作出局部调整。如果自认为自己文化完美无缺，就会造成对他者文化的不宽容；如果自认为已经认识到文化生态系统的所有规律，过度干预文化生态系统，就会造成文化破坏。

知识分散于每个社会成员、每个团体的头脑中，各种理想蓝图都存在某种程度的合理性。传统中蕴含着历史上无数人的智慧，包含着人类通过无数冲突换来的经验教训，借助于传统的智慧可以弥补今人智慧的不足。人们在描绘和实施自己蓝图的过程中必须宽容其他蓝图的存在，必须吸收其他蓝图的合理因素，并在与其他蓝图的互动过程中实现自我完善。强制推行单一文化、单一理想蓝图将会产生难以预料的不良后果。

第二，人的道德能力是有限的。基督教的原罪说认为，人类始祖的人性

---

〔1〕 [英] 弗里德利希·冯·哈耶克：《自由秩序原理》（上），邓正来译，生活·读书·新知三联书店1997年版，第30页。

中包含着恶的因素,他们将恶的因素传给了后人。

　　道德理想主义既有追求至善道德的一面,也有不宽容的一面。至善与宽容就是一对具有矛盾观点的道德,二者不可能同时达到完满。道德理想主义主张对违反主流道德的行为适用刑罚。而多样一体法哲学则主张宽容违反主流道德但无明显危害的行为,并实现非罪化。有观点认为,回应型法应当"将违反通行的道德准则的行为非刑事化",使法律"变得更加温和、更能接受文化的多样性,而不那么倾向于残酷地对待越轨者和怪异者"。[1] 对待违反主流道德的行为,在治理手段上可以选择刑罚的替代物。例如,法律可以引导人们过高尚生活,容忍人们过多种多样无害于社会的精神生活,使人们远离低级趣味,而不一定施加惩罚。通过调整文化生态的配置可以达到治理的目的。这种治理方法比刑罚手段成本小、收益高。

　　具有有限道德能力的人类所创造的文化也必然是具有道德上的局限的。要宽容人的道德能力的局限性就必须容忍文化的局限性。

　　怀疑精神是科学精神的重要组成部分,怀疑精神要求人们用怀疑的眼光审视世间一切事物,包括自己所持有的文化。怀疑精神不等于怀疑主义。怀疑主义否认真理与善德的存在,而怀疑精神则承认真理的存在,主张普遍包容,为追求真理创造良好条件;怀疑精神承认善德的存在,主张通过文化互动,创造有利于善德生成和发展的文化环境。房龙指出:"曾经为宽容事业奋斗过的人,不论他们之间有多大的区别,但有一点是一致的:他们的信仰总是含有怀疑的成分;他们坚信自己是正确的,却绝不是会确信自己是对的。"[2] 文化持有者应当认识到自己文化存在局限性,对他者文化持宽容态度,借助他者文化的智慧和力量弥补自己文化的局限性。

　　人在道德、理性、意志力等方面的局限性(弱点)决定了人所创造的文化也必然存在局限性。具有局限性的人不可能创造出绝对完美的文化,不可能设计出完美无缺的理想蓝图(如经济社会发展模式和社会治理模式),不可能创造出绝对完美的法律与政府。

---

[1] [美]诺内特、塞尔兹尼克:《转变中的法律与社会》,张志铭译,中国政法大学出版社1994年版,第102页。

[2] [美]亨德里克·威廉·房龙:《宽容》,姚伟编译,武汉出版社2009年版,第112页。

2. 宽容人的弱点要求容忍文化的局限性

人文主义法学强调宽容人的弱点（包括理性的弱点和道德的弱点），这一原则可以拓展为容忍文化的局限性。人类要想过文明生活就离不开文化，就必须容忍文化的局限性，就必须对文化、法律、政府的轻度不完善持宽容态度。

保守主义主张宽容历史形成的文化成果的局限性。柏克认为，"一切人类的构建物中都存在固有的弱点"，过于追求完美将会导致对文化的全盘否定，将会导致文化不宽容、文化冲突、文化毁灭。[1] 如果不能宽容文化、法律、政府的局限性，则会导致文化虚无主义、法律虚无主义、无政府主义，这将使人类回到无文化、无法律、无政府的蒙昧状态。人类创造文化，文化也就成为人类生存和发展条件的一部分。借助于文化，人类过上了不同于动物的生活。如果人类不再过野蛮蒙昧的原始生活，就必须借助于历史形成的制度文化成果。人类的生存和发展离不开人造物，有人造物就难免出现异化现象。不应因为文化有局限而抛弃文化（明显有害为法律所禁止的例外），而应当在运用文化过程中改造与发展。

不容忍文化的局限性将会导致不宽容。文化的局限性与合理性难以截然分开。文化兼具局限性和合理性、有害性和有益性、消极作用与积极作用。要将文化的局限性与合理性彻底分开，彻底享受文化的积极作用，不受文化的消极作用的困扰是不切实际的幻想。要想享受文化的便利，就必须容忍文化的轻度危害。只有在宽容人造物的弱点的同时，也肯定其中的合理性，才会有多种文化的共存、对话、妥协，才会有温和的、理性的变革。如果因为文化存在局限性而不予宽容，就会造成文化遗产的破坏，进而损害文化多样性，张扬文化的合理性也就没有意义了。

要宽容他者文化的局限性就必须防止文化过度扩张的冲动，为他者文化保留必要的存在和发展空间，尊重其他文化主体的表达权利、参与权利。

（二）法律容忍文化的局限性的实例

1. 法律适度容忍非自由文化

非自由文化具有重团体利益、节制贪欲、刚强、尚武、有组织纪律性等

---

[1] 参见 [英] 埃德蒙·柏克：《自由与传统——柏克政治论文选》，蒋庆、王瑞昌、王天成译，商务印书馆2001年版，第143页。

优点。非自由文化存在的前提是对自由的克制,是非自由文化,但不是反自由主义。例如,军营文化、训练营文化也属于非自由文化。非自由文化的存在有利于社会抵御各种危机,有利于弥补自由主义所包含的自利、散漫等弱点,因而具有存在的合理性,是文化生态的组成部分。但是,非自由文化膨胀也有损害文化生态的可能性,因此,法律应当为非自由文化规定必要的底线规则。例如,不得强迫人们接受非自由文化,不得实施危害社会的行为。如果非自由文化突破法律规定的底线规则,就将引起国家强力的介入。

多样一体法学主张出于保护文化多样性、保护文化生态平衡的目的而保护濒临灭绝的弱势文化。当自由文化处于弱势地位的时候,自由文化的合理性应当得到强调;而当自由文化占据主导地位后,考虑到非自由文化也具有一定的合理性,也应当为非自由文化保留一定的存在空间,应当允许非自由群体保留自己的文化。金利卡认为:"宽容本身就是自由主义的根本价值","只要非自由主义的群体不寻求更大社会的任何支持,不寻求将自己的价值强加于其他群体,自由主义者就应该设法包容他们。"[1]一方面,自由文化以其更大的合理性,在与非自由文化的竞争中应当占据主导地位;另一方面,非自由文化也存在一定的合理性,并且一定的文化群体选择非自由文化的权利也应当得到尊重。多样一体法哲学认为,主导文化的宽容义务高于非主导文化。在自由文化成为主导文化后,其宽容义务就增加了。自由文化不应当向非自由文化群体强行推行自由文化,而应当在坚持法律底线的前提下,通过宣传教育向非自由群体传播自由文化,同时也应当注意尊重与保护非自由文化中有益的文化基因。

适度宽容非自由文化的积极作用至少表现在如下方面:

第一,非自由文化所代表的利益要求和价值主张具有合理因素。宽容非自由文化有利于使弱势群体在体制内发出声音,弱化弱势群体与主流社会的对立,有利于促使其接受文化多样性价值,为其融入文化多样性社会创造条件。

第二,非自由文化的存在激发理论争鸣,有利于促进文化创新。例如,批判法学对文化持普遍批判的立场,能够产生鲶鱼效应,打破思想领域的沉

---

[1] [加]威尔·金利卡:《多元文化的公民身份——一种自由主义的少数群体权利理论》,马莉、张昌耀译,中央民族大学出版社 2009 年版,第 219 页。

闷空气。

第三，非自由文化的存在可以反映出法律的不完善和社会的不完善，有利于引起治理者与公众的注意，从而引发改革法律和改良社会的行动。

沃尔泽称持有不宽容文化的人为"不容异说者"，并主张"宽容不容异说者"。[1] 对于言论的宽容程度又高于对行为的宽容程度。在言论方面，只要未产生明显的现实的危险，这种言论就是可以宽容的（参见申克诉美国案）。

当然，对严重不宽容的行为不应当宽容。对严重不宽容行为的强制措施和处罚措施应当符合法定标准，遵循法律程序。制止严重不宽容行为的措施应当以制止严重不宽容行为的需要为限度；追究有关责任人的法律责任应当遵循过错与责任相当原则。如果不遵循这些原则与规则，就会形成新的不宽容。

适度宽容非自由文化不仅有利于弥补自由文化的局限性，防止自由文化走向自私、贪欲的极端，而且有利于保持文化多样性，为公民提供更多的文化选择空间。

2. 法律适度容忍非平等文化

例如，普韦布洛部落诉马丁内斯案。加拿大的普韦布洛人是印第安人的一个分支。在普韦布洛人中存在一个包含性别歧视的习惯：男性成员与部落外的人结婚，其子女自然成为部落成员；而女性成员与部落外的人结婚，其子女不具有成员资格。这一歧视性规则在"普韦布洛部落诉马丁内斯"案中获得了支持。[2] 该案例隐含的规则是：出于维护原地居民团体的稳定性、保护文化多样性的理由，可容忍原地居民对成员平等权的轻度限制。国家法容忍原地居民习惯对国家法的适度变通。

在一般情况下，可以认定不符合平等价值的歧视性规则无效。但在原地居民与其成员纠纷案件中，出于保持文化多样性的目标，可容忍原地居民社会存在的轻度不平等规则。容忍轻度不平等规则有利于保持原地居民集体的稳定性，有利于发挥原地居民集体传承文化的功能和集体维权的功能。如果不容忍轻度不平等规则，原地居民的社会结构和文化传统就会遭到破坏。因

---

[1] [美] 迈克尔·沃尔泽：《论宽容》，袁建华译，上海人民出版社 2000 年版，第 80 页。

[2] 参见 [加] 威尔·金利卡：《多元文化的公民身份——一种自由主义的少数群体权利理论》，马莉、张昌耀译，中央民族大学出版社 2009 年版，第 235 页注。

此，在这一特殊情况下，为追求文化多样性价值，有必要在平等价值上作出适当让步。现实社会的复杂性决定了，只能实现大致的平等，不可能在每一事项上都实现完全的平等。对于某一主体在某一事项上受到的不平等待遇，可在其他事项上予以补偿。

此外，法律还应当适度宽容非理性、非功利等文化。非自由、非平等、非功利文化具有重集体利益、节制贪欲、重视生态保护等优点。

法律应当适度宽容俗文化。应当在有管理的前提下，宽容酒、烟草、槟榔这些具有轻微成瘾性的物品的销售。这些物品不得向未成年人销售就应当成为一项底线规则。例如，在海南，槟榔销售是一种职业，业内存在着一个习惯，销售者有向初次想购买的人告知其副作用的义务。

法律应当适度宽容非理性文化。原始多神教的万物有灵论包含着人类敬畏自然、爱护自然物的思想。

## 二、法律适度容忍文化的轻度危害

对于文化的有害因素，应当进一步区分为轻度危害与明显危害。区别文化的轻度危害和明显危害的标准在于，该文化因素是否有明显危害。这一标准的提出借鉴了霍姆斯在申克诉美国案中讨论表达自由的界限时提出的"明显的、现实的危险"标准。是否具有明显危害是法律对一种文化是否宽容的判断标准。对于文化的轻度危害和明显危害，法律应当区别对待。

对于文化的轻度危害，法律的态度是宽容。文化的轻度危害隶属于文化局限性的范畴，容忍文化的局限性要求宽容文化的轻度危害。罗尔斯认为："只有当宽容者真诚地、合理地相信他们自身和自由的制度的安全处于危险之中时，他们才应该限制不宽容团体的自由。只有在这种情况下，宽容者才可以压制不宽容者。"[1]

美国禁酒失败例。1919年，《美国宪法》第18条修正案发布了"禁酒令"。该条规定："凡在合众国及其管辖土地境内，酒精饮料的制造销售或转运，均应禁止。"禁酒令的实施效果可以从以下方面加以分析：其一，禁酒令在饮酒习惯的冲击下权威扫地。禁酒令无法消除人们对酒的需求，无法杜绝人们的饮酒习惯。有学者指出：禁酒令"实际上是将一种固有的生活方式置

---

[1] [美]约翰·罗尔斯：《正义论》，何怀宏等译，中国社会科学出版社1988年版，第210页。

于违法犯罪的境地。因此法律所面临的就不是一两起犯罪，而是大规模的不断涌现的违法行为"。[1]法律应当区分具有轻度危害的需要（如对烟草、酒、槟榔等轻度成瘾性物质的需要）和严重危害的需要（如对毒品等严重成瘾性物质的需要），并采取不同的对策。在一般情况下，法律无法杜绝具有轻度危害的需要及相关的风俗习惯、生活方式、文化类型，否则将要付出巨大的执法成本，将导致法律不能得到切实的执行，并最终伤害法律的权威。严重背离习惯的国家法将被规避，甚至被突破。法律只应杜绝那种明显有害的需要，如对毒品的需要，这是法律的一种特殊情况。其二，禁酒令导致了选择性执法。一方面，执法机关为了应付立法机关的要求，有选择地处罚了一部分违反禁令的人（陌生人、未输送利益的人）；另一方面，执法机关怀疑禁酒令的可行性，对另一部分违反禁令的人（如熟人、输送利益的人）持放任态度。选择性执法就是仅对一部分人执行法律，而对另一部分人予以放任，造成执法标准不统一的情况。选择性执法造成了执法秩序的混乱。由于以上乱象，美国不得不于1933年在《宪法》第21条修正案中废止了禁酒令。

　　我国民间有节日燃放鞭炮的风俗习惯，在增加喜庆气氛的同时也造成了许多人身伤亡和财产损失。完全禁止燃放鞭炮将会付出巨大的执法成本，并且禁令未必会被有效遵守。正确的做法是设立禁放区，限制装药量等。再如，我国存在的土葬风俗加剧了人多地少的矛盾。法律完全禁止土葬风俗是很困难的，但却可以对土葬风俗加以限制、引导。可以划分土葬区和火葬区，禁止在火葬区建坟。还可以限制每一座坟墓的用地面积。又如，法律为了限制吸烟的危害，可以规定禁止吸烟的场所、限制烟草广告的发布范围等措施。作为公法部门之一的行政法也应对风俗习惯进行审查，对不同的情况区别对待。国家法对上述民间习俗不应徘徊于禁止和放任两个极端，而应实行分类管理，合理引导，以体现国家法对人的弱点的矫正和弥补。

　　加拿大将吸毒行为纳入了可以容忍的领域（灰色地带）。各种调查数据表明，吸毒复吸率是极高的。加拿大人认为，既然吸毒复吸率极高，强制戒毒的效果就值得怀疑。与其将纳税人的钱用于强制戒毒，还不如将这笔钱用于更好的用途。加拿大对贩毒和吸毒采取不同的态度，在打击贩毒的同时，容

---

[1] 王肃元、冯玉军："国家制定法与民间法的供求分析"，载《甘肃社会科学》1999年第2期，第54页。

忍吸毒。政府为吸毒人员提供吸毒场所。为避免使用共用针头造成疾病传播，政府还为吸毒人员提供免费一次性针头。加拿大的做法对于摸索灰色地带的界限有借鉴意义。在我国，吸毒属于违法行为。《中华人民共和国治安管理处罚法》第72条规定，吸食毒品的，可以处以行政拘留或罚款。国家对于吸食毒品成瘾人员实行强制戒毒制度。

对于文化的明显危害，法律的态度是制止，具体包括禁止相关行为，追究相关责任人的法律责任。

世界各国普遍认为，纳粹主义、恐怖主义、毒品文化有明显危害，法律应当禁止；世界各国都对酒文化、烟草文化持宽容或基本宽容的态度；各国对性与风化有关的文化（如同性恋）的态度则受文化传统的影响，表现出不同的态度。

如果不容忍文化的轻度危害，将会导致文化不宽容，文化的有益性也就会随之消亡，将会破坏宽松的文化环境，使文化受到摧残，文化多样性将遭受损害。通过利益衡量（权衡利弊），还是宽容文化的轻度危害有利于实现全社会的最大利益。

克服文化的消极作用的主要途径是利用文化生态的平衡机制加以抑制，辅助途径是通过法律抑制文化的消极作用。

### 三、法律容忍文化个性

尊重文化个性有利于保持和促进文化多样性。文化个性形成的原因在于不同文化所处的自然条件、历史传统、社会环境的差异、文化群体的选择的差异等。因为形成文化个性的原因永远存在，所以，文化的个性是永恒存在的。文化多样性是由无数富于个性的文化形成的，要尊重文化多样性就必须容忍和尊重每一种文化的个性。法律容忍文化个性，容忍文化差异，有利于保护文化多样性。如果多种文化的个性趋于消亡，文化多样性也就不复存在了。

法律容忍文化个性具体包括如下内容：

*（一）法律出于保护文化多样性的目的而容忍特例*

法律容忍文化的个性集中体现在出于尊重弱势文化的目的而容忍特例上。法律应当在坚持秩序底线、维护规则权威的前提下，最大限度地容忍特例。

（1）在规则得到普遍服从的前提下，出于保护文化多样性的理由而允许弱势文化主体不适用个别规则。

例如,加拿大锡克教徒加入皇家骑警案。在加拿大,有一印度锡克教移民希望加入皇家骑警,可是,锡克教的习惯规则与骑警的规则发生了冲突。锡克教徒留有高高的缠头,无法佩戴骑警的制式帽。如果强行要求锡克教徒改变发型,则构成了对其宗教信仰自由的侵犯;如果拒绝接收锡克教徒,则构成了对其担任公职的平等权利的侵犯,构成了对非主流文化群体的歧视。于是,皇家骑警决定接受该教徒,并允许其保留原有的发型习惯。当然,该教徒加入骑警后虽可以不佩戴制式帽,但仍必须穿着统一的制式服装,佩戴统一的骑警徽记。[1]其一,法律作为最低限度的规则更多地体现了文化的一般性,如果在不违背法律秩序的前提下更多包容文化的特殊性,那么,就会更为彰显法律的宽容精神,增强法律的亲和力。其二,受现实的利益关系影响的法律更多地体现主流文化的意志,如果强势主体保持克制,对非主流文化作出更多的让步,就会更为彰显法律的正义精神,也会增强法律的亲和力。在本案中允许弱势文化主体以其文化上的理由不适用个别规则,不仅没有损害规则与秩序的权威,反而有助于增强规则与秩序的权威。正如儒家所言:"君子有德,则远人来附。"在保持规则最低限度的权威的前提下,提高规则的包容性,可以为结成更大的共同体创造条件。

允许边远的民族地区携带刀具是对国家法的变通。国家法禁止携带刀具,目的在于防止人与人的相互伤害。而一些地广人稀的少数民族,携带刀具的目的主要在于防范动物对人的侵害。因此,国家法禁止携带刀具的规则在地广人稀的少数民族地区就应当加以变通。国家法在坚持秩序底线前提下的变通有利于提高国家法的适应性、合理性,提高国家法的权威,有利于增进整体法律秩序。民间法在维护民间社会秩序、解决民间纠纷的过程中具有不可替代的作用,有保留的必要。国家法应当在维护秩序底线的前提下,收缩发挥作用的空间,为民间法保留必要的存在空间。

(2)在规则得到大体服从的前提下,出于保护文化多样性的理由而适当降低对弱势文化主体的要求。

美国联邦最高法院关于阿米绪人诉讼案的判决体现了国家与阿米绪人在

---

[1] 参见[加]威尔·金利卡:《多元文化的公民身份——一种自由主义的少数群体权利理论》,马莉、张昌耀译,中央民族大学出版社2009年版,第251页。

受教育年限上达成的协议。一般人必须执行教育法规定的受教育年限（16年），阿米绪人接受整体受教育年限的大部分（14年），阿米绪人因其文化上的理由可以得到受教育年限减少两年的变通。形成协议的制度基础是民主法治制度、文化宽容政策。国家法不允许原地居民团体剥夺成员的整体受教育权。该协议既维护了教育法的统一性、权威性，又出于保护原地居民文化的目标而作出了变通。该判决体现了美国教育体制的一般性与多样性的结合。国家法容忍特例不仅没有损害国家的权威性，反而有利于增强国家法在人们心目中的权威。

（3）在国家目标能够实现的前提下，出于保护文化多样性的理由而免除弱势文化主体的部分义务。

例如，印度免除耆那教徒兵役义务案。《印度宪法》第51条第4款规定公民的一项基本义务是"保卫国家，奉到召唤时为国家服役"。其中隐含着服兵役的义务。同时，《印度宪法》也维护公民的宗教信仰自由。耆那教信仰主张不杀生、崇尚非暴力主义，要维护这一信仰就无法从事军人职业。在耆那教徒服兵役问题上，宪法的兵役义务条款和宗教信仰自由条款发生了冲突。印度政府免除了耆那教徒服兵役的义务。理由包括：其一，宗教信仰自由与兵役义务相比，印度文化更为珍视宗教信仰自由。其二，免除耆那教兵役义务对兵源影响不大。耆那教徒只有约300万人，占印度人口的比例很小，所能提供的兵源数量有限；与耆那教相反，锡克教具有尚武精神，信徒人数多于耆那教徒，可以更多地招募锡克教徒参军，弥补兵源损失富富有余。

如果说文化的共性要求坚持法律规则的统一性、权威性，文化的个性就要求对规则作出变通（行使自由裁量权）。治理就是寻找调和规则与变通的"度"的一门艺术。过于强调规则将会导致规则的僵化和社会的僵死，过于强调变通将会导致规则被废弃和社会的失序。规则与变通的结合点是模糊的，需要治理者在实践中去摸索。

（二）尊重教育自主权

一方面，承认地方与学校的教育自主权是必要的。为满足多种多样的受教育需求，教育体系应当是多种多样的。例如，上海的孟母堂作为私立学校，突出弘扬传统文化的特色，可以在有管理的前提下进行实验。许多地区存在的农民工子弟学校也可以在有管理的前提下开办。私立学校的存在有利于保持教育的多样性，增强教育体制的灵活性，有利于补充国家教育资源的不足。

对私立学校可以进行管理、帮助，不宜采用一禁了事的简单化的做法。

另一方面，国家对教育事业的统一管理也是必要的。法律对校舍、教师资格、教材内容提出最低限度的要求（标准）有利于保证教学质量。但是，法律提出的要求不宜过高。过高的要求将会使私立学校无法开办，使大众子弟的教育选择权无法实现，从而危害教育的多样性。教育体制应当体现个性与共性的统一。在我国当前国情下，建立以公立教育为主体、以私立教育为补充的教育体制是合理的。

## 第三节　文化宽容的底线规则

### 一、文化宽容的限度

有学者认识到了文化宽容的限度。该学者认为："宽容也有一定的限度……过度的宽容所造成的相对主义，反过来最容易激起不宽容。"[1] 宽容应当以法律秩序的维护为限度。在文化多样性社会，确立一整套共同的价值观对于社会生活的秩序是必需的。

宽容（文化多样性）与秩序都是法律所追求的价值，二者存在相互冲突的一面。过于追求文化多样性价值就会损害秩序价值。在追求文化多样性价值的同时，必须同时照顾到秩序价值。文化多样一体法哲学认为，文化宽容是有限度的，不是绝对的。为维护社会秩序，应当守牢文化宽容的底线，应当通过国家法对文化提出最低限度的要求。

过度的宽容将会造成文化的无序竞争，从而加剧文化冲突，甚至可能造成社会共同体的崩溃。塞尔兹尼克认识到了，过于强调文化多元有可能产生社会分裂的危险。他说："如果多元主义走得太远，社会将陷入分裂。在宗教的或种族的联合导致要求以政治自治或独立的形式进行自决时，危险是最大的。"[2]

有学者认为，佛教、道教的避世、隐居的宽容属于"空想宽容主义"。[3] 空

---

[1] 常士䦊主编：《异中求和：当代西方多元文化主义政治思想研究》，人民出版社2009年版，第227页。

[2] ［美］菲利普·塞尔兹尼克：《社群主义的说服力》，马洪、李清伟译，上海人民出版社2009年版，第43页。

[3] 陈根发：《宽容的法理》，知识产权出版社2008年版，第49页。

想宽容主义是无原则的宽容，是缺乏抗争精神的宽容，是过度的宽容。具体的文化类型可以选择这种立场，但法律与治理者选择这种立场则是有害的。

过度的文化宽容有侵蚀秩序的危险。通过发挥国家对文化系统的宏观调控作用、发挥主流文化维护秩序的作用、坚守政治底线等途径完全可以防范这种危险的发生。

## 二、制定文化宽容的底线规则的意义

（1）有利于保护文化多样性。文化多样性价值既要求保护濒临灭绝的弱势文化免于消亡，也要求抑制强势文化的恣意扩张。如果没有文化宽容的底线规则就会造成个别文化的过度扩张，进而造成他者文化的灭绝，从而损害文化多样性，造成文化资源的损失，更进一步的危害在于，损害人们选择文化的自由权利，损害文化生态，造成治理资源的贫乏。

（2）有利于避免无序竞争。文化既是心灵的归宿，也是利益竞争的手段，利益竞争的不可避免性决定了文化竞争（近义词是"文化扩张""文化冲突"）的不可避免性。文化是有边界的，尽管边界是模糊的、变化的。童年的人类未认识到文化的边界，这是造成文化盲目扩张的原因。文化竞争的胜利者陶醉在胜利的喜悦中而忽视了自我克制，文化竞争的失败者未能吸取因文化的过度扩张而招致失败的教训，无约束、无规则的文化竞争仍在持续进行。文化的盲目扩张直到遇有界限的地方才休止。这是文化冲击剧烈、资源损失严重、社会发展道路曲折的重要原因。人类应当吸取文化的盲目扩张和无序竞争的教训，制定文化竞争的底线规则。如果遵守文化竞争的底线规则，社会也不会出现大乱，文化生态将会在较为和平的环境下得到进化，文化进化过程也将具有继承性和连续性。

## 三、文化宽容的底线规则的内容

### （一）不危害国家主权和领土完整

有学者指出："文化多元主义者一般认为，宽容的最大限度就是所有人都遵守的制度和政治秩序。"[1] 国家是维护社会秩序的最强有力的力量，是文

---

[1] 常士訚主编：《异中求和：当代西方多元文化主义政治思想研究》，人民出版社2009年版，第228页。

化群体之间，文化群体与个人之间纠纷的仲裁者。在尊重国家主权前提下，可以有序地扩大民族地方的自治权利，有序地下放文化团体的权利。这样，可以在保持社会稳定的前提下促进文化的良性运行，促进文化的进化。在文化多样的社会，现实社会的政治权威的自我完善和权威的维护对于保持社会秩序是必要的。

（二）尊重社会的主流价值观

社会主义核心价值观是在吸收中华民族和世界各民族的优秀价值观的基础上，作出的进一步的发展和完善。核心价值观是包容多样的开放体系，而不是排斥多样的封闭体系。正是因为核心价值观能够包容多样，所以具有自我完善的能力。在多种价值观中，核心价值观具有更强的合理性、包容性、适应性，因而能够在价值观体系中发挥主导作用。习近平总书记指出："培育和弘扬核心价值观，有效整合社会意识，是社会系统得以正常运转、社会秩序得以有效维护的重要途径，也是国家治理体系和治理能力的重要方面。"[1] 承认社会主义核心价值观在文化生态中的主导地位，是维护国家统一与社会秩序的意识形态保证。关注文化多样性的学者也注意到了主流价值对于维护社会统一与秩序的重要意义。有学者指出："在一个多元主义的社会中，没有一个为大多数人同时接受的程序规则和共同的最高价值核心，多元社会就无法运行。"[2] 在多元主义社会，确立一整套共同的价值观对于社会生活的秩序是必需的。

有学者认为，应当注意文化相对论的两面性，过于强调文化相对性将会割裂多民族与多文化之间的联系，"文化相对论是现代人类学的理论基础，它在凸显文化平等、价值相对的同时，也在一定意义上忽略了人类普遍价值的意义。"[3] 引导社会主义核心价值观有利于培育文化的一体性。

（三）保护濒临灭绝的弱势文化

文化多样性价值、文化多样一体法哲学要求保护濒临灭绝的弱势文化。文化竞争不应以自己文化的完胜和异质文化的完败为目标。应当尊重他者文化（特别是异质文化）最低限度的存在，不造成文化灭绝。这就要求各文化

---

[1] 习近平：《习近平谈治国理政》（第一卷），外文出版社 2018 年版，第 163 页。

[2] 参见常士䶮主编：《异中求和：当代西方多元文化主义政治思想研究》，人民出版社 2009 年版，第 82 页。

[3] 王希恩："从多元文化主义到多元一体主义的思考"，载《世界民族》2013 年第 5 期，第 4 页。

主体在文化发展目标、手段、速度上保持克制态度，注意为他者文化保留存在与发展的空间。治理者应当将保护文化多样性、保护文化生态作为一个目标，如果一种文化发展到了灭绝他者文化的极端程度，就应当予以限制。

（四）符合最低限度的人权标准

具体内容包括：禁止剥夺成员生命、禁止造成不可恢复的伤害、禁止剥夺整体人身自由、尊重成员离开群体的自由权利。对于文化团体触犯最低限度的人权标准、构成严重侵犯人权的行为，国家法应当予以禁止和制裁。应当区分群体对成员权利的轻度限制和严重限制。由于弱势文化具有集体本位的特征，倾向于认为集体权利优于个人权利，出于保护文化多样性的理由，国家法可以宽容文化群体轻度限制成员权利的行为。但是，对于文化群体严重损害成员权利的行为，国家法不应当予以宽容。

（五）保持国家的宏观调控能力

为了集中全社会的力量应对危机，在个人、集体、国家的权利平衡体系中，应当使国家（集体的一种类型）权力保持最低限度的优先地位。承认国家在货币、利率、税收、财政、国防、统一的司法体系等方面的专有权力，作为维护国家统一与社会秩序的权力资源方面的保证。

## 第四节 走向包容性法治

"包容"与"宽容"的含义大致相同，二者都包含容忍差异、容纳多样的含义。二者的区别在于：宽容侧重指平等主体之间的容忍、容纳。而包容则侧重于指强势主体对弱势主体的容忍、容纳。

多样一体法哲学范式可为包容性法治（Inclusive Rule of Law）提供解释性话语体系，为我国建立包容性法治方略体系提出建议。

包容性法治至少包括如下理论要素：

### 一、包容传统文化

2016年7月1日，习近平总书记在庆祝建党95周年大会上指出："全党要坚定道路自信、理论自信、制度自信、文化自信。"[1]中华传统文化蕴藏着

---

[1] 习近平：《在庆祝中国共产党成立95周年大会上的讲话》（2016年7月1日）。

丰厚的文化资源，中国传统文化基因与现代文化基因的结合是文化创新的资源条件。中国人保护传统文化、运用传统文化，可以使祖先的优秀文化遗产保持鲜活的生命，得到永久的传承。中华传统文化是我国文化软实力的重要来源，保护传统文化、保护文化多样性就是保护国家文化软实力。中华传统文化是文化自信的底气的重要来源。

传统文化在保障民生、传承文化基因、提供治理资源等方面具有积极作用。应当改变过去将传统文化与贫穷、落后、蒙昧、野蛮联系起来的印象。目前，西方主导、资本主导的全球化正在造成传统文化的侵蚀和文化多样性的损害。传统技艺是人类在漫长的适应环境的过程中发展起来的，一旦遗忘将难以再现，"我们的任务就是在它们还存在的时候将它们记录下来"。[1]在发展现代科学技术的同时，不能忽视传统技艺永远有发挥作用的空间，有保护的必要。

传统文化不仅自身的生态损耗较低，而且具有将现代文化废弃物转化为资源的功能，因而是生态法治顶层设计的重要内容，是资源环境保护法实施的前提条件。如果忽视传统文化在资源环境保护上的基础作用和帮助作用，资源环境保护法的目标就无法实现。

总的来说，现代工业文化（工业文化、城市文化等）是具有生态非友好特征的文化类型。现代文化伴随着资源的过度消耗，废弃物的大量产生，对传统文化的侵蚀在不断加剧。在市场与资本主导的工业文明之下，人们过于重视追求利润，忽视保护资源环境；奢侈浪费成为时尚，勤俭持家反而受到鄙视。在这种生态非友好的文化环境下，资源浪费、生态危机是无法避免的。

可以从文化生态角度说明产生此情况的原因：一方面，无节制的消费、现代文化的无节制发展产生大量的废弃物。另一方面，传统文化的生态友好功能正在逐渐退化。农村也在复制城市生活，产生的废弃物与城市无异。而农村的垃圾转运机制则几乎不存在。

人居环境的建设应当是谨慎的，应当经过科学论证、民主决策。人居环境一旦建立起来就应当保持其完整性、恒定性，其改造应当是逐步的、渐进的，应当给全社会一个适应过程。实行包容性政策不仅可以保护传统文化中

---

[1] [美]迈克尔·沃尔泽：《正义诸领域：为多元主义与平等一辩》，褚松燕译，译林出版社2002年版，第73页。

蕴含的民生资源，而且能运用其治理资源达到改善治理的目的。

包容性法治要求节制现代文化过度的外延扩张。根据矛盾的两面性原理，现代文化在给民生带来便利的同时，也具有过度消耗资源、污染环境、加剧竞争等消极作用的一面。在保证现代文化内涵发展的同时，也应当对其外延增长有所节制。现代文化（尤其是现代生活方式）产生的垃圾在现代文化中难以得到充分的消化利用；当前，传统文化不断萎缩，消化利用现代文化废弃物的功能在不断萎缩。现代主义造成的现代文化无序扩张是生态恶化的根本原因。修复循环经济产业链的途径包括提高现代文化的资源再利用效率，节制现代文化外延扩张造成的废弃物排放量的增加，实现传统文化与现代文化在资源利用上的功能互补。发展现代文化，应当尊重文化发展的继承性、连续性规律。现代文化应当建立在传统文化的背景上，而不是建立在传统文化的废墟上。

有学者指出："机会平等和成果共享是包容性发展的核心内涵。"[1] 传统文化在多种文化中处于最弱势的地位，不会对主流文化构成威胁，实行包容性政策应当从包容传统文化开始入手。

传统文化与现代文化的平等的实现过程包括形式平等和实质平等两个阶段。法治要求将形式平等作为一般原则予以优先适用，要求国家在一般情况下保持超然姿态。实质平等要求国家出于保护文化多样性的目的而保护濒临灭绝的传统文化，在优先促进现代文化内涵发展的同时抑制现代文化的无序扩张。

## 二、包容原地居民的权利

原地居民是指在强势的外来者到来之前，世代生活在某一地域的人们。原地居民是公民的一种类型。文化人类学、多样一体法哲学更为关注原地居民权利保护。"不认为这些群体与国内的主流社会同化一定是件好事"，"他们应该有权自由选择他们愿意怎样生活"。[2] 人类学家的一项重要工作是"为原住民的权利呼吁"。原地居民的权利至少包括谋生方式选择权、文化遗产管

---

[1] 袁达松："走向包容性的法治国家建设"，载《中国法学》2013年第2期，第6页。
[2] [美] 威廉·A. 哈维兰：《文化人类学》（第10版），瞿铁鹏、张钰译，上海社会科学院出版社2006年版，第514页。

理权、土地权利、环境权、参与权等。在人权分类上，原地居民的权利属于特殊主体的人权一类。

以人为本的城镇化要求尊重原地居民的权利。实行尊重原地居民的权利有利于提高城镇化的质量，提高新型市民的幸福感。原地居民的异质化安置方案是指兼具有传统文化内容和现代文化内容的安置方案。异质化安置方案的特点是尊重文化多样性，尊重原地居民的选择自由，不使用强制手段。异质化安置方案优于同质化安置方案。城镇化过程中对原地应当实行异质型安置方案。

法治是良法之治，要求将保障公民权利作为目的，将政府权力作为保障公民权利的手段；要求在保障秩序的前提下，实现公民权利的最大程度的保障；要求政府在守牢政治底线的前提下，实现政府权力的合理收缩，从无限政府向有限政府转变，由预审制管理向后惩制管理转变，由国家强制力的广泛使用向最低限度的国家强制转变。

### 三、政府保持适度的超然姿态

权力节制是建设包容性法治的重要条件之一。历史学者认为，历史上出现的太平盛世有一个共同的治理经验，就是政府的用权节制。强势主体在权力行使和法律推行过程中应当保持节制态度。人类社会不同于其他群居动物社会的特点在于，人类能够做到节制权力。首先，在现实的法意义上，应当承认人类社会客观存在着权力现象，通过竞争在权力体系中获得更高的地位是个体的本性。应当适度承认强势主体与弱势主体在权力控制上存在不均衡性。其次，在理想的法意义上，已经处于优势地位的强制主体应当对弱势主体采取容忍、容纳的态度。节制权力不仅有利于为处于权力体系较低地位的人提供安定的生存空间，也有利于使处于权力体系较高地位的人保持安宁和安全。因此，包容是权力的首要美德。例如，权力清单制度就是体现权力节制的重要制度。

文化生态与自然生态相同，具有内生性、自组织性、渐进性、连续性等规律，法律与政府应当尊重文化生态规律。法律的重要任务是维护文化生态平衡。最好的治理手段是借助于文化生态平衡实施间接管理。政府是由不完善的人组成的，其理性是有限的，是可能犯错误的。政府对文化生态的过度干预将会造成对文化生态的破坏。当然，文化生态也具有失灵的可能。当文化生态出现失灵的时候,也需要政府实施干预。政府的干预应当遵循谨慎克制的原则,应当将不干预作为首选策略,将谨慎干预作为辅助策略。政府干预应当由全面干预向重点干预转变,由事前干预向事后干预转变。

包容性法治要求政府由强调单一目标向多元目标协调发展转变。只有政府保持超然姿态,才能兼顾多元目标。如果政府的考评指标过于强调单一目标,就会造成单一目标的膨胀和其他目标的损害,进而造成文化生态的失衡,破坏其他目标的实现条件。建设包容性法治,可以提高社会治理的合理性,提高政府的权威。

包容性法治要求在守牢政治底线的前提下最大限度地提高治理的包容性。因此,包容性法治可以被形象地称之为"底线政治学"。只有容忍差异、包容多样,才能团结多种力量、汇集多种资源,为中华民族伟大复兴的中国梦的实现创造条件。

# 第六章
# 文化生态与政府法治模式的完善

## 第一节 文化生态释义

### 一、文化生态的概念

美国人类学家斯图尔德在《文化变迁论》一书中提出了"文化生态"的概念,创立了文化生态学学科。文化生态概念的提出受到了自然生态概念的启发。自然生态是地球生物圈中各种生物及其生存环境相互联系构成的系统。文化生态是一定区域内的多种文化及其存在环境相互联系构成的系统。[1] 在文化生态中,多种文化之间存在着相互依存、相互竞争、相互制约的关系。每一种文化都是文化生态系统中不可缺少的要素,缺少任何一种要素,文化生态就不完整。

在生物多样性意义上,新物种的产生并不意味着旧物种的消亡,而是意味着旧物种在生态系统中的位置调整,为新物种留出生存空间。在人类成为生态系统的主导物种以后,理性的人类逐步认识到生物多样性的重要意义。

每一种文化在文化生态中都处于一定的地位,占有一定的份额。一种文化在文化生态中的地位是在多种文化(包括异质文化)的竞争与互动过程中确立的。新生文化的产生必然带来既有文化地位、份额的调整。在主导文化的地位确立以后,主导文化也应该认识到文化多样性的重要意义。有学者认为,和谐的文化生态要求"建设一种和谐的层次结构,反对平均主义,反对

---

[1] 参见〔美〕J. H. 斯图尔德:"文化生态学的概念和方法",玉文华译,载《民族译丛》1988年第6期,第4页。

你死我活的存在方式，倡导多样性的沟通、宽容"。[1]

文化生态学是研究文化对环境的适应和文化生态平衡的科学。首先，文化包含着人类认识环境的知识和适应环境的经验。如果一种文化消亡了，人类认识环境的相关知识就会丢失，人类适应环境的能力就会降低。其次，从文化生态学视角看，文化生态平衡是形成社会和谐的原因。分配不公、环境污染、腐败蔓延等社会问题的根本原因在于文化生态失衡。解决各种社会问题的根本途径是克服文化生态失衡，促进文化生态平衡。文化生态学可以看成是文化人类学的分支学科。

出于保护文化多样性、维护文化生态的完整性和平衡性的目标，文化人类学、文化生态学有同情弱势文化的倾向。其一，文化人类学着重关注弱势文化（包括异质文化）的合理性，主张维护弱势文化主体的平等权利。其二，文化人类学着重关注强势文化的局限性，主张强势文化主体的自我节制。文化人类学倾向于反对形形色色的文化霸权主义，为弱势文化（如传统文化）声辩，反映弱势群体的呼声。例如，文化人类学关注乡土文化的合理性和城市文化的局限性，为乡土文化声辩，反对城市中心主义。又如，文化人类学关注城市传统街区的合理性和城市现代街区的局限性，为城市传统街区的存在声辩，反对过度城市化。

"社会生态"与"文化生态"的含义接近，但是，二者也有区别。"社会生态"更强调社会系统的整体性，关注系统与要素（子系统）的相互关系。[2] 而"文化生态"更强调文化是构成社会的要素。

与此相应，社会生态学与文化生态学的研究内容也很接近。但是，二者也有区别。二者的区别表现在如下方面：

第一，所处的学科背景不同。社会生态学是系统科学的学科之一。而文化生态学是文化人类学的分支学科。

第二，主导价值不同。社会生态学的主导价值是社会和谐，更为关注尊重规律、关注系统内部各要素的协同发展。而文化生态学的主导价值是文化多样性，更为关注文化宽容、文化生态平衡和主体的自由选择。

---

[1] 黄正泉："和谐社会的文化生态学研究导言"，载《湖南社会科学》2009年第2期，第8页。

[2] 参见叶峻："社会生态学的研究对象、内容、任务与意义"，载《太原师范学院学报（社会科学版）》2013年第1期，第2页。

第三,"文化"的含义不同。社会生态学的"文化"是狭义的文化(小文化),与经济、政治、科技、宗教等并列,而文化生态学的"文化"是广义的文化(大文化),即人造物,包括经济、政治、科技、宗教等。

## 二、文化生态的性质

从文化生态学的视角看,社会就是一个文化生态系统,有着类似于生命体的结构、功能、生长规律、进化规律。文化生态的有机体性至少包括内生性、整体性、渐进性和连续性。此处笔者着重讨论文化的内生性、整体性。关于文化的渐进性、连续性,笔者将在"传统文化的合法性"一章讨论。

### (一) 文化生态的内生性

根据系统论的观点,文化生态系统是一个自组织系统,其复杂的结构和功能是通过与自然环境进行物质、信息和能量的交流而自发生长出来的。根据自由主义的观点,文化生态是一个内生系统,在良好的外部环境下,借助于内部因素的作用,可以生长出复杂的结构和精巧的功能。文化生态的结构的复杂性、功能的精巧性可以与自然生态系统比美,远胜于人工刻意建造的机器系统和社会系统。哈耶克认为,内生秩序"所达致的这一复杂程度也远远超过了刻意建构的组织所能够达致的任何复杂程度"。[1] 文化生态能够进化出复杂结构的原因在于:在文化生态漫长的进化过程中,吸收了无数人的参与,经历了无数次的试错和检验,凝聚了无数人的智慧。

文化生态的内生秩序特征强于建构秩序特征。在文化多样性社会,文化进化的动力主要来自社会内部多种文化的互动。文化生态的内生秩序包括组织结构的有序性、运行规则的优良性、进化过程的有序性。文化生态具有自我组织、自我调整、自我生长、自我进化的能力,因此,文化生态是一种自组织系统。传统聚落、民间习惯、道德、市场秩序都属于内生秩序。内生秩序的形成虽然有无数主体参与,每一个主体都有自己的目的,但从整体上看,目的是分散的、多向的。哈耶克认为,自生自发秩序"在人们所实际遵循的规则中,只有一部分是刻意设计的产物,如一部分法律规则(但是即使是法律规则,它们也不都是刻意设计的产物),而大多数道德规则和习俗却是自生

---

[1] [英] 弗里德利希·冯·哈耶克:《法律、立法与自由》(第1卷),邓正来、张守东、李静冰译,中国大百科全书出版社2000年版,第73页。

自发的产物"。[1]内生秩序中虽有一部分是刻意设计的内容,但从总体上说,内生秩序是长期的社会生活中自发形成的秩序,不是刻意设计的。内生秩序的统一目的是通过无数目的的整合而形成的。

(二) 文化生态的整体性

文化生态是由许多要素整合在一起的系统。文化生态系统的各部分、各要素之间存在着分工与协作、竞争与依存、排斥与互补的复杂关系。多种文化的相容性越强,社会的和谐程度就越高。美国人类学家哈维兰认为:"文化的各个不同部分在任何时候都必须以完全和谐的方式运行。这一类比就是机器的运转,所有零部件都必须是相容的和互补的,否则它就不会运转。……只要各个部分是合理地黏合的,那么文化就会充分合理地运行。然而,如果黏合应力失效了,那么危机的情境就会接踵而至。"[2]单个文化要素的调整会对其他文化要素产生影响。要对一个文化要素进行调整,必须研究这一调整对其他文化要素产生的影响,要作合理性论证、合法性论证、可行性论证。

我国人类学者也认为:"人类学的整体观强调人类社会的不同部分是相互整合的……要把特定文化的各个方面与更大的生物环境和社会环境相互整合形成系统来研究。"[3]社会文化的各要素之间存在密切联系,文化与环境之间存在密切联系、文化发展具有连续性和渐进性。国家的文化政策应当尊重文化的整体性规律,不宜为追求局部利益而牺牲整体利益,不宜为追求短期利益而忽视长远利益。

文化人类学的文化整体性思想与社会有机体思想和文化生态系统的思想是一致的。文化生态的有机体性决定了文化生态的脆弱性。堆积系统遭到破坏容易修复,机器系统拆解后可以重新装配,而自然生态和文化生态一旦遭到破坏则难以修复。自由主义思想家、社会有机体论代表人物斯宾塞认为:"作为一个整体的社会……呈现出生长、结构和功能现象,就像在一个人的身体内的成长、结构和功能现象一样;并且后者是认识前者的必要的方法。"[4]

---

〔1〕[英]弗里德利希·冯·哈耶克:《法律、立法与自由》(第1卷),邓正来、张守东、李静冰译,中国大百科全书出版社2000年版,第67页。

〔2〕[美]威廉·A.哈维兰:《文化人类学》(第10版),瞿铁鹏、张钰译,上海社会科学院出版社2006年版,第45页。

〔3〕周大鸣主编:《文化人类学概论》,中山大学出版社2009年版,第6页。

〔4〕[英]赫伯特·斯宾塞:《社会学研究》,张宏晖、胡江波译,华夏出版社2001年版,第295页。

第六章　文化生态与政府法治模式的完善

过度的建构将会损害社会有机体的结构与功能，干扰社会有机体的进化过程。社会更像是生命体，而不像无生命的机器，更不是堆积物，不能任意改变其内部的结构和功能，过度的干预将会造成其内部结构和功能的破坏。保守主义思想家柏克认为："当我们拆毁和建构的对象不是砖瓦和木料，而是有意识的存在物，突然改变其状态、条件和习惯，大批这样的存在物被置于悲惨境地时，谨慎和小心无疑也是我们的义务之一。"[1] 文化实验的参与者在进行一种文化实验时，在为该文化争取存在空间的过程中，也应当尊重他者文化最低限度的存在空间，注意保护文化多样性。

文化生态理论对文化政策的启示在于：文化政策必须尊重文化生态自身的发展规律，尊重文化生态的生长过程和进化过程，应当加以保护。过度的政府干预会造成文化生态的破坏。

城市不同功能分区的独立与互补有利于提高市政管理水平。现代都市人类学（也称城市人类学）认为，相对于乡土文化，城市文化具有更多的异质性、多样性。城市中包括不同的功能分区（如居住区、商业区、工业区、教学区、行政区、交通区），不同族群的居住区（如穷人社区、富人社区），现代化程度不同的居住区（如棚户区、传统街区与现代街区）。城市中的文化多样性具有互补性、整合性。注意城市功能分区的相对分离与互补有利于改善城市规划和管理。

保持社区功能的完整性有利于提高交通管理水平。保持社区功能的完整性可以使居民的大部分需要在社区内部得到实现，从而降低对机动车的依赖，减少机动车的使用频率，从而降低资源消耗、减少交通事故发生，有利于提高整体经济效率和社会效率。社区功能的不完备是交通流量增加的重要因素。社区的教育功能是一种重要的社区功能。一个社区教育功能的缺失迫使人们不得不利用其他社区的教育功能，从而增加了交通流量和交通事故发生率。

在单一性的交通管理模式下，将交通作为一个孤立的因素，认为机动车越多越好、道路越多越好，停车场越多越好，忽视了机动车的数量的过度增长、道路与停车场占地过度增长对生态、人身安全等产生的不利影响。

---

[1] [英]埃德蒙·柏克：《自由与传统——柏克政治论文选》，蒋庆、王瑞昌、王天成译，商务印书馆2001年版，第127页。

一些交通专家从单纯的交通管理角度主张充分发挥城市毛细街道（介于交通干道和居民小区内街道之间的道路）的交通功能，笔者不敢苟同。城市毛细街道不仅具有交通功能，而且具有服务功能、休闲功能。如果过于强调毛细街道的交通功能，就会破坏传统街区的结构和功能的完整性，使其服务、休闲功能受到压缩。在城市毛细街道，机动车方的注意义务少于社区内部道路，多于交通干道。

多样性的交通管理模式主张兼顾保障通行权、保障安全权、保护生态等目标，在保持合理的机动车保有量和交通占地规模的前提下保证出行需要。相应的政策组合包括：尊重传统交通、发展公共交通、通过税费政策限制私家车的保有量、限制公务用车的数量等。

城市建设应当注意多重目标的整合。例如，作为市政工程的共同沟具有排水防涝、燃气输送、架设通讯网线等功能。共同沟的建设就需要有长远的目标、整体的设计、各部门的协作，需要长期的建设。如果只追求短期增长目标、各部门各自为政，市政建设就不可能摆脱低水平的重复（马路像是大拉链）。

城市化过程中应当尊重不同文化的相对独立和彼此平等。"伴随都市化而聚集到都市的各种文化都可以作为一种相对独立的文化系统，各种文化系统间相互影响、相互吸收，但彼此平等地享有生存、传播、弘扬和发展的权利和自由，并保持各自的基本文化形态。"[1]城市的复杂性体现在城市生态环境多样性、城市人居环境多样性、城市族群多样性、城市与乡村联系的多渠道性。每一种文化要素既保持相对独立，又彼此相互吸收、相互协调，产生了精密的结构和完备的功能。国家对城市进行适度的规划管理对城市的发展是有益的，但是，过度的规划和管理将会损害文化遗产、损害文化多样性，损害城市的结构和功能。

### 三、文化原生态的合理性

"文化原生态"或"原生态文化"，是指在未受干扰的情况下自然形成的文化多样性状态。有学者指出："原生态文化的概念，显然是受生态科学发展

---

[1] 周大鸣主编：《文化人类学概论》，中山大学出版社2009年版，第309页。

的启示,是对于自然原生态中的'原生态'概念的一种借用与发展。"[1]

保护文化原生态的意义在于:

(1) 有利于保护文化遗产。其一,原始文化承载着与原始文化有关的文化遗产。如果原始文化消亡了,与原始文化有关的文化遗产最终将会走向消亡。硬法意义上的保护措施只会延缓这部分文化遗产消亡的时间,但不会改变其消亡的进程(如弓箭)。其二,传统文化承载着与传统文化有关的文化遗产。如果传统文化在走向衰落,与传统文化有关的文化遗产也会走向衰落。

(2) 有利于保护已经创造的财富。文化原生态中凝聚着人类已经创造的财富,保护文化原生态意味着对人类已经创造的财富的保护,有利于促进财富积累的连续性,避免出现财富积累过程的中断造成的财产损失。保护文化原生态有利于保持人们对财富的平和心态,人们可以以舒缓的生活节奏享受生活,不必为生计过于奔忙。

(3) 有利于保持人的自主谋生能力、适应能力。自然原生态不仅可以为弱势群体提供生存和发展的空间,而且可以以最小的生态损耗为全社会提供廉价的商品和服务,降低全社会的生产和生活的成本。

### 四、自然生态是文化生态的存在条件

2015年暑假,笔者参观了内蒙古呼伦贝尔的阿荣旗政府所在地那吉镇的滨河公园(王杰广场南)。公园和绿地建设过程中注意保护自然形成的生态系统。本地自然生长的野草、灌木、乔木生命力顽强,基本不需浇灌。在此基础上移植外地植物,养护成本很低。道路和文化设施的建设保持节制,将对自然生态的消极影响降低到最低限度。这说明当地管理部门在城市规划建设中注意尊重规律、尊重科学。

而有的地方将原来的生态系统彻底掀翻,过度移植外来植物,不仅长势不好,而且浪费大量水资源,养护成本高昂。有的地方公园和绿地建设上存在过度硬化、过度建设的情况,在局部造成生态破坏,甚至造成生物灭绝。

正反两方面经验的启示在于:其一,公园和绿地的建设应当尊重自然形成的生态系统,不铲除野草、灌木,不砍伐乔木,不清扫落叶,不填平水沟、

---

[1] 余达忠:"自然与文化原生态:生态人类学视角的考察",载《吉首大学学报(社会科学版)》2011年第3期,第57页。

水洼，为低等动物（特别是生态系统中的分解者，如蜣螂、蚂蚁、蚯蚓等）提供栖息环境，发挥它们消化高等动物废弃物、保持自然界物质循环、净化生态环境的积极作用。其二，修建简易道路，建筑物占地尽量节制，将其对自然原生态的影响控制到最低限度。即使是被硬化路面包围的乔木、灌木、草地也应当是一个微型的自然生态系统，也应当得到保护（如伦敦海德公园）。

文化是人类在认识和适应自然环境、谋求生存和发展过程中创造的成果。文化始终要受到自然环境因素的制约。自然环境是文化运行环境的重要组成部分。良好的自然环境为文化的良性发展提供良好的条件，自然环境的破坏不利于文化的健康发展。尊重自然生态和尊重文化生态的道理是相同的。人工生态系统应当建立在自然生态系统的背景上，而不是建立在破坏自然生态系统的荒漠上。

原始宗教观念中的万物有灵论认为，万事万物都有主宰的神灵。尊敬神灵的规则要求尊重万事万物。云南的一些少数民族认为，存在着主管荒地的鬼神，开荒行为意味着对鬼神的打搅，开荒之前应当拜鬼神。[1] 民间法中包含的尊重自然、保护自然、节制开发的内容有利于避免随意破坏自然原生态，有利于发挥自然原生态的生态保护功能。

印度文化区（包括尼泊尔等国）借助于原始宗教信仰与道德的力量实现利用自然上的节制，使印度保留了大量自然生态系统（又称天然自然，包括未开发的荒地、荒山、海滩）。印度不仅是一个原生态植物园，而且是一个野生动物园。自然生态系统是野生动物的家园，而且是人的生存环境。

生态多样性是形成文化多样性的重要条件。在人类社会发展的不同时期，环境对文化的影响程度存在着消长。在文化形成时期，环境对文化的影响较强；而在文化成熟时期，环境对文化的影响有所减弱。环境对文化的影响力随着文化的成熟而减弱。环境中的土壤、地形、气候、资源等因素都是形成文化差异的重要原因。以地形为例，地形多样的地区常常也是文化多样丰富的地区。在人们普遍没有保护文化多样性的观念的时代，地形的多样性不仅是形成文化多样性的原因，也是文化多样性得以保持的原因。例如，山西山

---

[1] 参考张晓辉、王启梁："民间法的变迁与作用——云南25个少数民族村寨的民间法分析"，载《现代法学》2001年第5期，第33页。

多，许多地方不便于开发，这正是古建筑保护状况较好的原因。再如，江南水网密布，许多地方不便于连片开发，这正是传统村落、传统街区、传统民居、自发形成的保护状况较好的原因。

**五、政府的局限性决定了政府干预的谨慎性**

政府是国家的代表，政府干预是由政府实施的。政府是有局限性的人组成的，也存在人的上述局限性。政府的局限性决定了政府对文化生态的干预可能犯错误。政府难以掌握干预的时机、手段、力度。因为政府掌握公共权力资源，并且政府的集中度高于市场主体，所以，政府犯错误比市场主体犯错误更难以纠正。政府和市场主体都是由人组成的，都会犯错误，与其让政府有更多的犯错误机会，不如让市场主体有更多的犯错误机会。应当将政府犯错误的机会降低到最低限度，最大限度地发挥其纠正错误的职能。政府应当发挥拾遗补阙、综合平衡的作用。

政府的局限性决定了政府应当是有限政府。政府对文化生态规律的认识是有限的，国家对文化生态的干预应当是有限度的。不完善的政府所制定的法律、政策、计划也是不完善的，不可避免地存在这样或那样的缺陷。保守主义认为，任何行动计划都具有局限性，都需要谨慎实施，并结合实际情况，借鉴他人的计划作出修改。柏克认为："审慎在所有事物中都堪称美德，在政治领域则是首要的美德。审慎将领导我们去默许某些有限的计划，而不会引导我们去大力推行无限完美的计划。"[1]此处"有限的计划"隐含着对自己文化的局限性的认识，对自己文化目标的自我克制，隐含着对他者文化合理性的认识与吸收。而所谓的"无限完美的计划"则隐含着对自己文化的过度自信，隐含着自己文化发展目标的过度扩张，其结果则不可避免地对他者文化造成损害，对文化多样性造成损害。例如，城市、城镇、农村社区的规划建设应当尊重自然生态规律、尊重经济规律、尊重居民自主权，进行合理适当的规划建设，避免过度规划、过度建设对自然环境和人居环境的破坏。无限完美的计划只存在于理论家的头脑之中，在现实社会是不存在的。有限的计划优于无限完美的计划。保守主义强调审慎美德，对变革传统持审慎的态

---

〔1〕［英］埃德蒙·柏克：《自由与传统——柏克政治论文选》，蒋庆、王瑞昌、王天成译，商务印书馆2001年版，第304页。

度。文化生态规律、形式平等、法律权威等理论渊源都要求政府对文化生态保持适度的超然姿态，让市场主体享有更多的自主权。

中国道家"无为而治"的主张也表达了政府干预的谨慎性的思想。老子主张："法令滋彰，而盗贼多有。……我无为，而民自化；我好静，而民自正；我无事，而民自富；我无欲，而民自朴。"[1]统治者应当尊重人的返璞归真、回归自然的本性，尊重社会自身的运行和进化规律，克制自己的欲望，做到清静无为，保持民众的自富、自化、自正的能力，就可以实现天下大治了。该观点的启示在于，政府治理中不仅有有为、干预的一面，而且有无为、不干预或谨慎干预的一面，两方面应当兼顾，不可偏废。

法治社会的有限政府仅享有法律授予的权力。期望建立一个全能政府包揽一切社会事务是不现实的。自由主义、保守主义都主张私权与私域的优先性，凡社会能够做到的事务，就由社会办理。政府应当尊重公民与团体的物权、契约权、自治权等权利，否则将会干扰民众的正常生活秩序，妨碍民众的自我谋生能力。政府应当克制自我利益的冲动和政绩冲动。掌权者不宜按照自己的意志任意干涉社会事务。

国家对现代文化的过度支持造成现代文化的过度的外延扩张，造成对传统文化的摧残甚至是毁灭，导致传统文化资源（包括文化遗产）的损失和文化多样性的减少，从而造成选择自由的减损。在激进的现代化政策下，国家助推现代文化的过度扩张造成传统文化的过度衰弱，使传统文化群体丧失与现代文化群体进行协商的能力，使传统文化不足以构成对现代文化的制衡，使现代文化的异化难以得到抑制。国家对现代文化的过度支持会导致对文化生态平衡的破坏，将会产生难以预料的后果。国家对现代文化的过度支持将会放大现代文化的弊端及其给社会带来的风险，使其弊端难以得到矫正。同理，道德滑坡、行为失范、社会冲突的加剧等现象都可用文化生态的失衡加以解释。

## 第二节 法律与政府遵守文化生态规律的意义

### 一、遵守文化生态规律有利于保护文化多样性

从保护文化多样性的目标来看，有利于保持和促进文化多样性的政府干

---

[1]《道德经》第五十七章。

预是有益的，而背离文化多样性的政府干预则是无益的。例如，在新生文化（如公司、合作企业）处于萌芽的时代，政府出于促进文化多样性的目的而支持新生文化是有益的。也如，在有益的弱势文化濒临灭绝的情况下，政府出于保护文化多样性的目的而保护弱势文化是有益的。再如，政府对强势文化过度扩张的约束是有益的，而政府助推强势文化的过度扩张则是有害的。

国家文化目标的克制有利于防止国家支持的文化类型侵蚀弱势文化的存在空间，从而保持文化资源的丰富性、保持文化多样性，为人们的文化选择权的实现提供可能性。由于政府掌握更多的社会资源、拥有强制权力，是社会生活中最强有力的主体。如果政府克制自己的文化目标，国家将是保护文化多样性与公民选择自由的主要力量；反之，如果政府不能克制自己的文化目标，政府就将是文化多样性的最大的破坏者，是侵害公民自由的主要力量。

保障公民的选择自由有利于为无数个人目标的实现创造条件。国家目标与公民的个人目标虽有一致的一面，也有冲突的一面。国家目标的克制有利于为文化团体和公民个人的目标的实现创造条件。要使众多的个人目标得到实现，就必须克制国家目标，防止国家目标侵蚀个人目标。由于国家掌握较多的公共资源和强制力，国家目标的恣意扩张将会导致无数公民的个人目标受到抑制，甚至无法实现。如果无数公民的个人目标不能实现，国家目标就成为虚幻了。在制定国家目标过程中应当吸收众多的个人目标，使国家目标与个人目标具有最大程度的一致性，使国家目标的实施能够为个人目标的实现创造条件。国家目标的克制有利于为非主流文化目标的实现留有空间，为民众选择适合自己的文化空间创造条件。在国家文化目标的自我克制、多种文化目标相互协调的条件下，文化作为利益扩张的手段的意义弱化了，文化作为安置生命和心灵的资源的意义强化了。文化多样性社会尊重每一个公民追求个人目标的权利。我国研究保守主义的学者指出："把追求理想的权利还给每一位普通的公民，使公共的权力彻底退出由个人自治的私人事务的领域，把理想的特权还原成理想的平等权利。"[1]

---

[1] 刘军宁：《保守主义》，中国社会科学出版社1998年版，第58页。

## 二、遵守文化生态规律有利于促进民间法的生成

文化生态具有生成社会规则的功能。例如，民间法就是在文化原生态下产生的社会规则。文化生态的内生规则在调整行为、解决纠纷中发挥着重要作用。文化生态的内生规则在建立文化法治过程中发挥基础性的作用。在国家适度克制自身目标的条件下，文化生态接近自然状态，文化生态生成社会规则的功能能够得到正常发挥。例如，文化的平等竞争规则就是在国家适度克制自身目标的条件下形成的。文化的平等竞争、优胜劣汰，有利于促进文化的进化。而在政府过度干预的情况下，文化生态处于非自然的状态，国家法规则处于过度强势的地位，文化生态生成社会规则的功能就会受到严重的抑制。

## 三、遵守文化生态规律有利于保持法律与政策的公正性

政府是规则的制定者，应当以制定不偏不倚的规则为己任；政府是纠纷的裁决者，应当避免陷入纠纷之中。在现代社会中，现代文化主体常常为强势群体，在强势主体与弱势主体的利益博弈过程中，由于强势主体具有较大的社会影响，法律与政府常常不知不觉地偏向强势主体的利益与价值，使弱势主体处于不利地位。如果政府过度干预，就会造成国家对强势主体的利益与价值的过度偏向，从而造成强者更强、弱者更弱，将会造成利益结构失衡、冲突加剧。政府应当克制与现代文化主体过度结合的冲动。国家与强势主体的过度结合是使传统文化主体成为弱势群体的重要原因。

政府遵守文化生态规律有利于防止法律与政策的天平向强势群体倾斜；有利于防止国家与强势群体过于紧密地结合而造成的利益格局固化；有利于降低政策调整所需要的物质成本与时间成本。

## 四、遵守文化生态规律有利于保持国家的宏观调控能力

法治政府是有限政府，政府权力具有有限性。政府的权力仅限于制定规则、裁决纠纷、社会保障等方面。文化生态规律要求政府借助于文化生态（包括市场）对经济社会事务实施间接管理，要求领导者遏制政绩冲动。避免过度干预有利于保持国家的公正性、公信力和宏观调控的能力。如果国家过度地介入了现实的利益关系，并且耗费了大量的政府资源，就会导致政府宏

观调控能力的降低。国家应当避免对文化生态的过度干预，当不干预时则不干预，当干预时则谨慎干预。这是政府保持对文化生态的宏观调控能力的必要条件。

国家在一般情况下应当避免介入具体的利益纠纷，免受现实的利益关系的羁绊，集中力量履行社会管理、宏观调控、保护弱势群体的职责。政企分离、政资分离是国家遵守文化生态规律（包括市场规律）的重要体现。国家仅对资源垄断型行业实行国有或国有资本控股，并通过国有资产管理机构对国有资产运行进行管理。除此之外，非资源垄断行业应当向民营企业、外资企业开放。只有这样，国家才能对不同国籍的企业、不同所有制企业、不同规模的企业一视同仁，实行统一的法律规则。

根据文化生态规律的要求，可将国家对文化生态的策略分解为不干预和合理干预两方面内容。其中，国家不干预是国家对文化生态的首要策略，是文化政策的主导方面；国家的合理干预是国家对文化生态的辅助策略，是文化政策的辅助方面。处理不干预与干预的关系的方法是区分一般原则和特殊情况。其一，国家不干预是国家对文化生态策略的一般原则，应当置于优先地位，长期地坚持。其二，国家的合理干预应当作为国家对文化生态策略的特殊情况。国家干预应当有法律依据。只有经过合理性论证，经过正当法律程序作出决定之后才能实施国家干预。国家对文化生态的干预政策具有后发性、补充性，而不应当作为常态。

在国家对文化生态的策略上，存在着两个有害的极端：一个极端是过度放任，将会导致文化生态有害性的蔓延，将会导致社会冲突的加剧；另一个极端是过度干预，将会导致文化生态的破坏、自然生成的文化运行规则的失落、文化多样性的损失，将会导致国家权力的膨胀和体制僵化。寻找不干预和合理干预的结合点，有利于把握国家干预的合理的度，有利于避免文化政策在两个极端摇摆所造成的治乱循环。

**五、遵守文化生态规律有利于实现善治**

中医认为，维护人体内部阴阳平衡是健康的条件，阴阳失衡将会导致疾病的发生，要治病就必须恢复阴阳平衡。生态学认为，生态平衡是生态系统健康运行的条件，生态失衡（表现为文化要素的明显缺失或明显过剩超过了系统生态自身的调节能力）将会导致生态危机，解决生态危机的根本途径是恢复生态平衡。文化生态平衡的思想与中医的阴阳平衡和生态学的生态平衡的思想是一致的。

文化生态学认为，文化生态平衡是社会和谐的条件。在保持文化生态平衡、尊重大众选择权利的情况下，文化的积极作用可以得到较好的发挥，文化的消极作用可以得到较好的抑制。在文化多样性社会，文化资源的丰富性为治理者运用保持文化生态平衡的方式治理国家提供了条件。文化多样一体法哲学强调通过文化生态的培育达到善治的目的。

文化生态学认为，在一定时代，一种文化在文化生态中处于一定的地位，占有一定的份额。文化的常态是指一种文化在文化生态中处于正常状态，即占有时代所要求的地位和份额的状态。文化的非常态即文化的非正常状态，包括失落状态、极端状态两个方面。

文化回归就是指文化从非常态向常态回归的过程。文化的非常态可以借助于文化生态的平衡机制而恢复常态。当一种文化处于非正常状态时，文化生态中就会自发地出现促使该文化回归常态的因素。当一种文化处于失落状态时，文化生态中就会自发地出现促进该文化的因素；反之，当一种文化处于极端状态时，文化生态中就会出现抑制该文化的因素。这与健康的自然生态的自我修复机制类似。

人们通常将"文化回归"理解为文化从失落状态（属于非常态）向常态回归的过程。例如，传统文化从失落状态到回归常态的过程属于文化回归。笔者认为，文化回归还包括文化从极端状态向常态回归的过程。文化发展的渐进性理论认为，现代文化发展应当是渐进的，应当为现代文化与传统文化的协调留有足够的时间；文化的多线性理论认为，传统文化永远有存在的必要。现代文化的发展过程应当是现代文化与传统文化的协商过程。过于激进的现代化将会造成现代文化的粗放增长和对传统文化的破坏。例如，城市化与保护乡土文化是两个不可偏废的目标，城市化与逆城市化是两个相反相成的过程。过度的城市化将回归常态，失落的乡土文化也将回归常态。再如，工业化与保护传统产业两个目标应当兼顾，不可偏废。过度的工业化造成的过剩产能，如果不能消化，就将会被淘汰出局；有益的传统产业也有必要重新回归。

根据唯物辩证法的普遍联系观点，文化生态系统是由许多文化要素构成的统一整体，各个文化要素之间存在着不可分割的联系，就像生命体内部各部分之间存在的有机联系一样。一方面，各要素的发展具有非均衡性。应当允许某些要素的发展保持一定的超前性，成为领先要素。另一方面，各要素的发展也具有协同性。领先要素的发展要保持节制，否则将会造成其他要素和文化生态的失衡；领先要素的发展要保持渐进性，为其他要素保留相互协调的时间，为整个文化生态系统保留适应时间。文化生态中的某一要素的过度扩张或过快扩张都会造成文化生态系统结构和功能的紊乱，从而恶化人的生存和发展环境。

一方面，单一文化的过度扩张（文化异化的一种形式）将会威胁他者文化（特别是异质文化）的生存，造成文化多样性的损失，损害人们选择文化的自由权利。另一方面，单一文化的过度扩张将会破坏文化生态系统的平衡机制，将会导致某一文化的有害因素难以得到有效抑制。单一文化的过度扩张将会降低文化生态的自我生长能力、自我修复能力、自我运行能力、自我进化能力。文化生态失衡最终也将会破坏强势文化自身的存在和发展环境。在现实生活中，文化的过度扩张的实例包括国家权力的过度膨胀、资本的泛滥、货币的超发、过度的现代化等。

货币超发将会造成对文化生态系统的破坏。货币是一种文化要素，保持合理的货币发行量将会为经济运行和社会生活提供便利，但过量发行将会造成经济和社会生活的紊乱。德国的魏玛共和国时期、中国的民国时期都有完备的法典，但都出现了严重的治理危机。从文化生态学角度诊断二者治理中出现的病症，可以发现，二者都存在货币超发造成物价飞涨、民生艰难的问题。货币超发是造成文化生态失调的重要原因。货币超发使得传统文化群体辛勤积累的财富被稀释，造成了传统文化的衰落。货币超发不仅会造成劳动力价值的降低，特别会造成传统文化中劳动力价值的更大程度的贬低。只有节制货币发行，保持币值稳定，才能保住传统文化群体的财富。

历史上出现的稳健型货币政策（以弗里德曼为代表）与扩张型货币政策（以凯恩斯为代表）具有平衡关系。这种平衡关系具有抑制扩张型货币政策的消极作用的功能。从保护文化多样性角度看，扩张型货币政策对传统文化的侵蚀作用较为强烈。扩张型货币政策应当在严格的程序下最低限度地使用。笔者认为，扩张型货币政策只有在满足生存需要的情况下，才可以有限度地使用，不可当成拉动经济增长的灵丹妙药。

## 第三节 政府对文化生态的合理干预

### 一、文化生态的局限性决定了政府干预的必要性

第一,国家对文化生态的干预有利于弥补与矫正自然形成的文化生态的局限性。国内研究文化多样性的学者认为:"多元文化主义者认为,国家应当在文化的引导和塑造方面起到应有的作用。"[1]国家对文化生态的合理干预是国家的一项重要职责,属于作为的义务。国家当干预时不干预属于失职行为,属于违法的不作为。当文化生态出现失衡时,需要国家通过扶弱抑强的政策予以恢复;当出现有害文化时,需要国家经过正当法律程序予以禁止;当文化出现有害情况时,需要国家经过正当法律程序予以抑制。政府干预克服文化生态的局限性,有利于改善文化生态,防止社会弊病的发生,为改善民生和治理创造条件。

第二,国家对文化生态的干预是实质平等的要求。在实质平等意义上,要保护濒临灭绝的弱势文化,就必须给予弱势文化主体以特别的权利武装,对弱势文化实施差别保护。实现保护濒临灭绝的弱势文化的目标必须借助于国家干预。

人民期待政府发挥调控文化生态的作用。政府是宏观调控者,宏观调控应当是有力的。政府是社会保障者,社会保障应当普遍而平等地保障基本民生权利。国家是维护社会秩序的最强有力的主体,是文化群体之间,文化群体与个人之间纠纷的仲裁者。

为发挥政府的宏观调控作用,就必须赋予政府必要的权力和强制力。文化多样一体法学设想的国家干预和国家强制的总量比自由主义设想的要高。

### 二、政府干预文化生态应当遵循的原则

(一)公共利益优先原则

人作为万物之灵长,在保护自然生态和文化生态的同时,也试图使自然

---

[1] 常士訚主编:《异中求和:当代西方多元文化主义政治思想研究》,人民出版社2009年版,第229页。

生态和文化生态朝着有利于人的幸福的方向作出调整。国家是公共利益的代表者，国家对文化生态的合理干预有利于促进公共利益的实现，有利于增进全社会的最大幸福。

国家应当使有利于增进公共利益的行业占据更高的地位，占有更多的份额。例如，国家应当给予基础教育、科技研发、环保产业以较多财政税收政策的支持。国家支持现代文化是有选择的，国家应当支持现代文化的内涵发展，而不应当支持现代文化过度的扩张。国家支持现代文化的过度的外延扩张将会使传统文化受到蚕食，使文化多样性遭受损失。国家现代文化目标的适度节制有利于促进传统文化与现代文化的协调发展。

国家可以提高艰苦行业的待遇，鼓励人们选择艰苦行业。在纽约，清洁工为一种公共职位，只有通过公务员考试才能获得资格。[1] 通过调整文化多样性的配置，可以鼓励艰苦行业的从业者乐业、敬业，使艰苦的工作成为有吸引力的职业。这样，艰苦的工作就不再是弱势群体竞争失败后的无奈"选择"。

因为多种文化各有其合理性，所以，体现公共利益的方案一定是包含传统文化与现代文化的组合方案，而不仅包括现代文化，现代文化并不等同于公共利益。国家出于公共利益的目的可以适度推进现代文化，但是，过度助推现代文化的扩张将会造成传统文化的消亡，造成文化多样性的损失，从而背离公共利益。

（二）权利位阶原则

以人的幸福为标准，可以确定某一文化类型在文化生态中具有一定的应然位置。权利位阶原则是确定文化在文化生态中的应然位置的标准之一。与生存有关的文化在文化生态中居于基础地位。文化人类学家斯图尔德将文化生态系统分为核心文化系统和外围文化系统，并认为，核心文化系统是与生计有关的文化系统。[2] 这种观点与本书主张的按照权利位阶原则确定一种文化或亚文化在文化生态中的位置的观点是一致的。

根据权利位阶原则，生存权优于娱乐权。与生存权有关的文化具有较大

---

[1] [美] 迈克尔·沃尔泽：《正义诸领域：为多元主义与平等一辩》，褚松燕译，译林出版社 2002 年版，第 235 页。

[2] 参见夏建中：《文化人类学理论学派：文化研究的历史》，中国人民大学出版社 1997 年版，第 228 页。

的合理性，应当予以优先保护，或予以最大限度地容忍。例如，露天烧烤是一种谋生方式和生活方式，特别是一些少数民族的谋生方式和生活方式。正如美国的禁酒令试图全面禁止饮酒习惯最终失败那样，全面禁止露天烧烤难以取得良好的效果。露天烧烤产生的油烟污染一般情况下是环境所能够承载的，除大城市核心区、高密度居住区可以禁止露天烧烤之外，一般应当予以容忍。而与娱乐权、追求高级物质享受的权利有关的文化则具有较低的合理性，应当保持克制态度。例如，烧烤食品（与生存权有关）比燃放烟花爆竹（与娱乐权有关）具有更大的合理性，对烧烤食品产生的雾霾的容忍度应当高于对燃放烟花爆竹产生的雾霾的容忍度。

根据权利位阶原则，生存权优于追求高级物质享受的权利。使用私家车属于高级物质享受的权利。对烧烤食品产生雾霾的容忍程度应当高于使用私家车。过剩产能下的燃煤、燃烧汽车烧油对雾霾的贡献远大于露天烧烤，治理雾霾的根本途径是逐步淘汰过剩产能，节制过度消费、节制汽车消费，让绿色消费带动绿色生产。

涉财权利位阶原则是权利位阶原则的补充和发展（笔者已另文阐述）。根据涉财权利位阶原则，按照财产对人的生存与尊严的重要意义不同，可以将财产分为生存财产、资本财产、奢侈财产。对与这三种财产有关的文化的调控应当遵循不同的原则。其一，对于与生存财产有关的文化予以保护。例如，对农村传统产业、农村庙会应当予以保护。其二，对与资本有关的文化，实行保护与克制相结合。对与资本财产有关的文化的调控，应当实行趋中原则。例如，股市在非理性上升时期应当予以抑制，以防止资产泡沫增大；在非理性下跌时应当予以扶持，以防止实体经济资金紧张。对于与资本有关的文化，国家的宏观调控应当使偏离常态的文化恢复到常态。当一种文化明显超过常态，国家应当实行逆向调控，使其回到常态；当一种文化明显低于常态，国家应当实行正向调控，使其达到常态。其三，对与奢侈财产有关的文化予以克制。例如，对高消费、奢侈品消费、时尚消费应当予以抑制，而不应当给予财政税收政策的支持。抑制奢侈财产有关的文化有利于抑制文化生态中的消极因素，如物质主义、消费主义、享乐主义等。

有学者担心国家对文化生态的干预将会损害法律面前人人平等的原则。笔者认为这种担心是不必要的。有学者指出调整文化生态的"最终目的并非文化平等而是社会平等"。[1] 文化多样性意义上的"文化平等"是文化主体平等，而不是文化类型平等。法律面前人人平等原则要求文化主体的平等，并不要求文化类型的平等。国家出于公共利益的目的而对文化作出的不平等安排并不违背法律面前人人平等的原则。

(三) 国家谦抑原则

国家谦抑原则要求避免国家对文化生态的过度干预。国家应当以不干预为首要的政策选项，以合理干预为必要的政策选项；应当从全过程干预转变为事后干预；从全面干预转变为重点干预。坚持有选择地干预，有所不为方能有所为。国家对文化生态的不干预义务（不作为义务）、谨慎干预义务（作为义务）是人类克制美德的重要体现，是法律谦抑精神的表现之一，是国家对文化多样性的容忍义务的重要内容。

国家谦抑原则集中体现在国家对文化生态的干预的谦抑上。国家谦抑原则对国家干预的要求至少包括如下方面：

第一，政府在干预文化生态的措施、力度上应当保持克制态度。例如，国家对现代文化的支持力度应以不对传统文化造成实质性损害为限度。即使由于文化生态存在弊端需要加以调整，干预的措施、力度也应当以必要为限。

第二，应当降低对政府干预起效速度的预期。文化生态的调整应当是渐进的，应当在不损害文化生态的结构和功能的前提下去除有害部分，修改不合理部分。对文化生态的过度的、过快的调整将会造成文化生态的损害。

### 三、政府干预文化生态的途径

(一) 法律与政府对风俗习惯的引领

风俗习惯是在社会生活中自发形成的。一般人不自觉地接受了风俗习惯，不曾思考风俗习惯的优劣，自然地将风俗习惯作为判断人的行为的标准。这使得风俗习惯对社会生活具有强烈的影响，成为一种社会力量。密尔将风俗习惯的异化称为"习俗的专制"。他说："习俗的专制在任何地方对于人类的前进都是一个持久的障碍。……进步的唯一可靠而永久的源泉还是自由。"[2]

---

[1] [英] C. W. 沃特森：《多元文化主义》，叶兴艺译，吉林人民出版社2005年版，第3页，"出版导言"。

[2] [英] 约翰·密尔：《论自由》，许宝骙译，商务印书馆1959年版，第75页。

风俗习惯在调整行为、维护秩序方面发挥着不可缺少的作用。风俗习惯中既有合理的或相对合理的因素，也有不尽合理甚至是有害的因素。法律应当考虑正义价值、秩序价值等多种因素提出尊重、基本尊重、妥协、禁止等多种应对方案。民法的公序良俗原则就体现了民法对风俗习惯的尊重。刑法对西南少数民族地区存在的抢婚风俗习惯的变通态度体现了刑法对风俗习惯的有限度的尊重。民法对风俗习惯的尊重程度高于刑法。

民间社会的份子钱习惯对于维系熟人社会的互助关系具有重要意义，但同时也成为人们沉重的负担，并且造成巨大的社会财富浪费。通过权威的引领改革这一习惯的先例曾经出现过。改革传统习惯，可以发挥其积极作用，抑制其消极作用。

政府干预有利于引导良好的风俗习惯。柏克认为："宽容并不意味着要排除国家对社会风尚或舆论的引导，也不排除为促成此种引导而采取任何合法的、正当的措施。"[1]对风俗习惯的引导是文化多样性政策的重要组成部分。法律与国家对风俗习惯的引领作用包括一系列政策措施：既要容忍其中的局限性，又要保护其中的有益部分，还要克服其中明显有害的部分。

执政党与领导者应当在引领节俭风尚中发挥表率作用。普通公民的消费行为往往是个人行为，具有个别意义，而执政党与领导者的消费行为则具有示范意义。大众具有崇拜权威、模仿权威的倾向，执政党与领导者的表率作用对风俗习惯的形成具有重要作用。执政党与领导人具有节俭的习惯，社会就会形成节俭的风尚。执政党与领导人助推奢侈浪费的风气，就会构成对社会节俭风尚的抑制。孟德斯鸠在谈到法与风俗习惯的关系时指出："一个良好的立法者关心预防犯罪，多于惩罚犯罪，注意激励良好的风俗，多于施用刑罚。"[2]在执政党与领导者的引领下形成节俭风尚，就可以节省出更多的资源用于民生。

良好的风俗习惯有利于防止违法犯罪的发生，而不良的风俗习惯是滋生违法犯罪的土壤。有的风俗习惯是基本优良的，有的风俗习惯是基本不良的，而更多的风俗习惯兼有优良和不良成分，难以作出区分。法律应当尊重风俗习惯的作用空间，应当发挥优良风俗习惯的作用，抑制不良风俗习惯的作用；

---

[1] [英]埃德蒙·柏克：《自由与传统——柏克政治论文选》，蒋庆、王瑞昌、王天成译，商务印书馆2001年版，第116页。

[2] [法]孟德斯鸠：《论法的精神》（上册），张雁深译，商务印书馆1994年版，第83页。

对于兼具有优良因素和不良因素的风俗习惯,应当发挥其优良因素的作用,抑制不良因素的作用。

从风俗习惯的束缚下解放出来,有利于增进人的自由,有利于培养具有健全的思考能力、独立的判断能力、自主的谋生能力的自由人,有利于发挥个体的潜能,有利于建设一个富于创造力的高效率的社会。

(二)法律与政府对健康的消费习惯和生产方式的引领

绿色消费具有引导绿色生产的作用。法律应当鼓励居民消费传统文化的产品、鼓励企业使用传统文化的产品作为生产原料。国家应当在同等情况下优先采购传统文化的产品。这样,可以减少对不可再生性资源的依赖。

**四、政府干预文化生态行为的法律规制**

政府干预应当尊重文化的自我运行过程、自然生长过程、自然进化过程。政府在出于公共利益的目的而推行某种目标的过程中应当注意保护自然生态和文化生态,将对自然生态和文化生态的影响降到最低限度。国家应当尊重文化主体的自治权利,尊重公民的文化选择权。

考虑到文化生态的有机体性和政府干预的可错性,政府干预应当是有节制的。国家在干预手段和力度上也应当保持克制态度。政府干预应当遵循必要的原则,接受法律的规制。

避免国家的过度干预原则要求国家干预的方式应当作出如下调整:从事前干预向事后干预转变,从全面干预向重点干预转变,从干预手段任意性向依法干预转变。

政府干预的法律规制具体包括如下内容:

1. 一级政府与其主管部门的适度分工

局部管理与全局管理的区分是相对的。如果说政府主管部门的管理属于局部管理,那么,一级政府(中央政府和地方政府)的管理属于全局管理;如果说地方政府的管理属于局部管理,那么,中央政府的管理则属于全局管理。正如军事指挥上的战略指挥与战术指挥有所不同一样,政府管理上的全局管理与局部管理也有所区别。

政府主管部门的管理属于局部管理。各个主管部门应当对主管领域的发展目标负责,应当各司其职。现实生活中,存在着许多相互冲突的领域,因而也自然存在相互竞争的主管部门。例如,经济增长与环境保护是两个相互冲突的目标，因此，经济部门与环境保护部门自然存在职能冲突；城镇化与文化遗产保护是两个相互冲突的目标，因此，主管城镇化的经济部门与主管文化遗产保护的文化部门自然存在职能冲突。不同主管部门之间存在一定的冲突对于实现多样目标的协调、实现经济社会的协调发展是必要的。

而一级政府（包括中央政府和地方各级政府）的管理则属于全局管理。一级政府应当对整体的社会幸福和治理效果负责，不宜过多地纠缠于局部得失和具体事务；应当考虑多样目标的协调发展，不宜过多地纠缠于单一目标。一级政府过于关注局部目标和单一目标，将会造成部分文化要素的过度膨胀，进而造成整体文化生态的不平衡，造成经济社会发展的不均衡。例如，一级政府过于强调经济增长，就会造成环境保护目标的滞后；一级政府过于强调城镇化就会造成文化遗产保护目标的滞后。一级政府应当对各个主管部门的工作予以综合协调，不应过于支持单一主管部门的工作。

一级政府与主管部门适度分工是使政府把握好合理干预的度的制度保障。一级政府过于支持单一部门的工作并且忽视其他部门的工作构成了一级政府与主管部门职能的混同。这种混同的危害在于：不仅会造成法律与政府工作的顾此失彼，而且长此以往，还将会造成文化生态系统的畸形发展，从而妨碍社会和谐与人民幸福。一级政府应当对全社会的幸福负责，不应过于强调指标的重要性。

中央政府、上级政府应当协调相反相成的对偶目标，在支持个别目标上有所节制。如果中央政府、上级政府对个别目标的要求过于强烈，存在竞争关系的其他目标就会受到抑制，甚至会造成文化生态的破坏，造成其他目标的实现条件的恶化。此为包容性法治的题中应有之义。

2. 政府干预文化生态的事项应当实行权力清单制度

政府干预文化生态的事项应当为法律所明文列举。法律列举的权力清单既是法律对政府的委托授权书，也规定了政府权力的界限。法律未授权政府干预的领域与事项，政府不干预。国家制定的干预文化生态的权力清单应当附加说明理由。权力清单与理由应当一并公布，以便接受公众的监督，以便及时发现错误并改正错误。

3. 政府干预文化生态应当遵循法定程序

国家干预文化生态的决定的作出应当经过广泛讨论论证并经正当法律程序加以确定。例如，国家对现代文化的支持必须建立在科学论证和民主决策的基础上，国家支持现代文化的重大项目应当经过同级人大批准方可实施。

4. 实行责任追究制度

法治政府是责任政府，政府不合法干预造成严重后果的，相关责任人应当承担法律责任。

在法律与其他社会规范的关系问题上，既要承认法律（国家法）与其他社会规范的区别，又要强调多种规范的协同作用。应当综合运用法律、政策、社会组织规范等多种规范，形成系统化的行动方案（通常称为"一揽子方案"）。多样一体法哲学的这些主张符合唯物辩证法的普遍联系、对立统一和辩证发展的规律的要求。

法律对文化生态的培育至少体现在确立文化生态的运行规则、规定国家对文化生态的干预条件等方面。通过文化生态的培育可以为每个人选择合适的文化空间创造条件。这样可以使人的自由意志得到最大程度的尊重，使人的潜能得到最大程度的发挥，使社会冲突降低到最低限度，使国家强制力的使用降低到最低限度。通过文化生态的培育可以达到善治的目的。

下 编
# 专题研究

# 第七章 传统文化的合法性

## 第一节 传统文化合法性的提出

习近平总书记提出:"提高国家文化软实力,要努力展示中华文化独特魅力。"[1]中华优秀传统文化是我国的文化软实力的重要内容。传统文化指现代文化以前的文化。传统文化包括传统的有形文化、传统技艺、传统艺术表现形式、传统的制度与习惯、传统信仰等。以前,人们着重强调对传统的道德文化、精神文化的保护,而忽视对传统的物质文化、有形文化的保护。本章从保障民生的目的出发,着重关注物质文化、有形文化,同时,也涉及道德文化、精神文化。

"传统文化"一词的含义在文化人类学和伦理学中的侧重点有所差异。在文化人类学意义上,传统文化侧重指传统的物质文化、有形文化,也包括附着在其上的传统技艺。文化人类学意义上的传统文化关注的要点是,传统文化是民生的资源和条件。在伦理学意义上,传统文化侧重指传统的道德文化、精神文化。当然,两大学科中的传统文化的含义也存在着相互交叉、相互补充。广义的传统文化是指历史形成的一切文化的总称,依法宣布为非法的文化除外。传统文化是文化多样性的重要内容。

### 一、传统文化合法性的理论渊源

中国道家认识到了返璞归真是人的天性的重要内容。老子主张"见素抱

---

〔1〕习近平:"提高国家文化软实力",载习近平:《习近平谈治国理政》(第一卷),外文出版社2018年版,第161页。

朴,少私寡欲"。[1]他认为,只要排除过多的礼法、过于繁杂的法律、过度的精巧、过度的逐利,犯罪就会减少。该观点的启示在于,返璞归真、回归自然的生活方式具有生态友好、弱化冲突等合理性,应当予以尊重。

古希腊的犬儒学派主张"返于自然",认为过简单的、简朴的、自由的生活是合乎人性的。犬儒学派代表人物第欧根尼拒绝了亚历山大大帝的许诺,唯一的要求是"不要挡住我的阳光"。[2]犬儒学派认识到了回归自然的、传统的生活方式的合理性,认识到了文明社会的规则有可能给人带来不便,只要不走向反文明的极端就具有存在的合理性。

卢梭少年时代喜爱日内瓦乡间的自然美景,产生了返璞归真、回归自然的思想。卢梭将人类历史分为两个历史阶段——自然状态与社会状态,并对二者进行比较。首先,自然状态比社会状态更自由。在自然状态下,文化不发达,文化异化也不严重,人们受到文化异化的压迫也不严重。其次,自然状态比社会状态更平等。社会状态下产生的文化现象加剧了不平等。其中,私有制是加剧不平等的重要因素。最后,自然状态比社会状态更符合人的天性。自然状态下的一切是自然而然、顺乎天性的,而社会状态下的制度则是矫揉造作、扼杀天性的。他说:"我要问,社会状态的生活和自然状态的生活,哪一种最令人难以忍受。"[3]卢梭的回答当然是,自然状态下的人比社会状态下的人更幸福。卢梭对社会状态下的人造物对人的压迫进行了批判,在这个意义上,他被称为西方后现代主义的先驱者。

保守主义创始人柏克主张容忍文化的局限性。他说"一切人类的构建物中都存在固有的弱点",过于追求完美将会导致对文化的全盘否定,将会导致文化不宽容、文化冲突、文化毁灭。[4]文化是人创造的,人的理性的局限性和道德的局限性是造成文化的局限性的原因。体谅人的弱点原则要求容忍文化的局限性。容忍文化的局限性的积极意义在于:有利于促进对历史形成的

---

[1]《道德经》第十九章。
[2] 参见[英]罗素:《西方哲学史》(上卷),何兆武、李约瑟译,商务印书馆1963年版,第294~295页。
[3] [法]让-雅克·卢梭:《论人类不平等的起源和基础》,高煜译,广西师范大学出版社2009年版,第109页。
[4] 参见[英]埃德蒙·柏克:《自由与传统——柏克政治论文选》,蒋庆、王瑞昌、王天成译,商务印书馆2001年版,第143页。

多种文化成果的珍视；有利于帮助人们认识到自己文化的局限性，适当克制自己文化的扩张；有利于帮助人们认识到他者文化的合理性，对他者文化持有开放包容的态度；有利于促进人们尊重他者文化的存在和发展空间，尊重他者文化主体的表达权、参与权，促进多种文化的共存、协商、妥协。

保守主义主张尊重历史形成的优秀传统文化。传统文化是先人创造的文化成果，体现了先人的智慧，具有存在合理性。传统文化是今人生存和发展的资源与条件。今人不仅是传统文化的传承者，而且是文化传承基础上的创新者。文化发展应当吸收民众的参与，保持文化的鲜活性和生命力。文化变革应当是理性的、谨慎的、温和的，不要破坏优秀传统文化的结构和功能。文化发展应当是继承的、连续的、渐进的，应当照顾到民众与政府的适应能力。

加拿大文化人类学家查尔斯·泰勒提出了"承认的政治"理论。他对拒绝承认传统文化的世俗观念进行了批判："拒绝予以承认可以对被拒绝的人造成严重伤害。为他人设计一种低劣和卑贱的形象，而这种形象又被后者所内化，就会构成实实在在的扭曲和压迫。"[1]泰勒主张对传统文化应当予以"平等的承认"。世俗观念隐含着对传统文化的歧视，即使生活在传统文化之下的人们也会不知不觉地接受这种观念，从而产生自卑心理。世俗观念中对传统文化的歧视构成对于传统文化群体的压迫性力量。

联合国大会于2001年通过的《世界文化多样性宣言》第3条指出："文化多样性增加了每个人的选择机会；它是发展的源泉之一，它不仅是促进经济增长的因素，而且还是享有令人满意的智力、情感、道德精神生活的手段。"

道家、犬儒学派、卢梭、保守主义、文化人类学、多元文化主义、生态主义、生态社会主义等思想体系提出了论证传统文化合法性的路径。这些学说具有以下共识：其一，传统文化具有合理的一面，是文化生态中不可缺少的文化因子；其二，现代文化具有局限性的一面，应当予以节制，克服现代文化局限性的根本途径是保持传统文化与现代文化的平衡。在本章中，论证传统文化的合法性的主要理论渊源是文化人类学。

---

[1] [加]查尔斯·泰勒："承认的政治"，载董之林、陈燕谷译，载汪晖、陈燕谷主编：《文化与公共性》，生活·读书·新知三联书店2005年版，第300页。

## 二、传统文化合法性的概念

传统文化的合法性是指,传统文化是一种合法文化,应当得到法律的承认与保护。传统文化的合法性是文化多样一体法哲学的重要论题。

传统文化的合理性是其合法性的前提条件。

第一,传统文化能够满足人们的返璞归真、回归自然的愿望。传统文化是返璞归真、回归自然的生活方式的载体,尊重传统文化可以为这一愿望的实现创造条件。

第二,传统文化是有用的。传统文化在提高民生资源、保护生态环境、抑制资本的泛滥等方面具有积极作用。传统文化是文化生态的重要因子,保护传统文化有利于保持文化生态的完整性。保持传统文化与现代文化的平衡是社会治理的重要手段。尊重原地居民的权利,特别是尊重原地居民的文化选择权是保护传统文化的根本途径。社会发展的目标不仅包括发展现代文化,而且包括保护传统文化,实现传统文化与现代文化的互补和谐。

第三,传统文化是有效率的。从货币利益角度看,传统文化是低效的,现代文化是高效的。而从社会利益角度看,发挥传统文化的作用,可以提高民生保障、资源环境保护等法律实施的社会效果。

第四,传统文化是美的。世俗的审美观受到了现代中心主义的影响,认为传统文化是丑陋的,现代文化是美好的。人们有了文化人类学、文化多样一体法哲学的素养就会提高审美的包容性。传统文化也是美好的,传统文化与现代文化和谐共存才更美好。

现代中心主义夸大了现代文化的合理性、忽视现代文化的局限性,设想建立同质化的现代文化。现代中心主义忽视了传统文化的合理性,拒绝承认传统文化的合法性。现代中心主义不仅造成了现代文化主体的优越感,而且造成了传统文化主体的自卑感。现代中心主义是造成传统文化受到歧视的认识原因。传统文化主体成为弱势群体的重要原因在于现代文化主体未能承认传统文化的合法性,使传统文化主体的合法权利未能得到有效保护。如果承认传统文化的合法性,生活在传统文化之下的人们就不再是弱势群体。因此,承认传统文化的合法性是弱势群体法律保护的前提条件。

## 第二节 传统文化合法性的理由

### 一、文化进化规律是传统文化的合法性的客观依据

法律的理性精神、立法的科学原则要求法律建立在规律的基础上，文化法治建立在文化规律的基础上。文化的规律性要求承认传统文化的正当性、合法性。文化进化规律至少包括如下内容：

(一) 文化进化的连续性

根据文化进化史的不同阶段，可以将文化分为原始文化、传统文化、现代文化三种类型。

第一种类型，原始文化。原始文化下的谋生方式是采集和狩猎经济，其建筑用天然材料搭建而成，其社会联系的纽带主要是血缘、姻缘、地缘联系。考虑到原始文化也具有合理性，本书所述之传统文化也包含原始文化。本书在论证传统文化的合法性的同时，也顺便论证了原始文化的合法性。

2014年寒假，笔者来到海南省保亭县甘什岭自然保护区的槟榔谷旅行调研。槟榔谷十分注意保护原始建筑，保护原始黎族苗族山寨的风貌，保护采药等原始技艺，保护纺织等传统产业。其也可以被看成是一个黎苗原始文化保护区。槟榔谷靠近三亚，游客纷至沓来，大家不仅来看自然风光，而且也是来看原始文化。原始文化本身就是旅游经济的资源。原始文化在传承原始技艺、保护自然生态、发展旅游经济等方面具有独特的功能。

第二种类型，传统文化。传统文化下的谋生方式是农耕经济、畜牧经济、小手工业、小商业。在农耕经济下，人们居住在使用人工加工的建筑材料搭建的永久性建筑之中；在畜牧经济下，人们的居住方式与原始的居住方式较为接近。

文化多样性、文化生态完整性是值得追求的法价值和社会治理目标。为了保护文化多样性，保护文化生态的完整性，应当保护濒临灭绝的弱势文化。原始文化、传统文化是文化多样性的重要形式，是文化生态不可缺少的元素、基因，不管现代文化发展到多么高级的程度，其永远有保存的必要。现代文化的发展只是压缩了原始文化和传统文化的存在空间，而不应造成原始文化和传统文化的灭绝。在原始文化、传统文化已经成为濒临灭绝的弱势文化的

情况下，为使其免于消亡，应当对其加以特别保护，使其保持最低限度的规模。

第三种类型，现代文化。现代文化对应的谋生方式是现代工商业，居民居住在依靠大型机械建造的建筑之中。

文化发展是一个自然生长的过程，是一个自然历史过程。文化创新必须建立在对传统文化的继承的基础上，并对传统作出有益的变革。

通过对各个文化区域的文化发展历程的比较，相对而言，有的文化区域的文化发展的继承性较强，有的文化区域的文化发展的间断性较强。透过繁茂芜杂的历史表象，可以看到文化发展的总的规律：文化发展的继承性、连续性居于主导地位，而文化发展的间断性则居于辅助地位；文化发展的间断性虽然可以促进文化的发展，但不可能脱离文化传承。

在总体上，内生秩序在文化秩序中居于主导地位，建构秩序居于辅助地位。建构秩序如果是有益的尝试，也仅是文化史长河中的一朵浪花。保守主义反对过度的建构，过度的建构将会破坏内生秩序。因此，人们在进行制度创新时必须持谨慎克制的态度，避免在不经意间损坏历史形成的好制度。

（二）文化进化的渐进性

对文化进化（发展）的渐进性的认识受到了生命体生长规律和生物进化规律的启示。正如生命体的生长总体上是渐进的、连续的，生物进化过程总体上是渐进的、连续的，文化进化过程总体上也是渐进的、连续的。

文化进化呈现渐进性的理由在于：文化进化需要耗费时间成本。传统文化的调整需要时间；新文化的适应需要时间；文化整合（文化基因的组合）需要时间；整体文化对自然环境的适应需要时间；人们对文化变迁的适应需要时间。文化进化需要经历漫长的演化过程，拔苗助长会欲速则不达。而堆积系统或机器系统则可以在较短的时间内建成。

从整体上和历史上看，文化进化是渐进的、连续的。文化的渐进性、连续性是文化发展的主导方面。虽然从某个时段、某个局部来看，文化发展也具有剧进性、间断性，但无法改变总体文化史的渐进性、连续性。剧进变革只有在保持最低限度的继承性、连续性的前提下才具有合理性。剧进变革虽然在局部上和一定历史时期具有推动历史的作用，但从整体上和历史上来看，文化的剧进性、间断性是文化进化的非主导方面。

社会发展道路存在渐进道路和剧进道路两种类型。渐进道路有利于保护文化生态、节约变革成本，应当优先选择。而剧进变革将会给文化生态造成难以修复的破坏，应当作为不得已方可采用的最后方案、补充方案。

第一，现代化是一个自然历史过程，法律与政策应当兼顾发展现代化与保护传统文化这两个相反相成的政策目标，不宜有所偏废。在引导人们走向现代化的同时，应当尊重人们选择传统文化的自由权利，不宜强制人们过现代生活。

第二，城镇化是经济社会发展的自然结果，是一个自然历史过程，应当兼顾城镇化与乡土文化保护这两个相反相成的政策目标，不宜有所偏废。在实现城镇化的过程中，应当尊重农民选择乡土文化的自由权利，不宜强制农民"上楼"。

传统街区存在积极的功能，应当予以保护。将传统街区改造为现代街区，意味着生产生活方式的改变，事关原地居民的切身利益，应当尊重原地居民的意愿。不仅要尊重原地居民整体的意愿，而且要尊重原地居民个体的选择自由。

(三) 文化进化的多线性

1. 文化的单线进化论的局限性

单线进化论的主要观点是：其一，从原始文化到传统文化，再到现代文化是文化进化的唯一方向。世界各民族文化经历了单一的进化过程。世界各民族文化差异的形成原因在于其处于文化进化的不同阶段。处于文化进化后期的文化是先进的，而处于文化进化前期的文化则是落后的。其二，传统文化是蒙昧的、丑陋的、落后的、低效的，而现代文化是理性的、美妙的、先进的、高效的。单线进化论的认识方法是一元文化主义的单向思维方法。单线进化论将会导致对文化作要么全盘肯定，要么全盘否定的简单化的评价。其三，原始文化、传统文化否认消亡是必然趋势，没有必要为传统文化的消亡唱挽歌。未来社会是现代文化一统天下的同质社会。

单线进化论隐含着对原始文化与传统文化的歧视。单线进化论导致对弱势文化（包括传统文化）合理性的忽视，在文化政策上的体现是强势文化同化弱势文化。其消极后果是导致传统文化的衰亡。传统文化的消亡是全社会文化资源的损失，其会导致文化生态失衡，也会使现代文化的弱点得不到弥补、现代文化的异化得不到抑制。

单线进化论隐含着对现代文化的合理性的夸大、对现代文化的局限性的忽视。文化单线进化论的具体表现是现代主义、城市中心主义、西方中心主义。单线进化论属于文化霸权主义。其消极后果是现代文化的畸形膨胀，导致资源被过度消耗、环境恶化、人际关系紧张。

2. 文化的多线进化论的提出

文化人类学家斯图尔德提出了文化的多线进化论。文化进化存在着一条主线和无数条支线。其一，文化进化的主线是从原始文化、传统文化走向现代文化的进化路径。文化从简单到复杂、从低级到高级的进化过程只是文化进化的线索之一。不同文化类型处于文化进化的不同阶段。复杂文化、高级文化将会在文化生态中取得优势地位。其二，文化进化的无数条支线是每一种文化自身的进化路径。每一种文化类型的进化历程都没有中断。简单文化、低级文化也有存在的必要。例如，不仅现代产业和现代科技在不断进化，而且传统产业和传统技艺也在不断精进。不仅现代文化在不断进化，原始文化与传统文化也在不断进化。原始文化、传统文化、现代文化的联系方式是不断进化的，多样文化及其中的亚文化的进化过程是协同的。不仅每一种文化自身在不断进化，整个文化生态也在不断进化。未来社会是高级文化主导、多元文化并存与整合的异质社会。[1]

文化受生态环境的影响，生态环境的差异是形成文化类型差异的原因。生态环境的多样性是形成文化多样、文化进化多线性的原因。[2]

多线进化论是文化多样一体法哲学的文化进化论。有学者指出："现代人类已经改变了由一种文明替代另一种文明的简单的线性认识，从而转变为不同文化、不同民族甚至更小社会单位之间的相互理解和尊重。"[3] 多线进化论的认识方法是文化多样一体法哲学的多向思维方法。多元文化都有值得肯定的合理性；不仅应当发展现代文化，而且应当保护传统文化。

文化人类学从边缘文化视角、运用跨文化的比较研究方法，得出了文化多线进化论。文化多线进化论有利于促进人们重视弱势文化的合理性，有利于树立弱势文化的自尊，有利于改变漠视弱势文化合理性的传统观念。[4]

---

[1] 参见罗康隆：《文化人类学论纲》，云南大学出版社 2005 年版，第 3~4 页。

[2] 参见夏建中：《文化人类学理论学派文化研究的历史》，中国人民大学出版社 1997 年版，第 227 页。

[3] 田阡、杨红巧："文化多样性与文化遗产保护的历史演化及其反思"，载《民族艺术》2011 年第 1 期，第 93 页。

[4] 参见罗康隆：《文化人类学论纲》，云南大学出版社 2005 年版，第 3 页。

3. 单线进化论与多线进化论在文化问题上的分歧

（1）现代化上的分歧。单线进化论具有现代主义倾向，认为现代文化取代传统文化是文化发展的必然趋势，传统文化将会被淘汰。而多线进化论则认为，传统文化的进化线索不可忽视，传统文化永远有存在的必要，发展现代文化与保护传统文化（具体内容为保护文化遗产、保护原住民的权利）是同等重要的两个目标。

第一，文化多样性和多线进化论承认原始文化的积极作用。美国的阿米绪文化、印度农村的原始文化、非洲某些部落的原始文化、中国海南槟榔谷的原始文化都是原始文化的典型例证。原始文化是最具有生态友好特征的文化，要保护生态，就必须发挥原始文化的积极作用。

第二，文化多样性和多线进化论承认传统文化的积极作用。山西省临县碛口镇的古村落群、湖南凤凰古城等都是传统村落的典范。

多线进化论主张平等地对待传统文化与现代文化。例如，多线进化论要求对原始经济类型（如自然经济）、传统经济类型（如小手工业、小商业）、现代经济类型（如股份公司、国有企业）予以平等保护；对传统街区与现代街区予以平等保护、对传统建筑与现代建筑予以平等保护。多线进化论不仅要求发展现代文化，而且要求保护传统文化，实现传统文化与现代文化的并存、竞争、平衡、互动、融合，共同营造有利于人的生存和发展的文化环境。多线进化论并不反对现代化，只是反对排他的、畸形的现代化。

（2）城市化上的分歧。单线进化论具有城市中心主义倾向，认为城市文化取代乡土文化是文化发展的必然趋势，乡土文化将会被淘汰。而多线进化论则认为，乡土文化也在不断进化，乡土文化安置了无数生灵，寄托了无数人的乡愁。只有实现城市化的合理节制，才能实现城市文化与乡土文化协调发展。多线进化论认为，不仅乡村有其独特的功能，而且城中村也有独特的功能，二者都有存在的必要。

（3）东西文化关系上的分歧。单线进化论具有西方中心主义（其前身是欧洲中心主义）倾向，认为西方文化最为优越，西方文化取代非西方文化是文化发展的必然趋势，非西方文化将会被淘汰。而多线进化论则认为，东方文化也有相对独立的进化线索，东方文化对世界有巨大贡献，在东西文化竞争中，东方文化有领导未来世界潮流的可能。

多线进化论有利于克服现代文化群体的自大心理和传统文化群体的自卑

心理，有利于促进多样文化群体的和平共处。

## 二、传统文化的作用是传统文化合法性的社会依据

"前店后坊"（前店后厂、前店后仓、前店后房）是多种功能（销售、生产、仓储、居住）在空间上聚合在一起的经济文化形式。前店后坊的关键是临街的"前店"，可以为生产、销售、消费等多种需要的沟通提供便利条件。前店后坊的经济形式可以节约货物运输、存储、包装的成本，可以减少废弃物向环境的排放，可以节约从业者的居住成本和在途时间（职住一体），可以减轻交通压力。前店后坊是适合个体工商户、小微企业的经济文化形式，是历史形成的中华优秀传统文化，是中国特色社会主义经济文化的有益组成部分。

传统文化的价值是多方面的，无法完全用货币来计算。用单纯货币来计算只能得出暂时的货币价值，无法得到货币以外的其他价值、长远利益。不断拆除传统街区、传统建筑的做法只能暂时拉动外延型的经济增长，却无助于促进内涵型的经济发展。为暂时的货币利益而摧毁传统文化是得不偿失的。传统文化的积极作用要求我们承认传统文化的合法性。非经正当法律程序，传统文化不可任意毁弃。

（一）传统文化具有保障民生的积极作用

1. 传统文化可以以较低成本提供生存条件

传统文化具有低成本优势，而且文化互补带来的交往便利也可以降低全社会的生产生活成本。传统文化是社会的组成要素，传统文化的资源可以通过市场交换满足大众的多方面需要。因此，传统文化是弱势群体生存和发展的条件。

传统文化是低消费文化，现代文化是高消费文化。世界资源的有限性是一个无法回避的事实。资源的有限性决定了，不可能让所有的人都生活在现代文化中，一定会有相当多的人生活在传统文化中。

激进的现代化政策造成现代文化的外延过度扩张，进而挤压了传统文化的存在空间，造成了传统文化的消亡，破坏了弱势群体生存和发展的条件，导致生活在传统文化下的弱势群体生计更加艰难。如果不容忍传统文化的存在，全社会的生产生活成本将会大幅度提高，将会妨碍幸福指数的提高。如果不容忍传统住房的存在，弱势群体就不得不租用或购买高价房，事实上成

为"房奴"。如果不容忍传统街区，商户就不得不租用或购买高层建筑的底商，经营成本就会大幅度上升，赢利空间会被压缩，经营失败的风险会上升。传统文化是多元文化主体生存条件的重要组成部分，毁灭传统文化将会导致弱势群体生存条件的恶化。

哈耶克认为："自生自发的社会秩序为我们所提供的东西，要比政府组织所能够提供的大多数特定服务更为重要，只有政府组织经由实施正当行为规则而为我们提供的安全是个例外。"[1] 在大多数情况下，民生所需要的物品和服务大部分来自市场，市场提供的服务比政府提供的服务更为重要。政府促进民生的主要职责在于矫正市场与社会的失灵，并承担保底责任。

2. 传统文化可以以较低的成本提供就业机会、创业机会

文化多样性、经济多样性（包括经济类型多样性、所有制多样性、经济组织形式多样性、分配形式多样性等）本身就是保障就业的途径。自然经济、个体经营、合作经济组织都具有就业蓄水池的作用。当人们在市场经济下的职业竞争中失败时，可回到自然经济、个体经营、合作经济中就业。多元文化的互补有利于增加就业岗位数。就业保障制度是基本发展权的平等保障的重要内容。这是弱势群体法律保护的重要内容。

传统社区具有审美和旅游经济价值。应当改变工业社会中的单一审美观念，树立前工业时代和后工业时代的多元审美观念，不仅"现代的是美的"，而且"传统的也是美的"。如果随意摧毁传统社区，将会给多元文明造成难以弥补的损失。印度新德里市和中国苏州市在城市建设中尊重古城风貌、实现传统社区与现代社区并存的做法值得肯定。

在保持文化多样性的条件下，即使经济低增长、不增长甚至负增长，基本的就业率也能得到保障，可以弱化就业对经济增长的依赖。而在文化单一性下，就业过于依赖经济增长、政府投资和出口拉动。其弊端在于导致资源使用效率的低下和资源的外流。再就业工作基本上只能改变就业岗位在不同人群中的分配，基本上不能增加就业岗位的数量。

依托传统文化的职业资源，可以建立就业保障制度。就业保障制度是指国家保持并创造多种就业机会，为人们的就业提供较为便利的条件。印度学

---

[1] [英]哈耶克：《法律、立法与自由》（第1卷），邓正来、张守东、李静冰译，中国大百科全书出版社2000年版，第209页。

者阿玛蒂亚·森提出了建立就业保障制度的设想,"通过就业保障制度来保证人们能够挣到足以避免饥饿的工资"。[1] 就业保障制度是基本发展权平等保障法律制度的重要内容。国家保护文化多样性有利于保持传统文化中蕴含的大量就业机会。

财产权的分散化有利于保持房屋资源占有的分散化,有利于以较低成本提供经营门面或摊位,有利于为传统产业和小微企业的发展提供条件。政府机关、国有企业、大型民营企业不能保障所有的人就业,弱势群体对小型经营场所的需求是巨大的。但是,激进的城市化方案、过于严格的城市管理制度未能认识到传统街区和传统建筑的功能,没有给弱势群体提供充分而廉价的居住空间和经营空间。这是造成小贩与城管冲突的根本原因。王斌余案、夏俊峰案从表面上是看是刑事案件,从深层次看是城市规划管理模式单一性弊端的体现。要减少并最终杜绝此类案件发生,就必须调整现行的城市规划管理模式。其一,城市规划和建设要注意保护传统街区和传统建筑,尊重多样性,给弱势群体留有居住和经营空间,尊重弱势群体的选择权。其二,在城市规划与建设过程中应当听取弱势群体的意见,将他们的利益要求反映到规划方案和建设方案之中。

3. 保护传统文化有利于保持弱势群体的适应能力和自主谋生能力

保护传统文化有利于保持弱势群体适应自然环境的能力。人的文化适应能力是有差异的,并不是每个人都能适应现代文化。传统文化(包括传统生产生活方式)是更为接近自然的生活方式,其中含有的技术含量不高,是弱势群体更为适应的生活方式。保护传统文化有利于保护弱势群体的生存和发展条件。

传统文化的存在有利于培养自主谋生能力,有利于为人们通过自己的努力去挣得生活必需品创造条件。传统文化的存在可以为弱势群体跃迁到较高阶层创造条件。毁灭传统文化将会使弱势群体改善命运的希望丧失。保护传统文化,可以减少弱势群体对国家物质帮助的依赖。国家民生工作的首要内容是保持民生权利资源的丰富性,培养公民的自主谋生能力。而为公民提供物质帮助仅为政府民生工作的辅助内容。

---

[1] [印]阿玛蒂亚·森:《贫困与饥荒——论权利与剥夺》,王宇、王文玉译,商务印书馆2001年版,第13页。

**4. 传统文化可以为弱势群体提供心灵寄托**

传统文化（乡土文明、传统社区）是传统谋生方式的载体。在传统文化之下，生活成本较低、竞争不激烈、人们对物质的需求较少、贪欲不强烈、知足常乐，付出较少的物质成本就能够获得幸福。

传统社会接近熟人社会，传统的社会纽带（包括血缘纽带、地缘纽带）是维系社会团结的重要因素。传统社会自然形成互助、防卫等方面的合作关系，能够满足许多社会交往方面的需求。

传统文明的生活节奏舒缓，给人们的心理压力较小，可以为市场竞争失败者提供躲避风险的港湾。形容乡土文明的生活节奏的一个理想化的称谓是"田园牧歌"。乡土文明的优点是人们对其持留恋态度的客观的、历史的根据。如同生物进化产生高等生物以后，低等生物仍有存在的必要一样，在现代文明产生之后，原始文明仍有存在的必要。选择返璞归真、回归自然的生活方式是人们的自由权利，应当予以尊重。不宜强迫人们接受现代的生活方式。

弱势群体生活在传统文化之下比生活在现代文化之下更有安全感、充实感、尊严感、归属感、成就感。生活在现代文化下的弱势群体更有可能处于被支配的地位。传统民俗对加强人与人之间的交流和沟通具有重要作用。传统文化将成为许多人生存与发展的条件和心灵的寄托。传统文化是安置人的心灵的资源。保护传统文化有利于维护传统文化共同体的凝聚力。

保护传统文化是保障民生的基础性条件，是民生法治顶层设计的重要内容。只有在传统文化得到保护的前提下，各种促进民生的举措才会发挥作用。如果传统文化被破坏了，促进民生的举措也会扭曲、失效。

（二）传统文化具有保护生态的积极作用

文化的差异与互补是生态保护的前提条件。有学者认为："文化差异所导致的资源消费差异，是维持全球资源使用平衡的最锐利的武器。"[1]生活在不同文化之下的人们消费资源的类型存在差异，于是形成了不同的消费层级。现代文化产生的废弃物可以转化为传统文化的资源，传统文化可以为现代文化提供清洁产品。文化多样共存可以提高资源利用效率，减少废弃物的产出量。因此，保持不同消费层级之间的互补关系是解决生态危机的系统化方案的首要内容。要保持不同消费层级的互补关系，就必须尊重保持文化多样性，

---

[1] 罗康隆：《文化人类学论纲》，云南大学出版社2005年版，第349页。

尊重人们选择文化的自由权利，尊重人们选择资源利用方式的自由权利。消灭文化多样性、强迫人们选择单一的现代生活方式将会造成生态危机的不断加剧，将会使硬法意义上的治理生态危机的手段的效果大打折扣。

传统文化对生态保护的促进作用表现在如下方面：

1. 传统文化的生态损耗较低

原始文化的生态保护作用最明显。原始文化的运行几乎没有生态损耗，在原始文化之下，天然自然得到了充分的尊重。原始文化的生态友好特征是最鲜明的。正是原始文化存在的这一优点，使得其永远具有存在的价值，现代文化应当与之和谐共处，而不应当予以毁灭。印度社会存在着许多原始文化村落，如果能够节制资本，防止资本的压迫，生活在原始村落也能保持基本的尊严。例如，穷人可以选择在原始村落做自由人，而不去做"房奴"，这样，可以减轻资本对穷人的压迫。在西方主导的全球化的影响下，国人的文化取向过于追求"高大上"，原始文化受到歧视，原始文化正在成为供人观赏的"死文化"，原始文化承载的原始技艺（如制陶、弓箭）正在走向失传，原始文化的生态保护功能正在逐步萎缩。要发挥原始文化的生态保护作用，就必须改变民众与领导者对原始文化的误解与歧视，尊重原地居民选择原始文化的权利。

传统文化包括乡土文化、城市传统街区、传统产业、传统生活方式等内容。传统文化的生态损耗高于原始文化，又低于现代文化。

原始文化与传统文化都可以被称为低消费文化。传统文化蕴含着克制贪欲、勤俭持家的美德，有利于节制人类对自然的索取。应当承认低消费文化的合理性，保护低消费文化，抑制高消费文化的恣意扩张对生态构成的威胁。法律与政策不宜受利益集团的绑架而助推高消费文化。社会应当习惯于在危机到来之时过紧日子，容忍低增长，甚至负增长，政府不应为保增长承担责任。政府工作的主要目标应当是保护传统文化和促进文化创新，经济增长是实现主要目标的结果。不应当将经济增长作为政府工作的主要目标，经济增长至多可以作为次要目标。

2. 传统文化的存在可以提高资源的利用效率

传统文化可以将现代文化的废弃物转化为可以利用的资源（生产资料和生活资料），从而减少废弃物的产生。

随着人类社会的发展，人类适应自然的能力不断增强，破坏自然的能力也在不断增强。越是在文化进化史初期出现的文化类型，生态友好的特征越明显。例如，原始文化是最具有生态友好特征的文化，狩猎采集对生态的损耗微乎其微。越是在文化进化史后期出现的文化类型，生态非友好特征越明显。现代文化具有明显的生态非友好特征。

传统社区与现代社区交错形成了半熟人社会。半熟人社会内部成员之间的交易成本也比纯粹的陌生人社会低。例如，熟人社会和半熟人社会的散装货物交易可以节省大量包装材料。而超市是一个纯粹的陌生人社会，其中的散装货物的交易对包装材料的要求很高。传统社区具有不可替代的功能，因而有保留的必要。

消费层级的存在是循环经济得以运行的基础性条件。经济是进化的，同时，经济也是多样的。针对文化多样性提高资源使用效率的机理，苗族人类学者指出："文化差异所导致的资源消费差异，是维持全球资源使用平衡的最锐利的武器。"[1]原始文化与传统文化的存在有利于保持不同阶层的消费层级，使得物质能够从较高消费层级流转到较低消费层级，提高资源利用的效率，减少污染物的排放。消费升级是一个自然历史过程，不同的消费层级永远有存在的必要。

在传统社会，秸秆可以作为燃料，是一种重要的生活资源，燃烧秸秆做饭取暖是一种生活方式。因为传统社会中燃烧秸秆的行为具有时空分散性，虽会产生雾霾，但没有形成雾霾问题。在治理雾霾的对策中，只需防止燃烧秸秆行为在时间和空间上过度集中即可，而没有必要彻底禁止燃烧秸秆的行为。例如，可以在城市核心区、人口密集的公共场所禁止用炭火烧烤食品。没有必要彻底禁止用炭火烧烤食品。彻底禁止用炭火烧烤食品将会毁灭一种自然形成的生活方式，而且还会造成烧烤摊主失业。

传统生产生活方式虽然也会产生一定的雾霾，但却不是产生雾霾问题的主要原因。要解决雾霾问题，就应当尊重传统的生产生活方式，发挥传统生产生活方式的生态友好功能。为解决雾霾问题而毁灭传统生产生活方式的做法虽然对控制雾霾具有局部的、暂时的效果，但从总体效果和长期效果上看则不利于控制雾霾。应当避免"一刀切"的禁令对传统文化的误伤。

在现代文化粗放发展的条件下，传统文化受到了快速的侵蚀，秸秆已经

---

[1] 罗康隆：《文化人类学论纲》，云南大学出版社2005年版，第349页。

成为负担。在单一的现代文化模式下,地方政府有为秸秆寻找出路的责任,但地方政府却大多无力承担这笔费用,农民因为不愿意承担秸秆处理费用而选择一烧了之。一些焚烧秸秆的农民受到罚款、拘留等处罚,但是,强制措施的使用并没有扭转焚烧秸秆的势头。焚烧秸秆的禁令失效从表层上看是行政执法问题,从深层次来看则是传统文化的合法性问题、传统文化与现代文化关系问题、发展模式的细致化问题。

城市化程度越高,垃圾回收体系的效率越低。如果城市容忍传统街区,就可以在传统街区建立回收站;如果城市不容忍传统街区,就只能在郊区建立回收站。如果一个城市为降低雾霾而不容忍垃圾回收产业存在,便只能将垃圾运到异地处理。随着传统街区的消失和城市的扩张,垃圾回收成本将不断提高,垃圾回收难度将越来越大,越来越多的垃圾会因得不到转化而直接被抛弃到乡村河道和池塘中。

有学者通过研究少数民族文化对生态保护的重大意义指出:"环境危机是经济秩序统一化的派生产物,核心问题是各民族文化的多样并存的调适能力是否发挥实效。"[1] 传统文化的引入与原地居民的参与是生态保护制度的不可缺少的组成部分。

从原始文化到传统文化,再到现代文化,文化进化史的主流是连续的、渐进的。在前文化是在后文化产生的背景,在后文化不可能完全割断与在前文化之间的联系。现代文化应当建立在传统文化的背景上,而不应建立在传统文化的废墟上。实现传统文化与现代文化紧密结合、水乳交融,可以为传统文化转化现代文化的废弃物提供便利,为现代文化利用传统文化的资源提供便利,实现传统文化与现代文化的优势互补。

如果将传统文化视为现代文化发展的障碍,为发展现代文化不惜毁灭传统文化,将现代文化建立在传统文化的废墟上,传统文化的资源转化作用便难以发挥,垃圾再利用的成本便会大幅度提高。这样,现代文化也难以借用传统文化的资源。

现代文化的生态非友好特征决定了,要保护生态,就必须承认现代文化的克制义务。自然环境对污染的承受能力是有限的,传统文化对现代文化的

---

[1] 罗康隆:"论民族文化多样性与人类生存环境问题",载《中央民族大学学报》2000年第6期,第18页。

废弃物的转化能力是有限的。发挥传统文化转化废弃物的前提条件是将现代文化产生的废弃物的总量控制在传统文化可以转化的限度内,控制在自然环境可以承受的范围内。现代文化的自我节制是资源环境保护的重要前提。

只有保护传统文化,发挥传统文化的生态友好功能和发展现代的生态友好因素的协同作用,才能真正扭转生态恶化的趋势,同时实现经济社会进步与生态改善两个目标。

3. 传统文化具有抑制现代文化生态非友好倾向的作用

应当承认,发挥现代文化内部的生态友好因素的作用,也有利于促进生态保护。其一,应当对开发可再生资源(如雨水资源、太阳能、风能)的行业、废弃资源回收行业给予减免税甚至是财政补贴的优惠待遇。其二,通过技术进步和工艺更新减少资源消耗和污染物的排放。其三,征收排污费有利于控制污染物排放总量,控制高耗能、高污染行业的规模。其四,追究破坏资源、污染环境的行为的法律责任(如行政法和刑法对盗伐、滥伐林木行为的处罚)。

从文化生态总体上看,现代文化的生态非友好特征在其自身范围内无法得到完全克服。现代文明主要消耗不可再生资源。工业文明自诞生以来,消耗不可再生资源的速度一直在加快,造成不可再生资源日益枯竭。而传统文明主要消耗可再生资源。要降低生态损耗的速度,就必须借助传统文化的力量和法律的力量,抑制现代文化的恣意扩张,使其有节制地发展。应当限制现代文化产生的废弃物的总量,使其不超越传统文化的消化能力和自然环境的承载能力。要解决生态问题,就必须在文化多样性下寻找解决问题的途径。

在文化生态系统中,传统文化与现代文化是一对异质文化,二者具有相反相成、彼此平衡的关系。利用传统文化的平衡作用,借助于传统文化主体的权利保护,可以抵制现代文化(工业文化、市场文化)的过度扩张,借以抑制现代文化的生态非友好特性。

传统文化的存在有利于节约资源、保护环境,增进人与自然的和谐,有存在与保护的必要。应当发挥原始文化与传统文化在保护生态上的基础性作用,实现传统文化与现代文化的协调发展。如果为了眼前的经济增长目标而消灭原始文化和传统文化,将会造成文化资源的损失,加剧生态环境的破坏。

天然自然、原始文化、传统文化是现代文化运行的环境条件,如果外部环境破坏了,现代文化就不可能得到健康的发展。现代文化应当建立在天然自然、原始文化、传统文化的背景上，而不是建立在彻底的人化自然和原始文化与传统文化的废墟上。现代文化应当有节制地发展，防止对天然自然和传统文化造成破坏。现代文化必须借助于天然自然和传统文化的帮助，才能实现资源的合理利用，并消化自身产生的废物。离开天然自然和传统文化的帮助，在现代文化内部不可能实现生态的根本改善。

单纯依靠现代文化内部的生态友好因素解决生态问题的思维方法属于单向思维方法、线性思维方法。单纯在现代文化范围内寻找同质的解决生态问题的途径，单纯依靠法律惩罚污染环境的行为虽然也具有一定的效果，但只能治标，不能治本，不可能实现生态的根本改善。如果出于对传统文化功能的无知而将传统文化作为发展的障碍予以摧毁，传统文化在解决生态问题上的作用将会无法发挥，生态危机的深化将是无止境的。

4. 社会主义在保护自然生态上的主导作用

社会主义的指导思想之一是将整体利益放在优先考虑的位置。生态利益是社会整体利益的重要组成部分，自然应当放在优先考虑的位置。社会主义的各项制度有利于激发互助精神，有利于克制对物的贪欲，有利于对资源的利用和环境的保护。社会主义主导下的多样文明是实现人与自然和谐的治本之策。

我国提出的科学发展观至少包括科学的资源观、环境观、生态观、生产观、消费观等。科学发展观要求实现由粗放型经济向集约型经济的转变；要求转变过度消耗资源、污染环境、破坏生态的经济增长方式和消费方式，走可持续发展的道路；要求通过合理的技术和产业政策引导清洁生产，通过合理的消费政策引导绿色消费；要求大力发展循环经济，促进物质在生产、流通、消费各环节反复利用，上一个阶段的废物作为下一个阶段的原料，最大限度地减少废弃物的产生，促进资源的回收和循环利用；要求改变"先污染，后治理"的传统做法，将生态保护作为经济发展过程中优先考虑的工作目标。应当根据科学发展观的要求，使改造自然的活动尽可能做到：对资源的消耗尽可能少，对环境的破坏尽可能小。

文化是进化的。乡土文化、市场文化、社会主义文化是相继产生的文化形式。社会主义文化是一种更高级的文化形式。文化也是多样的。多种文化应当相互汲取营养，并且形成互补关系。有竞争且平衡的文化才是好的文化。社会主义文化的一个优点是包容乡土文化、市场文化。社会主义文化应当建立在文化多样性的基础上,而不能摧毁文化多样性。社会主义主导下的文化多样性是解决生态问题、实现人与自然和谐的必由之路。

应改变重物质文明、轻精神文明和生态文明的做法,实现物质文明、精神文明和生态文明的协调发展。促进人与自然的和谐是一个包含多方面措施的系统工程。

传统文化是保护生态的基础性条件,是生态法治顶层设计的重要内容。只有在传统文化得到保护的前提下,各种促进民生的举措才会发挥作用。如果传统文化被破坏了,硬法意义上的保护生态的举措就无法收获预期的效果。

(三)传统文化与现代文化的互补有利于减少灾害事故的发生

现代社会具有风险社会的特征。在现代文化下,建筑过于密集、新类型的危险物品种类和数量不断增加,灾害与事故造成的人员伤亡、物质损失、环境损害更为严重,事后救济较为艰难。总的来说,现代文化在抵御灾害与事故方面具有脆弱性。科学技术的发展和治理水平的提高虽然会提高现代文化防治灾害与事故的能力,但不可能从根本上改变现代文化在灾害与事故面前的脆弱性。

在传统文化下,建筑总量较小,危险物品的种类和数量都有限,灾害与事故造成的损害有限,事后救济较为容易。发挥传统文化抵御灾害与事故的作用,发挥传统文化与现代文化的互补作用,有利于增强全社会防治灾害与事故的能力。

传统文化具有低土地覆盖率的特点,在城市规划与建设中,保护天然自然、保护城市传统街区是建设海绵城市的前提条件,是解决城市内涝的前提条件。保护天然自然、传统街区、传统建筑是灾害防治法治顶层设计的重要内容。

现代交通(以机动车和道路为代表)在给人们带来出行便利的同时,也形成了巨大的生态损耗,交通事故造成许多人伤亡。发挥传统文明的作用可以减少交通流量,减少生态损耗和交通事故。为发挥传统交通的作用,必须对现代交通作出合理节制。以汽车为例,其在给人们带来通行便利的同时,也消耗了更多的资源,排放了更多的污染物,制造了更多的交通事故。合理的汽车保有量有利于最大限度地发挥汽车的积极作用,抑制其消极作用。规定汽车的保有量不仅要考虑单位人口拥有汽车的数量,而且要考虑人口密度。在中国这样人口密度大的国家,人车矛盾较为突出,规定汽车保有量应当更加谨慎。应当大力发展公共交通，通过税费政策鼓励居民使用公共交通工具。国家对机动车消费的调控应当有利于节约资源，减少污染物的排放，改善生态环境。传统交通与现代交通的合理配置是交通法治顶层设计的重要内容。

（四）保护传统经济类型有利于减轻金融危机的破坏力

自然经济具有存在的合理性，应当予以保护。自然经济是自给自足、很少进行商品交换的经济。自然经济具有生态友好、就业成本低等优点。我国农村的土地承包经营户中的较小规模者在经济类型上更接近自然经济。自然经济与乡土文化是紧密联系的整体。自然经济是经济进化史上最早出现的经济类型，根据经济史的连续性规律，不应当因为商品市场经济（简称"市场经济"）、合作经济的出现而否定自然经济的合理性。

现代文化具有货币化、资本化的倾向，为资本炒作提供了可能性。过度的资本炒作将会形成金融危机。金融科学的发展和治理水平的提高虽然可以提高现代文化抵御金融危机的能力，但不可能从根本上改变现代金融的脆弱性。

在传统文化中，自然经济和半自然经济占有一定比重。自然经济和半自然经济对金融的依赖性较低，出现金融风险的可能性较小。发挥传统文化的作用，实现传统文化与现代文化的优势互补有利于提高全社会抵御金融危机的能力。经济多样性、多种经济类型的互补有利于保持经济的稳定性。

传统文化与现代文化在防范风险方面各有优势和劣势，保护传统文化，实现传统文化与现代文化的优势互补，有利于增强全社会抵御各种风险的能力。

（五）传统文化的传承是文化创新的基础

美国文化人类学家哈维兰认为"所有文化都是习得的而不是生物学遗传的……人们与文化一起成长，因而学会自己的文化"，人类的知识借助于文化"从一代人传递到下一代人"。[1] 文化传承是通过文化群体的延续实现的。个体的知识的绝大部分均来自对既有文化的学习。个体通过发现和发明获得的新知识必须建立在文化传承的基础上。人类知识的积累必须借助于文化的传承。文化进化包括连续性和间断性两方面。二者相比，连续性是主要方面，

---

[1]［美］威廉·A. 哈维兰:《文化人类学》（第10版），瞿铁鹏、张钰译，上海社会科学院出版社2006年版，第42页。

间断性是非主要方面,而基因遗传仅能使人具有获得知识的能力,本身并不能带来知识。文化的传承有利于保持人类认识自然和适应自然的能力,而文化传承环节的断裂则会弱化人类认识自然和适应自然的能力。

人们的利益实现程度不同、所处的社会地位不同造成了幸福感不同、对社会现状的态度不同。

保守主义倾向于维持现状,至少没有变革的紧迫性,主张尊重传统与秩序,在社会发展目标、手段、速度上持克制态度。保守主义又分为温和的保守主义和极端的保守主义。温和的保守主义的存在对于维护保持政策的合理性和发展的稳健性是有益的。而极端的保守主义则可能导致僵化、停滞。

变革主义倾向于改变现状,强调变革的紧迫性。同理,变革主义也可以分为温和的变革主义和极端的变革主义。温和的变革主义有利于促进政策的调整和社会变革。而极端的变革主义则可能破坏政策的继承性和社会发展的连续性。

保守主义走向极端将会导致对新生文化的不宽容;而变革主义走向极端将会导致对传统文化的不宽容。保守主义与变革主义的并存与平衡既有利于防止新生文化极端化,也有利于防止传统文化对新生文化的摧残,二者的存在对文化的健康发展是必要的。文化的保守倾向与变革倾向的平衡以及人们在这两个极端之间的徘徊恰是使人们保持健康的文化心态的条件。

温和的保守主义和温和的变革主义的并存与平衡有利于维护法律与政策的合理性,有利于探索适合的社会发展道路。

法律与政策应当吸收温和保守主义和温和变革主义的合理因素。而极端保守主义和极端变革主义则不是法律与政策所应当采取的态度。

在传统与现代的关系上,文化保守主义对历史形成的传统(如农耕文明的谋生方式和传统价值观念)持有欣赏的态度,强调保留传统。而变革主义更强调走向现代化。保守主义与变革主义(以古典自由主义为代表)的竞争与融合正是人类在处理传统与现代的关系上的矛盾心态在理论领域的体现。

(六)保护中华传统文化有利于保卫文化主权

文化全球化,是指世界各国文化通过竞争、交流、互动而形成全球文化生态的过程。文化本土性,是指在全球化的背景下保护本土文化的过程。着重强调全球化的理论范式可被称为"全球化范式",着重强调保护本土文化的范式可被称为"本土性范式"。两个范式的竞争与互动有利于为以上两个目标的协调探索道路。

1. 文化全球化的正反两方面的作用

第一，文化全球化具有积极的一面。其一，全球化促进了多种文化的对话、交流、融合。全球化为各个国家、民族带来了异质文化，使民众的生活更加丰富多彩、更加便利。例如，科学技术、现代工业、市场经济、先进的管理经验、人权、民主、法治理念与制度的传入从根本上改变了中国社会的面貌。其二，全球化促进了文化多样性，为人们的文化选择权的实现提供了宽广的空间。正因为全球化存在积极作用，所以，不宜一概否定全球化，不宜将全球化与本土文化对立起来。

第二，全球化也具有消极的一面。其一，全球化将会造成西方文化消极因素的膨胀和本土文化积极因素的衰落甚至消亡，造成本土文化资源的损失。由于西方在科技创新、资本实力、金融服务等方面占据优势地位，西方在规则制定上享有更多的话语权，使得西方文化在文化竞争中处于优势地位，成为强势文化，在全球化过程中占据主导地位。因此，全球化在一定程度上具有浓厚的西方化色彩。全球化隐含的西方中心主义也具有文化单一性倾向。例如，物质主义、消费主义冲击着传统的低碳生活方式和节俭美德，造成严重的生态损耗；市场原教旨主义、资本的过度扩张导致市场的过度扩张，压缩着非市场因素（如半自然经济、合作经济）最后的生存空间；货币主义造成货币的超发；城市中心主义导致城市侵蚀乡村；现代主义导致现代化的过度膨胀侵蚀传统文化；过度的功利化侵蚀着克制主义文化的生存空间。其二，全球化带来的文化同质化造成了人们被动接受西方文化，限制了人们选择本土文化的自由权利。其三，全球化带来的文化同质化造成了传统文化灭绝、文化生态失衡，文化冲突加剧，增加了社会治理的难度。

2. 保卫文化主权的必要性

文化人类学关注文化本土性的合理性和全球化的消极作用，为本土文化声辩，反对全球化对本土文化的侵蚀。

在多样的国际社会，维护国家的文化主权是必要的。有学者指出："文化权是一种人权，其享有是以文化主权为前提的，而文化主权是用以对抗'西方中心主义'的文化霸权、信息霸权的。"[1]

---

[1] 参见常士䦆主编：《异中求和：当代西方文化多样一体法哲学政治思想研究》，人民出版社2009年版，第124页。

当前，全球化对我国传统有形文化（传统技艺、传统产业、传统街区、传统建筑）的冲击造成了民生资源的严重损失，已经威胁到了我国大众（特别是弱势群体）的生存和发展环境。传统物质文化保护有必要上升到保卫文化主权的高度。

《保护和促进文化表现形式多样性公约》第2条第2款规定："……各国拥有在其境内采取保护和促进文化表现形式多样性措施和政策的主权。"尊重各国的文化主权是保持世界文化多样性的法律条件。因为发展中国家的文化在世界文化竞争中处于弱势地位，所以，保护世界文化多样性的重点在于保护发展中国家的文化主权，尊重发展中国家的人民选择文化的权利，即保持自己的文化传统和选择文化发展道路的自决权利。应当反对西方对全球经济社会事务的操控，在全球化的过程中发出自己的声音，捍卫本国利益。

应当尽快树立保护中华传统民生资源的意识。有学者认为，民族国家"采取必要并适当的文化管理措施、文化资助措施、文化鼓励和扶持措施等，应被视为是一种文化主权行为"，"这种文化主权是文化多样性存在和发展的法律基础"。[1] 国家应当制定保护传统有形文化的政策和措施。

3. 推进文化全球化和保护本土文化是两个相反相成的目标

过于体现文化全球化将会导致西方中心主义；过于体现文化本土性将会导致狭隘的民族主义。狭隘的民族主义根源于盲目排外的狭隘心理，不利于中国融入国际社会，不利于中国的发展与进步。接受外来民生资源与保护本土民生资源是两个相反相成的目标。不同的法律在促进这两个目标实现上具有各自的倾向性。世界贸易组织（WTO）规则是在全球化范式的影响下形成的，着重强调接受外来民生资源，主张贸易自由化。2005年《保护和促进文化表现形式多样性公约》着重强调保护各个国家本土民生资源。WTO规则与保护文化多样性规则是两套相反相成的规则体系，二者虽有冲突，但不是绝对对立的。接受外来民生资源和保护本土民生资源这两个目标都有利于提升民生资源的丰富性。

---

[1] 吴汉东："文化多样性的主权、人权与私权分析"，载《法学研究》2007年第6期，第14页。

## 第三节 承认传统文化合法性的途径

### 一、尊重原地居民选择传统文化的自由权利

传统文化是人类历史早期形成的文化。与现代文化相比，传统文化具有简单性，人造物的异化程度较轻。传统文化的存在为人们选择传统谋生方式提供了可能性，为弱化人造物对人的压迫提供了一条途径。

在外来人口大量涌入的情况下，原住民成了一种新型的弱势群体。对原住民的文化选择权的保障成了现代化、城镇化过程中需要解决的重要问题。传统文化的存在是保障原住民文化选择权实现的条件。传统文化是保障生存权和发展权的条件。传统生产生活方式可以以较低的成本、较低的生态损耗满足民生需要（如居住、就业、发展、交往等需要）。传统文化可以为弱势群体提供创业基地，给每个人提供改变命运的机会，使其中的成功者脱颖而出。保护传统文化有利于保护弱势群体的生存和发展空间。传统文化是构成文化多样性的重要内容，传统文化的存在增加了文化选择权实现的可能性。

原住民的文化选择权集中体现在选择传统文化的权利上。原住民的选择权具体包括选择居住在传统街区的权利、选择居住传统住房的权利、选择从事传统职业的权利。保护传统文化可以使原住民通过多种途径获得住房，通过多种渠道获得就业机会，通过多种途径获得财产。保护传统文化可以为在市场竞争中处于不利地位的弱势群体提供多种可选择的文化空间。传统文化的消亡将会造成文化资源的贫乏，减少原住民可选择的文化空间，降低其适应环境的能力。

可以以美国的阿米绪文化为例加以说明。美国的阿米绪人居住在宾夕法尼亚州、俄亥俄州、威斯康星州等地。他们有独特的宗教信仰和回归自然的生活方式。例如，他们允许使用安装在道路旁的电话，却不允许电话进入家庭；允许在紧急情况下乘坐汽车，但不允许拥有私家车。

阿米绪人能够两面地看待现代化，能够按照自己的意愿，有选择、有节制地利用现代化的成果，使其既能够享受现代化的便利，又能避免现代化的弊害。依托传统文化生存的弱势群体并不反对现代化，只是反对外部力量强加的、过度的、过快的现代化。他们希望在实现现代化的同时保留传统文化，

希望掌握现代化的主导权，自主地走向现代化，自己决定现代化的方向和速度，而不是由权力和资本掌握自己的命运。在这种意义上，阿米绪人比生活在现代文化下的人更具理性，他们的生活方式值得生活在现代文化下的人借鉴。

　　阿米绪人习惯中的受教育年龄与各州义务教育法的受教育年龄发生了冲突。根据阿米绪人习惯，孩子读书读到14岁就足够了，15岁就应当到农田里干活了。但美国各州的法律规定强制教育的年龄应为16岁。阿米绪人的习惯与美国的法律发生了冲突，学生们被押上了校车，家长们被逮捕。阿米绪人通过不断地请愿、诉讼维护他们的权利。1972年，美国联邦最高法院在"威斯康星州诉约德尔案"（Wisconsin v. Yoder）的判决中宣布，州政府强制施行教育法侵犯了阿米绪人的宗教信仰自由。大法官沃伦·伯格在判决意见中指出："没有任何理由假设今天的多数就是正确的，而阿米绪人和类似他们的人就是错误的。一种与众不同甚至于异僻的生活方式如果没有干涉别人的权利或利益，就不能仅仅因为它不同于他人就遭到谴责。"[1] 笔者对本案的看法包括如下两点：其一，法律应当尊重人们选择生活方式的权利。现代工业文明下的集体化、标准化的生产泯灭了个人的创造性；工作时间长、劳动强度大、生活节奏快导致个人身心疲惫；过度竞争给人造成了巨大的心理压力。其二，现代工业文明与传统农业文明应当并存。传统农业文明在与现代工业文明的竞争中显示出了脆弱性，应当予以尊重和保护。法律不应强迫人们接受现代工业文明，而是应当尊重人们选择传统农业文明的权利。在现代市场经济中，富人因不知足而不快乐，穷人因无法过上富足而有尊严的生活而不快乐。激烈的竞争、快节奏的生活、知识的爆炸、规则的泛滥会使人们感受到巨大的压力。田园生活是一种回归自然的生活方式，是一种可供选择的文化类型，是厌倦竞争者的心灵归宿，是竞争失败者的避风港湾和再创业基地。人的幸福是最高目的，教育是为人服务的手段，脱离人的幸福的教育是压迫人的力量。科学文化素质的提高应当为人的幸福这一最高目的服务。教育事业的发展应当与社会需要相适应。科学文化素质的提高应当是一个渐进的过程。教育的外延扩张超过了社会的实际需要，将会造成公共教育资源的浪费，将会

---

[1] 参见周思远："少数人　权利，要保护吗？"，载《大科技（百科探索）》2006年第1期，第24页。

造成家庭教育投资的浪费,将会造成学历贬值,也将给受教育者带来痛苦。

阿米绪人的文化被承认源于美国的文化多样性政策,同时其也进一步丰富了美国的文化多样性。

国家的文化政策应当包容传统文化。传统文化不仅不会威胁到主流文化的地位,而且可以作为主流文化的有益补充。在我国,越来越多的有识之士意识到了包容性发展、包容性法治的重大意义,意识到了过度规划、过度建设、过度发展对资源环境的巨大危害。

### 二、将传统文化作为社会治理的资源

传统文化具有生活成本低的优势,以传统文化作为安置人民的资源可以安置更多的人口。传统文化与现代文化并存还可以为自由选择提供条件,实现安置方案的优化。

2014年十一长假,笔者在石家庄市井陉县天长古镇作民生调研时见到了一位老太太,其居住在土改时分得的四合院的西侧厢房中,老伴去世,儿子也因车祸死亡,政府为其提供每个季度500元的最低生活保障。老太太觉得一生都享受政府的照顾,对政府感恩戴德。传统聚落承载着传统的生产生活方式和价值观念,生活在传统聚落的居民欲望低,容易满足。而现代聚落则承载着现代的生产生活方式和价值观念,生活在现代聚落的人们欲望高,不容易满足。生活在传统生活方式下的原住民本已习惯了平常的生活,即使只能得到政府提供的少量帮助也会很感激。传统生活方式的存在有利于减轻政府转移支付的财政负担。最低生活保障制度与保护文化多样性制度是相伴而生(俗称"配套")的。只有在保护文化多样性的前提下,最低生活保障制度才能真正起到作用。而在保护文化多样性制度缺失的条件下,最低生活保障制度对满足弱势群体的基本生存需要方面所起的作用是有限的。

传统文化与现代文化的互补有利于促进资源在不同文化之间的流动,提高资源配置的灵活性,有利于形成最佳的资源配置方案、最佳的民生安置方案。例如,保留传统的住房资源,可以以较低成本建立住房保障制度。国家可以收购传统住房,经修缮后可以作为保障房,不一定必须拆除重建。这样可以节约资金、减少资源消耗、减少建筑垃圾的产生。

传统文化是人类社会经验和智慧的结晶,而民众的智慧总的来说高于政府的智慧,因此,尊重传统文化就是尊重民众的经验和智慧。根据多样一体

法哲学的文化两面性的方法，传统文化虽然具有局限性的一面，但也有合理的一面。文化多样一体法哲学要求承认传统文化，允许人们按照传统文化生活，从事传统的生产生活方式。

包括传统文化在内的文化多样性都是社会治理的资源。有学者提出了"文化的社会治理"概念，认为"社会治理所遇到的问题实质上并不是具体的政治和社会问题，而是深层的文化机制问题"。[1]

文化多样性是生存和发展条件的重要组成部分。保护文化多样性是实现经济与社会可持续发展的前提条件。损害文化多样性的增长是不可持续的。

传统文化是安置弱势群体的最好途径。如果强迫人们过城市生活、现代生活，不仅会使弱势群体的生存环境趋于恶化，而且会产生更多的弱势群体。

例如，强拆传统建筑的做法体现了人们未能认识到传统建筑（如前店后场的小作坊）在满足居住需求、经营需求、积累财富、降低生态损耗上的积极作用。强制建设高层建筑的做法体现了人们对高层建筑的局限性没有充分的认识。因此，在拆除传统建筑和建设高层建筑上应当保持克制态度。

再如，强制拆除传统街区的做法体现了人们未能认识到传统街区在保持不同群体的经济合作、传承文化血脉、寄托乡愁等方面的积极作用。拆除传统街区造成了大量经济合作关系的松弛甚至是瓦解，造成小生意经营成本提高、经营效率降低、商品价格提高、服务质量降低。强制建设现代街区的做法体现了人们对现代街区的局限性缺乏充分认识。过度的城市化（包括城镇化）可能会造成农村社区的消亡及其有益功能的毁灭，从而损害文化多样性，造成文化资源的损失。

而在有限政府之下，政府遵守法律、尊重民众的选择自由。弱势群体自身出现的经济困难不会归咎于政府，得到政府的等量帮助会产出更多的幸福感。

## 三、改革评价体系中歧视传统文化的因素

### （一）评价体系指导思想的调整

"以人为本的科学发展观"对评价体系调整具有指导意义。理由在于：其一，科学发展观是一种整体发展观。科学发展观要求发展必须兼顾文化多样

---

[1] 谢新松："文化的社会治理刍论"，载《云南民族大学学报（哲学社会科学版）》2013年第3期，第20页。

性的目标，反对只顾一点不及其余。不应只追求现代文化目标而牺牲传统文化目标，不应只追求经济增长目标而牺牲生态保护目标。其二，科学发展观是可持续的发展观。科学发展观要求发展必须处理好当前利益与长远利益的关系，反对只顾当前利益而忽视长远利益，反对为追求当前利益而毁灭传统文化。多样一体法哲学认为，文化多样性是任何一种文化自身可持续发展的环境条件，也是整个社会可持续发展的条件。单一文化目标的肆意扩张造成的整个文化生态的破坏不仅会危害整个社会的可持续发展，而且也会危害该文化自身的可持续发展。

经济社会发展评价体系和政绩评价体系的具体内容包括评价指标的调整和评价主体的调整两方面。传统的评价体系的弊端在于：过于强调单纯GDP指标的地位，忽视多样指标的作用，导致评价指标的单调性，这样将会造成文化生态的畸形化；过于强调政府作为评价主体的地位，忽视多样治理主体作为评价主体的作用，导致评价体系缺乏回应性，这样将会造成评价体系的异化。应当实现从管理型评价机制向回应型评价机制的转变。

（二）评价指标的调整

1. 多样目标协调原则

合理的评价指标体系应当照顾文化多样性目标。如果只重视单一文化目标而忽视文化多样性目标，就会造成顾此失彼、挂一漏万。评价指标体系应当由仅体现单一文化目标向体现文化多样性目标转变。

文化单一性的治理理念习惯于国家与单一文化的结合，强调单一文化的合理性并依靠国家的力量加以推动，甚至不惜为单一文化的发展而损害文化多样性、毁损文化资源。而文化多样一体的治理理念则将文化多样性作为安民治国的资源。

例如，文化单一性的治理理念强调现代文化的合理性，不惜为发展现代文化而毁损传统文化。而文化多样一体的治理理念则强调保护传统文化与发展现代文化两个相互冲突的目标的协同。在出于公共利益目标而发展现代文化中的有益因素的情况下，不宜忽视保护传统文化的目标。以国家的力量推动现代文化应当是有选择、有限度的，否则将会对传统文化目标构成抑制。保护传统文化与鼓励现代文化是两个相反相成的目标，应当兼顾，不应当偏废。

再如，文化单一性的治理理念强调鼓励消费的目标，忽视鼓励节俭目标的合理性。过于强调鼓励消费将会冲击节俭目标。国家出于公共利益的需要出台的鼓励消费的政策应当是有选择、有节制的，否则将会抑制节俭目标的实现。鼓励消费目标与鼓励节约目标是两个相反相成的目标，应当兼顾，不应当偏废。

政绩评价指标应当由强调 GDP 数字改为强调经济效率、社会保障水平、幸福指数。

从根本上促进民生的政策体系是包含保护文化遗产、促进文化创新、建立社会保障与社会福利制度等措施的"一揽子"方案。

政府干预应当尊重传统文化最低限度的存在、不造成文化多样性损失、尊重传统文化主体的平等权利。

2. 提高文化遗产保护指标的权重

经济增长（工业化、城市化、现代化可以作为分解目标）和文化遗产保护是两个具有相反相成关系的目标。过于强调经济增长目标就会损害文化遗产保护目标。应当在追求经济增长目标上有所节制，以实现两个目标的协调发展。一种观点甚至认为，保护文化遗产目标更为重要。即"在保护和发展中，保护是首位的，只有保护好了，才有发展可言……将传统文化的保护，率先列入新农村建设的总体规划之中"。[1] 经济增长必须建立在文化遗产保护的基础上。如果为了经济增长而任意损害文化遗产，弱化财富、知识、技能的积累，会使经济增长迷失方向。

3. 城市化指标的节制

城市化目标与文化遗产保护目标存在一定的冲突，城市规划法、城市建设法应当协调两个目标的关系，不宜只追求城市化目标而忽视文化遗产保护目标。城市化目标的刚性过强会损害文化遗产保护目标。

在现实生活中，地方政府往往重视城市化，忽视文化遗产保护目标，造成许多传统聚落（古城、古镇、古村落、传统街区、传统建筑等）及其蕴含的中华传统文化资源（传统产业、传统生活方式、节日等）迅速消亡，抢救濒临灭绝的传统聚落已显得尤为必要。具体措施是建立传统聚落保护区，发挥法律的保护作用，发挥政府的指导作用，发挥村民自治组织的组织协调作

---

[1] 罗剑："文化多样性与贵州民族村寨的发展"，载吴一文主编：《文化多样性与乡村建设》，民族出版社 2008 年版，第 127 页。

用,发挥居民的参与积极性。

4. 现代化指标的节制

国家适度推进现代化的目标具有合理性,但是,考虑到发展现代文化和保护传统文化目标的协调,发展现代文化的目标不宜过于激进。发展现代文化的目标过于激进,将会造成对传统文化的损害,造成依托传统文化生存的弱势群体的生存状态的恶化。

应当建立多样的经济社会发展评价体系。应当引入"绿色GDP"作为评价标准,在GDP中扣除资源消耗和环境污染造成的利益的减少,以抑制消耗资源和污染环境的行为。还应当引入"国民幸福指数"作为经济社会发展的评价体系,该评价体系不仅关注经济发展、利益分配,而且要关注人格利益、精神利益、自我实现的利益,关注人的全面发展。该评价体系的评价标准是多元的,体现了现代社会由单向思维方法向多向思维方法的转换。经济政策和公共政策应当以人的幸福为目标,经济增长仅是决定人的幸福的指标之一。这样的评价体系才符合科学发展观的要求,才能为人的生产和消费行为提供良好的指引。

国家文化目标的克制有利于防止与国家密切相关的文化主体的利益膨胀对公共利益的侵犯,有利于防止与国家密切相关的文化的过度膨胀挤压多种文化主体的生存和发展空间。

(三)评价主体的多样性

民众是重要的评价主体。民众对于自身是否幸福有最切身的感受,是幸福的最高的、最终的裁决者。在多样开放的社会,人们可对不同文化进行比较,并且自由地发表意见,对幸福的判断更为准确。

心理学、幸福经济学用"生活满意度"作为衡量幸福的量化标准,这一做法值得借鉴。生活满意度是评价政府民生工作的最高标准,政府制定的各种政绩评价标准必须服从这一最高标准。如果出现某些民生目标难以量化的情况,就可以直接用民众满意度作为评价目标。例如,居住目标就是一个难以量化的标准。通常用"人均居住面积"作为衡量居住状况改善的量化标准,这一做法掩盖了居住资源分配的不合理,忽视了居住需求的无限扩张对当代和后代民生资源的过度消耗,因而具有很大的局限性。可以用"居住满意度"(属于生活满意度的部分内容)作为评价指标。

在评价主体上,应当突出民众与下级的评价主体地位。要使民众成为评价主体，必须让民众享有评价权利。维护公民首要评价主体的地位有利于引导政府工作与官员行为朝着有利于民生的方向调整。

政府作为评价主体的重要性。一方面，在民主法治社会，虽然政府是人民的代表，但是，政府的意志与人民的意志仍有差距，政府对民众是否幸福的体察是有局限的。另一方面，政府作为评价主体也是有意义的。发挥政府作为评价主体的作用有利于克服民众评价的局限性。评价指标的多样性和评价主体的民主性是评价体制发展的趋势。

# 第八章 传统文化的平等保护

## 第一节 传统文化的平等保护的提出

### 一、温和的文化相对主义蕴含着传统文化的平等保护思想

文化人类学的一个重要观点是文化相对主义（Cultural Relativism）。文化相对主义的主张者博阿斯认为：评价文化的标准是相对的，不存在衡量文化的普遍标准，单线进化论将各种文化按照单一的序列进行排队的做法是不科学的。文化相对主义在主张弱势文化的平等权利，反对欧洲中心主义、种族主义等方面发挥了积极的作用。[1] 根据文化多样一体的法哲学的两向思维方法，文化相对主义既具有合理性，也具有局限性。它的合理性应当肯定，它的局限性可以由他者文化予以矫正与弥补。因此，笔者赞同温和的文化相对主义，反对排他的绝对的文化相对主义。虽然评价文化的唯一的、绝对的标准是不存在的，但是，评价文化的多样的、相对的标准是存在的。坚持温和的文化相对论有利于克服弱势文化（乡土文化、民族文化、东方文化等）的自卑感，抵制现代中心主义、城市中心主义、民族中心主义、欧洲中心主义。温和的文化相对论具有合理性。而极端的文化相对论否认评价文化的标准的存在，可能成为论证有明显危害的文化的合理性的工具。温和的文化相对主义是弱势文化平等保护的重要理论依据。

---

[1] 参考夏建中：《文化人类学理论学派：文化研究的历史》，中国人民大学出版社1997年版，第72页。

第八章　传统文化的平等保护

　　文化人类学关注非西方文化的合理性和西方文化的局限性，为非西方文化声辩，反对西方中心主义。美国文化人类学家哈维兰认为："'批驳'差不多就是文化人类学的精神，质疑北美和欧洲的优越性，是人类家一直擅长做的重要事情。"[1]文化人类学关注少数民族文化的合理性和主体民族文化的局限性，为少数民族文化声辩，反对主体民族优越论。

　　墨裔美国人争取平等权利的社会运动（奇卡诺运动）使得墨裔美国人的文化"从边缘文化走向美国社会，加入美国多元文化的行列，强化了美国社会的多样性"。[2]这一情况的启示在于，坚持文化平等原则，可以最大限度地防止有益的文化成为边缘文化，使每一种有益的文化都能发挥积极的社会作用。

　　从文化同化政策向文化包容政策的转变是文化政策的发展趋势。同化政策"就是利用国家的一些公共机构或制度——比如学校、法律体系、公民资格审查——来抑制或说服其他文化走向消亡，并最终使主导文化成为唯一的一种文化"。[3]多样一体法学在文化政策上主张强势文化包容弱势文化，反对强势文化对弱势文化的同化。多样一体法学的实践可以为国家处理主流文化与非主流文化的关系提供参考。

## 二、查尔斯·泰勒的"承认的政治"理论包含着传统文化的平等保护思想

　　加拿大文化人类学家查尔斯·泰勒认为，平等承认的政治包含普遍政治（politics of universalism）和差异政治（politics of difference）两个环节。

　　第一，普遍政治，"其内容是权利和资格的平等化，决不允许一等公民或二等公民的存在"。[4]体现普遍主义政治的法律格言是"同类案件同类处理"，"同样的人同样对待"。普遍主义政治反对任何形式的歧视。普遍主义政

---

[1]　[美]威廉·A.哈维兰：《文化人类学》（第10版），瞿铁鹏、张钰译，上海社会科学院出版社2006年版，"序言"首页。

[2]　陈雷刚："1945年以来墨裔美国人的社会文化与政治状况"，载余志森主编：《美国多元文化研究——主流与非主流文化关系探索》，华东师范大学出版社2012年版，第217页。

[3]　[英]C.W.沃特森：《多元文化主义》，叶兴艺译，吉林人民出版社2005年版，第4页。

[4]　[加]查尔斯·泰勒："承认的政治"，董之林、陈燕谷译，载汪晖、陈燕谷主编：《文化与公共性》，生活·读书·新知三联书店2005年版，第300页。

治建立在对人的共性的认识的基础上,要求法律与政府平等对待所有的人,忽视人与人的差异,在价值倾向上保持超然姿态,制定同一的法律。

第二,差异政治,"要求以公民彼此之间的差异为基础对他们区别对待"。[1] 差异政治要求对不同的人给予不同对待,要求根据不同群体的文化差异给予区别对待,给予弱势文化群体以某些其他主体所不享有的特别权利,以使弱势文化的完整性得到维护,使弱势文化保持最低限度的存在。

普遍尊严的政治相当于"形式平等",而"差异政治"则相当于"实质平等"。在高度规则化的法治社会,文化平等必须通过形式平等和实质平等两个环节才能实现。如果要求实现平等不通过规则,过快地、过于直接地实现,即跨越形式平等环节,片面强调实质平等,就会造成国家的过度干预和规则权威的失落,就会背离法治原则。泰勒的"承认的政治"理论试图实现普遍政治与差异政治、形式平等与实质平等的调和,没有走向只强调其中某一方面的极端。

### 三、玛丽恩·杨的"差异政治论"拓展了实质平等的内涵

美国女权主义者、激进的多元文化主义学者玛丽恩·杨提出的"差异政治论"着重揭示了普遍政治的局限性和差异政治的合理性。她认为,普遍政治忽视强势群体与弱势群体的差异,制定和实施体现形式平等的规则将会对弱势群体不利。应当根据不同的文化身份而赋予其不同的权利,赋予弱势群体以特殊权利。这样才能保证弱势群体参与国家的经济政治生活,并保持和发展自己的文化传统。[2] 她的这些观点对于深入理解形式平等与实质平等的关系、推进弱势群体保护问题的研究具有启示作用。

### 四、我国文化人类学界的文化平等思想

我国学者的文化平等思想受到了温和的文化相对主义的影响。有学者指出:"任何文化在价值上都是平等的。我们不能用普遍、共同、绝对的标准去衡量一种文化的价值。人类学家用文化相对观来反对种族主义、欧洲中心主

---

[1] [加] 查尔斯·泰勒:"承认的政治",董之林、陈燕谷译,载汪晖、陈燕谷主编:《文化与公共性》,生活·读书·新知三联书店 2005 年版,第 302 页。

[2] 常士訚主编:《异中求和:当代西方多元文化主义政治思想研究》,人民出版社 2009 年版,第 337 页。

义和民族中心主义。"[1]我国学者通过文化平等思想提出了捍卫本国、本民族文化的主张。

2005年《保护和促进文化表现形式多样性公约》第2条第3款明确表述了"所有文化同等尊严和尊重原则":"保护与促进文化表现形式多样性的前提是承认所有文化,包括少数民族和原住民的文化在内,具有同等尊严,并应受到同等尊重。"这一规定包含了对文化平等的承认。

文化人类学、文化多样一体法哲学在赞成合理的现代化的同时,也对过度的现代化(过度的工业化、过度的城市化、过度的资本化)进行了反思。在社会生活中,存在着两种错误认识:一种错误认识是,将经济增长寄托于现代文化的无节制外延扩张,忽视现代文化的局限性,忽视对现代文化的节制。另一种错误认识是,忽视传统文化的合理性,将传统文化作为现代文化发展的障碍,忽视对传统文化的保护。这两种错误认识造成现代文化的畸形增长和传统文化(如传统聚落)的快速消亡。引入文化平等的思想有利于克服这两种错误认识、校正经济社会发展方向。

城市文化与乡土文化的平等保护是文化平等的具体体现。有学者指出:"伴随都市化而聚集到都市的各种文化都可以作为一种相对独立的文化生态,各种文化生态间相互影响、相互吸收,但彼此平等地享有生存、传播、弘扬和发展的权利和自由。"[2]形式平等理论认为,文化的平等保护应当是一般原则。在城市规划法中,城市文化与乡土文化的平等保护、城市现代街区与传统街区的平等保护应当作为一般原则。

文化多样性条件下,传统文化和现代文化是平等的,人们可以自由选择生活在哪一种文化下,生活在传统文化也会产生较强的幸福感。而在现代文化在评价体系中占据绝对优势地位的情况下,选择生活在传统文化之下将会受到歧视。在传统文化与现代文化并存的条件下,人们可以选择自己喜爱的文化类型,有利于提升全社会的幸福指数。

文化多样性下的居住平等是指在保留历史各时期的住房、保持住房多样性的前提下,实现选择机会的平等。文化多样性下的居住平等有利于保护居住资源,为居住选择自由提供条件。文化多样性下的居住平等更符合法治的

---

[1] 周大鸣主编:《文化人类学概论》,中山大学出版社2009年版,第6页。
[2] 周大鸣主编:《文化人类学概论》,中山大学出版社2009年版,第309页。

要求。而文化单一性下的居住平等是指人们居住同样规格、质量、面积的房屋。文化单一性下的居住平等在环境多样、财产状况多样、志趣多样的情况下是不可能彻底实现的。如果为实现文化单一性下的居住平等而消灭传统街区和传统住房，将会造成居住资源的损失，压缩弱势群体的生存和发展空间，弱势群体的生存状况将会更为恶化，社会冲突将会更为激烈。住房政策所追求的平等价值应当从文化单一性的平等向文化多样性的平等转化。

文化平等的实质是文化主体的平等。在文化生态思想不断发展的今天，法律面前人人平等被赋予了新的时代含义。法律面前人人平等意味着不同文化的平等，意味着不同文化主体的平等。文化平等理论认为，对传统文化主体的歧视是非正义的。传统文化的平等保护就是传统文化与现代文化的平等保护，其实质是传统文化主体与现代文化主体的平等保护。文化平等的重点在于传统文化的平等保护。传统文化的平等保护是指法律承认传统文化与现代文化具有平等的法律地位，享有权利平等，免受歧视待遇。传统文化的平等保护是"法律面前人人平等原则"的具体体现。

应当对文化评价体系作出调整。世俗社会在文化评价体系存在着物质主义倾向，拥有较多财富的文化被认为具有较高的价值和地位，拥有较少财富的文化被认为具有较低的价值和地位。世俗社会的文化评价体系具有物质主义倾向，将经济价值作为衡量文化优劣的唯一标准，将货币利益作为评价文化价值的唯一指标。

文化平等思想主张淡化文化评价上的物质主义倾向。有学者认为："文化本身没有优劣之分，文化与经济的发展常常是不成比例的……平等对待各种文化的现实举措就应该被看成是衡量一个国家民主性能的重要尺度。"[1] 在文化评价上不仅要重视文化的经济价值，而且要重视文化的精神价值；不仅要重视文化的货币利益，而且要重视文化的社会利益。

## 第二节 传统文化与现代文化的形式平等

文化的形式平等要求法律承认传统文化（包含传统生产生活方式）与现

---

[1] 彭永春："美国高校多元文化教育的理性与困境"，载余志森主编：《美国多元文化研究——主流与非主流文化关系探索》，华东师范大学出版社2012年版，第277页。

代文化的平等地位，要求消除对传统文化的歧视，取消现代文化的特权，主张法律与政策不宜为追求经济增长而损害传统文化。

形式平等的一个要求是，国家应当在传统文化与现代文化之间保持适度的超然态度，不歧视传统文化，不偏袒现代文化。传统文化与现代文化的形式平等应当是处理传统文化与现代文化关系的一般原则。国家出于公共利益的考虑而实施的特别干预则为例外情况。

形式平等包含着文化平等的假定。除依照正当法律程序作出的不平等安排外，应当假定所有的文化都是平等的。文化的平等假定为一般原则，在逻辑上具有优先性，应当予以优先考虑。根据公共利益而作出的文化的不平等安排属于实质平等的范畴。

体现传统文化与现代文化形式平等的途径包括如下方面：

### 一、消除对传统文化的歧视

经济与社会发展评价指标体系和政绩评价指标体系的制定应当尊重传统文化的独特性，避免从单一现代文化的视角制定指标。例如，传统文化具有非货币化特征，传统文化的价值和作用是无法用货币来衡量的，而 GDP 指标具有明显的货币化特征，过于强调 GDP 指标将会造成现代文化对传统文化的侵蚀。再如，传统文化具有低消费的特征，过度刺激消费也将会导致现代文化对传统文化的侵蚀。现有的评价体系中存在着大量的助推非必要消费的内容，例如，城镇人均居住面积、人均拥有道路面积、人均用电量、万人拥有汽车数量等。这些指标造成了人与人之间、地方与地方之间非必要消费的攀比，造成了严重的生态损耗。

乡土文化（包括其生产方式和生活方式等）在现代文明面前显得极为脆弱。在现代文明的冲击下，乡土文化中的许多传统产业接近消亡。例如，允许汽车下乡、不允许马车上路，马车的制造和运输接近消亡。再如，塑料包装材料的泛滥使利用植物原料生产包装材料的产业接近消亡。因此，要保护传统文化就必须消除歧视传统文化的做法。

### 二、消除现代文化的特权

法律给予现代文化以过多特权和对传统文化的歧视将会使传统文化的主体处于受歧视的地位，将会使传统文化主体不能捍卫自己的文化，为生存和发展而不得不逃离自己的文化，投向现代文化。这种情况将会加速传统文化的消亡。例如，在道路管理中禁止马车上路的不成文规定构成了对马车行业的歧视，该规定导致了与马车、养马相关的行业和技艺快速消亡。又如，前店后场是自然形成的一种销售、生产、居住一体化的建筑模式，具有较高的经济效率和社会效率，在大规模城市改造之后，这种建筑模式已经大为萎缩。强调城市规划和建设的过度统一导致了建筑格局单一、经营场所数量减少、经营场所租金上升、经营成本上升。

### 三、传统文化保护目标与现代文化发展目标的兼顾

治理中常常存在许多对对偶目标，这些对偶目标具有相反相成的关系，不能顾此失彼。

1. 城市化目标与乡土文化保护目标的兼顾。可给予在城市稳定就业的人口以城市户籍。可以在农民面前摆放城镇文化和乡土文化两种文化类型供其选择，可引导农民自愿过城市生活，但不宜强拆农村，不宜强迫农民过市民生活。不应将城市化率作为评价政府和官员政绩的硬性指标。

一方面，乡土文化有其合理性，永远有存在的必要。另一方面，城镇化也是经济社会发展的一个方向。城市化与乡土文化保护就是一对相反相成的目标。城市化和逆城市化是双向过程，不宜单纯强调城镇化一个方向。应当注意保护乡土文化，为在城镇创业失败的返乡农民工保留退路，防止其成为城市流民。作为现代文化的城市文化有保持节制并尊重乡土文化的义务。城市化意味着城市文化的发展，如果在城市化过程中忽视对传统文化（城市传统街区、农村社区）的保护，将会导致文化资源的损失，将会导致依靠传统文化生活的弱势群体的生存和发展条件趋于恶化。因此，城市化和保护文化多样性是法律与国家的两个相反相成的目标，不宜有所偏废。

在实践中，乡土文化保护常常显得不够。适用于城市与乡村的法律既有一体的一面，也有多样的一面。政策制定应当遵守乡土文化的特殊性，重视对乡土文化的保护。城市化是一个自然历史过程，应当循序渐进，不宜急躁冒进。

2. 发展现代街区现代建筑目标与保护传统街区传统建筑目标的兼顾。传统街区与传统建筑也具有存在合理性。应当按照文化多样性的要求调整建筑法和建筑政策，改变强拆传统建筑、强制推行现代建筑（特别是高层建筑）

的做法。

3. 发展现代产业与保护传统产业目标的兼顾。传统产业具有存在的合理性。应当按照文化多样性的要求制定合理的产业政策，改变忽视传统产业保护的做法。例如，过度鼓励汽车消费将会导致自行车产业的衰落；忽视对传统木工产业的保护将会导致木工产业的高度萎缩。

## 第三节 传统文化与现代文化的实质平等

### 一、对濒临灭绝的弱势文化的特别保护

文化的实质平等要求法律与国家给予弱势文化以必要的特权，采取特别保护措施（差别保护），使其免于消亡。实现文化的实质平等必须借助于国家对文化生态的合理干预。法律与国家保护濒临灭绝的传统文化、保护文化遗产符合公共利益。

少数人权利的差别保护具有必要性。在文化多样性社会，人们具有双重身份，享有两种性质的权利：一方面，人们是国家的公民，享有公民的一般权利，公民权利受到国家法保护；另一方面，人们又是文化团体的成员，享有文化团体的特殊权利。加拿大学者金利卡认为："少数群体面临着某种不平等的劣势地位，这种劣势地位可以通过一种群体差别权利进行纠正。"[1]国家应当通过提供特殊待遇的方式促进对原地居民实施平等保护。在以往，主流社会往往更关心安全价值、忽视少数文化群体的权利，主流社会对少数文化群体往往采取同化政策。这种做法使得许多少数文化群体的文化特征消失了。这不仅是该少数文化群体的文化资源的损失，也是全社会文化资源的损失。多样一体法学主张实行文化包容政策。不应当将少数文化群体权利和政治统一对立起来。借助于民主法治制度，在维护政治统一的前提下保障少数文化群体的权利是可以做到的。全社会越来越充分地认识到文化多样性的意义，主流社会甚至采取措施鼓励处于濒危状态的弱势文化的持有者保留他们的文化。同质化社会在保障少数群体权利方面存在局限性，而文化多样性社会可以通过赋予弱势群体以差别待遇，使其不利地位得到矫正，使其受损权

---

[1] [加] 威尔·金利卡：《多元文化的公民身份——一种自由主义的少数群体权利理论》，马莉、张昌耀译，中央民族大学出版社2009年版，第10页。

利得到弥补。

少数人群体是弱势群体的组成部分，实质平等也要求对少数人群体实施特别保护。美国多样一体法学学者玛丽恩·杨提出的"差异政治论"主张对少数人群体实施差别保护。在现实社会中，不同群体在财产、地位、权势、信息等方面存在着较大差异，弱势群体自然处于不利地位。为使弱势群体能够平等地参与正常的社会生活，就必须赋予其某些特别权利，以改变其在竞争中所处的不利地位。[1]"差异政治论"认为，传统的"普遍政治"是体现多数群体文化的利益与价值的政治，对少数人群体构成了歧视。应当以"差异政治"弥补普遍政治的不足。这种对少数文化群体实施差别保护的主张与实质平等理论是一致的。

对濒临灭绝的弱势文化的特别保护也符合文化多样性的要求。多样文化的竞争类似生物界的竞争和市场的竞争，遵循着强胜弱汰的法则。由于人类认识的局限性和急功近利的倾向，有益的传统文化可能因为得不到有效的使用和保护而在文化竞争中走向衰弱甚至消亡。这种情况是文化生态局限性的具体体现。文化生态的局限性需要通过国家干预（国家对濒临灭绝的传统实施差别保护）加以弥补与矫正。国家的合理干预有利于保护文化资源，保护文化多样性。

《世界文化多样性宣言》第 11 条规定："单靠市场的作用是做不到保护和促进文化多样性这一可持续发展之保证的。为此，必须重申政府的政策与私营部门和民间社会的合作具有首要作用。"政府有责任对濒临灭绝的有益的弱势文化加以扶助，防止其走向灭绝。2005 年，联合国教科文组织通过的《保护和促进文化表现形式多样性公约》第 8 条"保护文化表现形式的措施"要求缔约国确定本国濒临灭绝的文化表现形式，并采取恰当的措施予以保护。这是缔约国政府应当履行的职责。

2014 年十一长假，笔者在石家庄市井陉县南障城镇大梁江村调研古村落保护。当地村民告诉笔者，即使像大梁江这样远离中心城市的村落，40 岁以下的木工也已经见不到了，木工技艺面临失传的危险。现代文化对传统文化的冲击可见一斑，对传统文化进行抢救性保护已经迫在眉睫。根据前述国际

---

[1] 参见常士訚主编：《异中求和：当代西方多元文化主义政治思想研究》，人民出版社 2009 年版，第 344 页。

法文件的要求，保护本国濒临灭绝的传统产业是缔约国政府的责任。法律应当鼓励使用原地居民利用可再生资源生产的产品，政府采购应当优先选用这些产品，政府及领导者应当带头使用这些产品。这样，可以减少不可再生资源的消耗和环境的破坏。对濒临灭绝的弱势文化的特别保护有利于保护文化资源，保护文化多样性。

## 二、节制现代文化的外延扩张

法律与国家节制现代文化的过度扩张是对文化实质平等含义的补充。法律节制现代文化外延的过度扩张，有利于实现传统文化与现代文化的协调发展。

根据文化竞争和自然选择的规律，强势文化的内涵扩张具有一定的合理性。但是，强势文化的过度外延扩张将会挤占弱势文化的生存空间，甚至会造成弱势文化的消亡，从而损害文化多样性，因而必须予以节制。如果法律与国家不节制现代文化外延的过度扩张，就会造成现代文化的畸形膨胀和传统文化的快速消亡。城市文化的过度扩张将会造成乡土文化的消亡；工业文化的过度扩张将会造成农业文化的消亡；市场文化的过度扩张（表现为市场原教旨主义、资本的泛滥、货币的泛滥）将会造成非市场文化的消亡（自然经济的存在）；大企业的过度扩张将会造成小企业的破产或被兼并；功利文化（物质主义、消费主义、奢侈文化）的过度扩张将会造成非功利文化（如回归自然的生活方式、崇尚节俭的消费方式等）的萎缩甚至是消亡。

（一）节制现代文化的必要性

现代文化（货币化、资本化、现代化、城市化、全球化）是一把"双刃剑"。一方面，现代文化的产生与适度发展有利于提升文化多样性，给人类带来了幸福的增量。国家可以根据公共利益和一定时代的需要制定适度的鼓励现代化的政策。另一方面，现代文化的无节制扩张正在不断侵蚀传统文化，损害着文化多样性，进而使弱势群体的文化选择权受到限制，使弱势群体的生存环境更加艰难。因此，多样一体法学主张现代文化的有节制发展。有节制的现代文化可将对传统文化的损害降低到可容忍的限度；而不受节制的现代文化则会导致传统文化的快速消亡。

为保护传统文化、保护文化多样性，现代化应当有节制地发展。现代文化的节制有利于为传统文化（包括城市传统街区、乡土文化）保留存在空间，有利于保护弱势群体的生存和发展条件。现代化的节制的前提是国家在现代化发展目标上的节制。现代化的节制有利于促进现代化与传统文化的和谐共存，有利于保持文化多样性。

温和的后现代主义承认现代文化的两面性，在批判现代文化弊端的同时，也承认现代文化的合理性。温和的后现代主义也可以归入多元文化主义的范畴。后现代主义对现代工业文化对传统文化的摧残持批判态度。传统文化具有环境友好、增进熟人社会内部和谐的积极作用。而现代文化的生产方式和生活方式造成了资源枯竭、环境污染、人际关系紧张。现代工业文化强迫人们过现代生活，剥夺人们选择传统谋生方式的权利，抑制了弱势群体的话语权、参与权，使弱势群体成了现代化的牺牲品。有学者指出："后现代法学否定现代法学对历史和法律发展规律的乐观描述，关注西方社会现代化以后的弊端。它认为，在一定意义上，现代社会不是解放人的社会，而是压抑人的社会。这种压抑既是制度的，也是社会的。"〔1〕后现代主义认为，现代社会的制度、生产方式和生活方式已经构成了对人的压迫。后现代主义对现代文化的合理性提出了质疑，对传统文化和弱势群体持同情态度。有学者指出："后现代主义指出了启蒙理性的局限、真理的复杂多元性，它促使我们对于不同传统、信念、文化观和生活方式，持更加宽容、更加开放的态度。"〔2〕文化多样性为不同的社会群体提供了可供选择的生存空间和发展空间。

现代文化作为强势文化，拥有更多的社会资源，应当负有更多的自我节制的义务、保护他者文化的义务、协调多种文化关系的义务。

通过法律（广义的法律包括政策）节制现代文化的无序扩张是保护传统文化的重要途径。应当实现现代文化发展模式由粗放向集约转变，应当防止因现代文化的恣意扩张而造成传统文化灭绝。

法律与国家对强势文化的态度依据强势文化发展的不同程度而有所不同。首先，在强势文化没有危及他者文化（包括异质文化、弱势文化）生存，未对文化多样性造成明显损害的情况下，法律与国家对强势文化的态度应当以容忍为主，以克制为辅。法律与国家任意克制强势文化的发展将会损害文化

---

〔1〕信春鹰："后现代法学：为法治探索未来"，载朱景文主编：《当代西方后现代法学》，法律出版社2002年版，第30页。

〔2〕参见陈弘毅："从福柯的规训与惩罚看后现代思潮"，载朱景文主编：《当代西方后现代法学》，法律出版社2002年版，第221页。

竞争的规则与秩序，不利于文化的优胜劣汰，不符合有限政府的法治原则。其次，在强势文化已经危及他者文化生存、对文化多样性造成明显损害的情况下，法律与国家对强势文化的态度则应以克制为主，以容忍为辅。政府有责任对强势文化加以管理，使其有节制地发展，防止其对文化多样性造成损害。法律与国家如果不对强势文化作出必要的克制，将会导致强势文化的任意扩张、他者文化走向消亡。其消极后果在于：不仅会损害文化多样性，侵害选择权，而且会破坏文化生态系统的平衡机制，造成强势文化的异化无法得到矫正。

现代文化作为强势一方占有更多的社会资源，根据利益与负担一致、权利与义务一致原则，理应担负起更多的社会责任。现代文化应当认识到自身的局限性和传统文化存在的合理性，实行自我克制，为传统文化保留生存空间。传统文化与现代文化应当永远是彼此相互依存的伙伴，现代文化越发展，对传统文化的保护就越应当加强。中国作为人口众多、人均资源贫乏的国家更应当重视发挥传统文明在保障民生方面的重要作用。

(二) 节制现代文化的途径

1. 现代文化在发展规模上的节制

在文化单一性时代，人们对文化规模的评价标准是"越大越好"。现代文化（如现代人居环境）的规划建设过于追求"高大上"，将会造成本国传统文化大面积毁灭。

在文化多样性时代，人们对文化规模的评价标准是"越小越美"。[1] 文化小型化包括文化群体成员数量较少、文化载体（如街区、建筑）的空间尺度较小。文化小型化的政策导向有利于遏制现代文化对传统文化的侵蚀，为传统文化保留存在的空间，有利于多样文化的沟通、交流与协作。现代文化的发展规模应当由大型化向小型化转变。

全社会现代文化发展规模的节制有利于将废弃物的总量控制在传统文化可转化的能力限度内，控制在自然环境可承受的限度内；局部社会现代文化发展规模的节制有利于实现现代文化布局的适度分散，避免废弃物集中排放，避免在局部地区出现废弃物超过传统文化转化能力和自然环境承受能力的

---

[1] [加] 威尔·金利卡：《多元文化的公民身份——一种自由主义的少数群体权利理论》，马莉、张昌耀译，中央民族大学出版社2009年版，第103页。

情况。

2. 现代文化在发展速度上的节制

现代文化发展速度的克制可以为总结文化发展经验留有时间，为人们的文化选择与文化适应留有时间，为多样文化主体的协商、多样文化的融合保留足够的时间。因此，现代文化发展速度应当是切合实际的，不宜急躁冒进。

3. 现代文化对传统文化承担补偿义务

在社会共同体中，由于分工的不同，一些人享有更多的生态权利，另一些人则承担着更多的生态义务。生态权利的享受者（利用生态获得直接利益的主体）应当对生态义务的承担者作出补偿。只有建立这种生态利益补偿机制，才能真正实现环境法上的社会公正、区域公正以及国际公正。[1]建立生态利益补偿机制，保障承担更多生态义务的传统文化主体的生态补偿权，有利于帮助传统文化主体抑制扰动生态的动机，增强保护生态的积极性。

首先，通过税收的方式实现富人补偿穷人。虽然我们倡导主体平等，但因为社会分工的存在，人与人之间占有社会财富的多少存在着很大的差距。一般说来，富人多从现代文化中汲取生存资源，对资源和环境的损耗相对较多，而穷人多从传统文化中汲取生存资源，对资源和环境的损耗相对较少，因此国家应该通过"抽肥补瘦"，即通过让富人多纳税、多投资环境建设的方式治理环境。

其次，通过财政转移的方式实现城市补偿乡村。城市消耗乡村提供的资源，向乡村排放废弃物。城市的发展或多或少会对周围乡村生态造成损害。如果过度追求城市环境的优美，就会加剧对周围乡村生态的破坏。例如，依赖强酸冲洗的卫生间比传统卫生间对下游水体的污染严重。如果将城市中的卫生间都改造成依赖强酸冲洗的卫生间，下游水体的酸污染便不可能得到有效治理。过去的生态评价标准具有重城市、轻乡村，重社区、轻周边环境的倾向，应当予以改变。在城市建设、社区规划、市政管理过程中应当将城市发展对乡村生态造成的不良影响降到最低限度。

再次，通过二次分配的方式实现经济发达地区补偿不发达地区。在我国，东部地区应当补偿中西部地区，流域下游应当补偿流域上游，非沙化地区应当补偿沙化地区，资源输入区应当补偿资源输出区。补偿款项应当用于生态

---

[1] 龚瑜："环境法上的公正"，载《政法论坛》2006年第5期，第92页。

脆弱地区的民生事业和生态保护事业。

最后,通过协商机制实现发达国家补偿发展中国家。生态是全人类共同的资源。发达国家是生态利益的主要享受者,发展中国家作为资源供应地、高污染产品加工地、产品倾销地,是生态义务的主要承担者。发达国家有帮助发展中国家的法律义务和道义义务。发达国家有义务减少军费开支、减少奢侈性消费,帮助发展中国家改善民生事业和生态保护事业。这种做法有利于实现世界和平。而靠武力威胁实现的"和平"是靠不住的。1997年通过的联合国《京都议定书》的制定目的在于控制温室气体的总量,减缓全球气候变暖的速度,保护地球生态,维护人类的长远利益。包括中国在内的多数国家都已经批准了该文件。美国是排放温室气体最多的国家,但小布什政府因担心减少温室气体排放将会妨碍经济发展而拒绝批准该文件。美国以及其他发达国家的重经济增长、轻生态保护,重本国生态保护、轻世界生态保护的做法是产生国际经济冲突、政治冲突、文化冲突的根源之一。

要实现现代文化的节制,就必须借助于传统文化,借助于与包括传统文化与现代文化在内的文化生态平衡机制。传统文化与现代文化的平衡具体包括乡土文化与城市文化的平衡、城市传统街区与现代街区的平衡、传统产业与现代产业的平衡、非市场因素与市场因素的平衡等。传统文化与现代文化平衡的背后则是传统文化主体与现代文化主体的平衡。传统文化与现代文化的并存和人们的自由选择,可以抑制现代文化的异化,将现代化的弊端降低到最低限度。通过传统文化抑制现代文化的弊端比通过法律手段抑制现代文化的弊端更为有效。

### 三、形式平等与实质平等的关系

*(一)形式平等的优先性*

形式平等是法治的要求。法治的核心含义是规则的权威,要求同样的人同样对待,暂时不考虑行为人的具体情况,要求认真对待规则。如果过多地考虑行为人的具体情况,规则的权威就不能树立起来。国家在传统文化与现代文化之间保持超然态度是一般原则,是国家处理传统文化与现代文化关系的基本态度。

法律对弱势文化的特别保护是有条件的。只有在弱势文化处于濒临灭绝的状态时,法律才对弱势文化予以特别保护,对强势文化予以抑制。法律不是一味地"扶弱抑强",一味地"扶弱抑强"将会破坏利益激励机制,将会破坏平等竞争的规则,将会破坏文化生态的自生自发秩序。

(二) 实质平等的必要性

文化的实质平等是对规则适用过程中产生的不平等的矫正,隶属于纠正正义的范畴。文化的实质平等不仅要求对稀缺的、濒临灭绝的传统文化实施特别保护,也包括对造成传统文化灭绝的现代文化的适度克制。实质平等的实现必须借助于国家干预。

基于形式平等的主导地位与实质平等的辅助地位,国家在对文化系统进行干预时应当尽量满足形式平等的要求。为维护规则的权威性,实质平等的适用应当是谨慎克制的。例如,法律与国家应当列举实施克制的现代文化。只有这样,才不会破坏文化生态的规则和秩序。

形式平等与实质平等对国家的要求有所不同。形式平等要求国家履行对文化生态的不干预义务,实质平等则要求国家履行谨慎干预义务。形式平等和实质平等都要求国家克制自身的文化目标,克制国家文化目标的过度扩张。

## 第四节 体制型弱势群体的成因与消解

### 一、对传统文化的歧视是形成体制型弱势群体的原因

如果传统文化受到尊重,传统文化主体的自由权、平等权得到保障,依托传统文化的生活就是有尊严的生活,传统文化群体就不是弱势群体。例如,阿米绪文化得到了美国主流社会的承认,因此,阿米绪人已经不再是弱势群体。

反之,如果传统文化受到歧视,依托传统文化的生活就不是有尊严的生活,传统文化群体就是弱势群体。生活在传统文化下的弱势群体在某种程度上属于体制性弱势群体。如果法律与政策的文化目标单纯追求现代文化,忽视保护传统文化,就会形成现代文化群体的特权地位和原地居民的歧视待遇,就会造成传统文化群体与现代文化群体的分化和冲突。

文化人类学也注意到了传统街区存在犯罪多发、卫生条件差等社会问题,并且能够认识到产生这些社会问题的多方面的原因。传统街区存在上述社会问题的主要原因在于资本的泛滥、现代化的挤压、国家权力的滥用、国家的

物质帮助不足等。解决传统街区的社会问题的途径包括：抑制资本泛滥、控制过度现代化、限制国家权力滥用对传统街区的侵蚀，社会保障制度覆盖传统街区居民，提高传统街区居民的文化素质等。而对传统街区采取一拆了之的简单化做法将会使弱势群体的生存状况进一步恶化。

在文化单一性的世俗社会，财富是人的社会地位的主要评价标准。如果人们选择远离财富的传统文化，就会受到世俗社会的歧视，就会被看成是弱势群体。在文化单一性社会，弱势文化是单一文化系统中的边缘文化，弱势群体成了被主流社会排斥的边缘人。这种评价标准将会导致人们对财富的拼抢，导致生存竞争的加剧。其结果不仅会加剧生态环境的破坏，而且会使社会环境背离和谐。文化单一性的世俗社会的评价机制限制了人们选择文化的自由权利。因此，评价标准对传统文化的歧视是形成弱势群体的重要原因。

## 二、消除对传统文化的歧视有利于减少体制型弱势群体

在文化多样性社会，主流社会对传统文化持宽容态度；法律与政策的文化目标是多样的，在发展现代文化的同时，注意保护传统文化。传统文化虽然远离财富，但传统文化群体有传承祖先文化的自信心与责任感；选择传统文化的人们免受世俗社会的歧视。保护传统文化、保护传统文化群体的权利有利于减少弱势群体。

承认传统文化的合法性有利于弱化攀比心理，弱化生存竞争，弱化社会冲突（犯罪率是衡量指标之一），维护社会和谐。而在现代文化不断蚕食传统文化的社会，则会出现相反的情况。

传统文化中的自治组织是弱势群体参与社会生活的渠道，包容传统文化可以为弱势群体参与社会生活创造条件。而不容忍弱势文化的单一社会则容易造成弱势群体的边缘化，甚至会造成弱势群体与强势群体的对立。

# 第九章
# 原地居民的权利的法律保护

《中华人民共和国宪法》第33条第3款规定"国家尊重和保障人权"。从这一宪法原则出发,运用演绎推理,可以推导出"国家尊重和保护原地居民的权利"这一命题。在文化学视角下,人民共同体包含不同类型的文化群体,是异质的,不是同质的。原地居民是人民共同体的重要组成部分。"以人为本"是以包括原地居民在内的所有的人为本,"以人民为中心"是以包括原地居民在内的人民共同体为中心。国家是实现原地居民的权利的义务主体。

文化人类学家关注原地居民问题,"不认为这些群体与国内的主流社会同化一定是件好事;相反,它认为他们应该有权自由选择他们愿意怎样生活"。[1]人类学家的一项重要工作是"为原地居民的权利呼吁"。原地居民的权利包括环境权、文化遗产管理权、谋生方式选择权、参与权等内容。原地居民的地方性知识和对地方的依恋情感高于移民,这就决定了,保护原地居民的权利是保护地方环境的前提条件,是保护文化遗产的前提条件,是财富得以积累的前提条件,是民间法得以存在并发挥作用的前提条件。

## 第一节 "原地居民"的概念的提出

"原地居民"概念的提出受到了"原住民"概念的启示。原住民（indigenous peoples）,又译作"土著人民"。有学者总结了原住民的四个特征:"（1）居住于一块土地上的时间早于其他群体;（2）有独特的文化传统;

---

〔1〕［美］威廉·A. 哈维兰:《文化人类学》（第10版）,瞿铁鹏、张钰译,上海社会科学院出版社2006年版,第514页。

(3) 有被征服、被边缘化和被剥夺的经历；(4) 明确的自我群体认同。"[1] 根据是否完全具备上述四个特征，我们可以将原住民的定义区分为严格定义和宽泛定义。

## 一、原住民的概念

（一）狭义的原住民

严格意义的原住民是指完全具备以上四个特征的群体。在西方移民国家（美洲、澳洲），在白人移民到来之前就已经生活在当地的土著人属于严格意义的原住民。《联合国原住民权利宣言》所提到的"原住民"采用的是严格意义的原住民含义。

人类学家工作重点的转变。早期的人类学家为获得资助而利用自己的知识向政府提供控制原地居民的信息，帮助财团以低廉的价格获得原地居民的土地。而随着各移民国家文化多样性政策的确立，人类学家的重要论题已经转变为对原地居民权利的保护，包括对原住民土地权利、狩猎和捕鱼权利的保护等。

在资本主导的全球化、工业化浪潮中，人类学家保持清醒的头脑，主张现代文化与传统文化并存，反对现代文化强制同化传统文化；主张"为原住民的权利呼吁"；主张让人们自由选择自己所喜好的文化类型，反对强迫人们过单一生活。[2]原住民是一种特殊主体，在人权文件的分类目录中，原住民的权利应当归入"特殊主体的人权"一类。

原住民权利的心理依据是人们留恋熟悉事物的心理倾向和选择熟悉文化环境的自由意志。

与原住民权利保护有关的最主要的国际法文件是联合国大会于 2007 年 9 月 13 日通过的《联合国原住民权利宣言》（又译作《联合国土著人民权利宣言》，以下简称为《宣言》）。《宣言》对成员国及公民虽然没有法律上的约束力，但由于其具有鲜明的维护人权、伸张正义的特点，因而拥有强大的号召力，具有事实上的约束力，具有软法性质。

---

[1] 马戎："民族研究中的原住民问题（上）"，载《西南民族大学学报（人文社会科学版）》2013 年第 12 期，第 17 页。

[2] 参见［美］威廉·A. 哈维兰：《文化人类学》（第 10 版），瞿铁鹏、张钰译，上海社会科学院出版社 2006 年版，第 513~514 页。

在《宣言》表决之时，美国、加拿大、澳大利亚、新西兰四个移民国家投了反对票。因为这四个国家在历史上都存在来自西方的移民严重侵犯原住民权利的现象，这四个国家对《宣言》规定的原住民的自决权、土地权、资源权、对所在国政府决策的否决权等条款存在顾虑。在稍后的几年里，澳大利亚于2009年4月3日、新西兰于2010年4月19日、加拿大于2010年11月12日宣布批准该宣言。[1] 人类每一次走向正义都需要强者克制自身利益、对弱者权利作出让步。移民国家批准《宣言》的过程是人类走向正义的一次胜利。

在联合国大会表决《宣言》时，我国投了赞成票。我国在投赞成票之时，政府和公众普遍认为，只有少数西方殖民国家存在原住民问题，我国不存在此类问题。当时，我国政府、学术界和公众对"原住民"外延作了狭义的理解，认为只有宗主国的海外殖民地的土著人才可以被称为原住民。

(二) 广义的原住民

原住民的宽泛定义认为：原住民是指在强势的外来移民到来之前，世代生活在某一地域的人们。长期在一地居住，对该地域产生归属感的移民也可以视为原住民。

我国在是否接受"原住民"的概念上存在两种不同观点：

一种观点支持原住民的严格定义，认为我国不存在被外来移民征服、被边缘化和被剥夺的土著人群体，因此不存在原住民问题。

另一种观点则支持原住民宽泛定义，认为根据先来后到的公理，只要是具备较早居住特征的群体就都可以被称为原住民，不必完全具备上述四个特征。在城市化过程中，面临拆迁的城乡接合部的农民和城市传统街区的居民都可以被称为"原住民"。[2]

## 二、在我国使用"原地居民"一词的建议

为保护世代居住在一地的土著人群体的合法权益，避免争议，笔者认为，在我国，可以使用"原地居民"的概念。原地居民是指在移民到来之前世代

---

[1] 参见林其敏："土著人民权利的国际保护——兼评《联合国土著人民权利宣言》"，载《民族学刊》2011年第6期，第65页。

[2] 参见储冬爱："乡村原住民的都市想象与文化认同——以广州'城中村'为例"，载《文化遗产》2012年第3期，第141页；夏永久、朱喜钢："被动迁居后城市低收入原住民就业变动的成因及影响因素——以南京为例"，载《人文地理》2015年第1期，第78页。

居住在一地的土著人群体。

原地居民的概念包括如下含义：

第一，长期居住（甚至是世代居住）在某一地域，熟悉当地自然环境、风土人情，对该地域产生归属感，对该地域的人民产生依恋情感。留恋故土的保守心态是人的正常情感，法律与政策应当予以尊重。当人们在一个地方工作生活足够长时间，对这一地方产生归属感后，也就逐渐成了原地居民。

第二，原地居民是地域性人民团体。原地居民不仅包括少数民族的地域文化团体，也包括主体民族的地域文化团体。

第三，原地居民是地域文化的创造者和传承者。地域文化中蕴含着适应自然环境的知识、调整关系和约束行为的规范。原地居民是传统文化的典型代表。尊重原地居民的权利有利于发挥地域文化在传播知识、约束行为等方面的积极作用。尊重原地居民的权利有利于保持地域文化的生命力、连续性、继承性。

第四，原地居民是弱势群体。在具有资本优势、信息优势、权力优势的现代文化面前，传统文化已成为弱势文化，传承传统文化的原地居民已经成为弱势群体。

"原地居民"的概念具有丰厚的文化底蕴，接受这一概念有利于促进政府和学术界设身处地地理解"被征迁人""拆迁户""失地农民"的生存处境和合理诉求。本书提出"原地居民"的概念，意图在于引起学界对原地居民的权利的关注，呼吁法律保护原地居民的权利，呼吁政府和企业尊重原地居民的权利，有利于提高对原地居民权利的保护水平。

"原地居民"概念的提出具有重大的理论意义和实践意义。原地居民是物质财富和精神财富的生产者，保护原地居民的权利有利于促进财富积累，有利于保护文化遗产，有利于保护民间文化（包括民间法）的完整性。原住民是权利主体，保护原地居民的权利有利于防止资本泛滥，促进资本的合理利用。原地居民比外来移民更为珍惜自然环境，保护原地居民的权利有利于促进环保法的实施。原地居民是治理主体，保护原地居民的权利有利于完善商谈机制，提高政策与法律的质量。原地居民是监督主体，保护原地居民的权利有利于完善对政府的监督机制，保证政府守法。

一种观点担心提出"原地居民"的概念将会激发原地居民的参与意识，将会阻碍经济发展和政府工作的推进。笔者认为，这一担心未认识到国家与社会的互动对于完善社会治理的积极意义。如果既反对使用原住民的宽泛含义，也反对使用"原地居民"的概念，就无法在理论上论证保障原地居民的权利的意义，也就堵塞了通过保护原地居民的权利而改善社会治理的途径。

《宣言》凝聚着人类保护原地居民的权利的经验，可以为原地居民的权利保护提供借鉴。我国可以结合国情，有保留地参照该《宣言》保护原地居民的权利。在工业化、现代化、城市化、区域一体化（如京津冀一体化）、全球化的今天，人口流动加快，移民的规模越来越大。原来人们对原地居民外延的理解过于狭隘。在当今时代，原地居民的外延应当加以拓展，一切长期居住在某地，对该地产生归属感，面临强势的外来移民压力的人，都可以被称为原地居民。不仅少数民族可能称为原地居民，而且主体民族也可能被称为原地居民；不仅居住在边远地区、处于原始状态的人可能被称为原地居民，而且农业区的失地农民、城乡接合部的居民、城中村的居民、城市传统街区的居民等都可能被称为原地居民。

在强势的外来移民的压力下，原地居民日益成为弱势群体。外来移民与原地居民的关系需要通过法律途径加以协调。处理强势的外来移民与弱势的原地居民之间的关系可以适用《宣言》条款或参照《宣言》的原则执行。既然我国已经批准《宣言》，就应当按照其中的原则和规则调整自己的法律与政策。

自决权条款的保留。《宣言》第3条规定："土著人民享有自决权。基于这一权利，他们可自由决定自己的政治地位，……"如果承认这一条，那将意味着原地居民可以自行决定留在主权国家内部，还是分离出去，加入其他国家，或建立独立国家，这将会对社会和平与主权国家的领土完整构成威胁。

资源条款的变通。《宣言》第26条第1款规定："土著人民对他们传统上拥有、占有或以其他方式使用或获得的土地、领土和资源拥有权利。"该条款与我国自然资源公有制存在冲突。在河北省迁安市，铁矿资源丰富。在铁矿开采过程中需要协调开采企业、村集体与土地承包人的关系。要开采农村土地下的矿藏，应当首先由国家对农村土地实施征收，然后才可以进行。为体现对原地居民的权利的尊重，应当从开采矿藏的收益中拿出一部分对土地承包人和农村集体经济组织进行补偿。

## 第二节 原地居民的权利的类型

### 一、谋生方式选择权

（一）谋生方式选择权释义

谋生方式选择权是文化自主权的重要内容。国家法应当最大限度地尊重原住民的权利。金利卡认为："在土著人不希望把现代化强加在他们身上的同时，他们要求有权利自己决定将外面世界的哪些方面吸收到文化中来。"[1]首先，原地居民既可以选择现代文化，也可以选择传承他们祖先的传统文化。为保证选择传统生活方式的原地居民维持正常生活，必须尊重其原有的习惯权利。例如，森林中原地居民在适应森林自然环境过程中创造了独具特色的森林文化。工业化、现代化、全球化的发展压缩了森林文化的生存空间，但并没有彻底否定森林文化的合理性。国家法应当尊重原地居民合理使用森林资源的权利。国家法应当允许林区的原地居民在遵守间伐规则的前提下，砍伐一定量的林木建造用于自住的小木屋（如新疆的禾木、白哈巴，呼伦贝尔的莫尔道嘎）。同时，为保护森林资源，国家法应当禁止山民建造过大的木屋，禁止将建造的木屋用于销售赢利。再如，原地居民还有权采集枯枝作为做饭取暖的燃料。在发展现代文化的过程中，原地居民有权选择现代文化的具体类型，有权掌握现代文化的发展速度，有权决定现代文化与传统文化相结合的方式。其次，原地居民有权选择引进外来文化，有权保持地域文化。在引进外来文化的过程中，原地居民有权选择引进外来文化的内容、速度，与本土文化相结合的方式。

《世界文化多样性宣言》第 5 条规定："文化权利是人权的一个组成部分……每个人都应当能够参加其选择的文化生活和从事自己所特有的文化活动，……" 2005 年《保护和促进文化表现形式多样性公约》第 2 条第 1 款要求缔约国"确保个人可以选择文化表现形式"。

国家可以通过法律明文禁止文化中的有害因素。例如，刀耕火种的生产方式容易引发森林火灾，应当禁止；使用火药触发的枪支将会造成野生动物

---

[1] [加] 威尔·金利卡：《多元文化的公民身份——一种自由主义的少数群体权利理论》，马莉、张昌耀译，中央民族大学出版社 2009 年版，第 151 页。

资源的明显减少，也应当禁止。除法律明文禁止的有害因素之外，原地居民的谋生方式选择权应当得到普遍尊重。

由于强势主体具有较强的自主行为能力，强势主体的谋生方式选择权能够得到较好的实现，而弱势主体的谋生方式选择权常常得不到较好的保障。因此，在现实生活中，应当特别关注弱势主体（包括原地居民）的谋生方式选择权。原地居民的谋生方式选择权就是保持传统文化（传统社区、传统住房、传统谋生方式）的权利。正如有学者所说，多元文化主义"承认不同文化存在的合理性与合法性"，"各种文化都有保持本文化传统与特点的权利"。[1]原地居民有权保持自己的文化传统和文化个性，享有自己的文化传统蕴含的生存和发展条件，享受文化个性带来的精神愉悦。

保持和促进文化多样性是谋生方式选择权实现的条件。金利卡认为："文化内的多样性的价值，在于为每个人创造更多的选择，扩大选择范围。"[2]要保持和促进文化多样性，不仅要促进文化创新，而且要保护人们已经熟悉的传统文化。保障选择权有利于人们寻找适合自己的文化类型，有利于发挥自身的潜能和创造性，有利于提高适应环境的能力，有利于提高幸福指数。社会应当保持文化多样性，为人们提供多种选择的空间，使人们的自由选择成为可能。保持文化多样性可以提供多种可供选择的机会（如工作机会），有利于保持公民的谋生能力和创业精神。

而在文化单一性社会，人们生活在生来具有的或被动接受的文化之中，也就不存在选择的可能性，人们的谋生方式选择权实际上是无法实现的。我国研究保守主义的学者指出："整齐划一的社会注定是违背人性的社会，强求一律本身将使社会发展失去动力。没有多样性，自由就失去了基础，文化和社会生活也会随之陷入贫困。"[3]文化单一性社会将文化单一性强加给成员，谋生方式选择权事实上不存在。

（二）原地居民的异质化安置方案

例如，鄂温克族敖鲁古雅部落的异质化安置方案。在内蒙古呼伦贝尔的

---

[1] 王寅："美国阿米什文化新析"，载余志森主编：《美国多元文化研究——主流与非主流文化关系探索》，华东师范大学出版社2012年版，第352页。

[2] [加]威尔·金利卡：《多元文化的公民身份——一种自由主义的少数群体权利理论》，马莉、张昌耀译，中央民族大学出版社2009年版，第175页。

[3] 刘军宁：《保守主义》，中国社会科学出版社1998年版，第25页。

根河市的满归镇，生活着鄂温克族的敖鲁古雅部落。他们原来过着狩猎生活。为保护野生动物，政府发布了"禁猎缴枪"的命令。政府在根河市附近、自然条件较好的地区为他们修建房屋，希望他们搬迁过来，过定居生活。有人选择搬入新居，有人选择留在原地；有的选择从事新的职业（如旅游业），有的选择从事特色养殖业（养鹿），过与祖先的狩猎生活相近的畜牧生活，传承祖先的传统文化。政府尊重了他们的选择自由。在允许多种生产生活方式存在、允许原地居民自由选择的前提下，不强制原地居民迁出保护区。原地居民可以选择在保持传统生产生活方式的前提下，留在保护区内。在呼伦贝尔的少数民族中，鄂温克族的传统保持得相对完好。

在主体民族的文化意识中，部落生活是艰苦的，与主流社会是不平等的。主体民族的文化意识具有单一性，未认识到少数民族的传统文化也具有合理性。政府的扶贫工作也受到了主体民族的文化意识的影响。根河市的做法表现出了对少数民族文化的尊重，值得借鉴。

原地居民的异质化安置方案是指，采用包含传统文化内容和现代文化内容的安置方案。异质化安置方案的特点是尊重文化多样性，尊重原地居民的选择自由，不使用强制手段。首先，异质化安置方案尊重原地居民原有的谋生方式的合理性。原有的谋生方式的存在有利于保护原地居民的文化遗产，有利于保护文化资源的丰富性。其次，异质化安置方案为原地居民准备了现代谋生方式，为原地居民提供了更多的可选择路径。总之，异质化安置方案在原地居民面前准备多种谋生方式供他们选择。原地居民既可以选择现代谋生方式，也可以选择保持传统的谋生方式。异质化安置方案由于尊重原地居民的意愿、吸收原地居民的智慧，因而是更好的安置方案。金利卡认为："自由主义社会不仅允许人们追求自己已有的生活方式，而且，给予他们获得其他生活方式信息的途径，……使得人们有可能对自己的目的进行彻底的修改，且不受到法律惩治。"[1] 国家应当尊重他们选择传统谋生方式的决定，不要强迫他们过现代生活。可见，原地居民的异质化安置方案的存在是以政府承认原地居民的谋生方式选择权为前提的。原地居民大多数并不反对现代化，只是反对外部强加的现代化。他们希望有权利按照自己的意志对现代文化作

---

[1] ［加］威尔·金利卡：《多元文化的公民身份——一种自由主义的少数群体权利理论》，马莉、张昌耀译，中央民族大学出版社2009年版，第120页。

出选择，吸收有益的因素，拒绝有害的因素，改造不适宜的因素；他们希望有权控制现代化发展速度，以便他们有时间逐步消化与吸收现代文化、实现现代文化与传统文化的嫁接。

原地居民的同质化安置方案是指，单纯包含现代文化内容的安置方案。通常观点认为，原地居民所拥有的文化是落后的，只有让原地居民与主流社会拥有相同的文化、过上与主流社会一致的生活，才能使原地居民的权利得到保护。这种观点虽然隐含着同情心和朴素的平等观念，但也隐含着现代中心主义倾向，隐含着对原地居民文化的歧视，隐含着对原地居民自由意志的漠视。在实践上将会导致强制力的过度使用。这种观念导致主流社会毫不吝惜地摧毁原地居民文化。这种做法不仅造成了文化资源的损失，而且构成了对原地居民的文化权利的侵犯。资源的稀缺性、社会生活的复杂性、个体经历的多样性导致人们不可能过同样的现代生活。同质化安置方案不可能使所有的人都得到保护。从同质化安置方案向异质化安置方案的转变意味着原地居民的权利保护指导思想的转变。

政府主导、开发商实施的旅游开发模式将原地居民整体外迁，形成经营主体单一化，不仅形成了垄断价格，而且造成了文化原生态的消失。应当允许原地居民经营自己的旅游开发实体，实现旅游业所有制多样化、经营主体多样化。原地居民有权在多种所有制形式、多种经营主体之间作出选择。如果尊重原地居民的权利（如居住权、经营权），原生文化就可以保存下来。

应当在自然保护区、国家公园内部允许原地居民保留原有文化。有学者主张借鉴美国、加拿大的国家公园的立法经验，"加入保护原住民利益的法律条款"。[1] 在自然遗产保护区内，允许原地居民在保持传统生产生活方式的前提下留在原地。由于传统生产生活方式具有生态友好的特征，允许原地居民在保持传统生产生活方式的前提下留在保护区内不会对自然生态造成威胁。

在只承认现代文化合法性的文化单一性下，为防止原地居民对自然生态的破坏，只能将原地居民强制迁出，或至少迁出核心区。而在承认传统文化合法性的文化多样性下，可以提出多种方案供原地居民选择。如果传统的生产生活方式对自然保护区的影响是可控的，原地居民就可以选择保持传统的

---

[1] 郭晴、杨秋实："自然遗产保护区原住民的利益保护"，载《人民论坛》2012年第26期，第141页。

生活方式并留在保护区内。原地居民也可以选择现代生产生活方式并迁出保护区。对于迁出自然保护区的原地居民，国家应当给予合理的帮助或补偿。文化多样性呼唤着自然保护区管理制度的转型。实现了自然保护区管理制度的转型，原地居民的选择空间扩大了，国家强制可以被降低到最低限度。

在湿地类的自然保护区内部，可以有条件地承认原地居民的捕鱼权。其一，原地居民的身份就是保留捕鱼狩猎权利的理由。法律不允许一般人在自然保护区捕鱼，这是法律对一般人的要求；而具有原地居民身份的人却可以在自然保护区捕鱼，这是法律的例外情况。捕鱼是原地居民原有的生产方式，在不对资源造成明显损害的情况下，原地居民有权保留原有的生产方式。原地居民享有的有限的捕鱼权属于特许经营权的范畴。允许原地居民有限度地捕鱼不仅可以为其提供一种可选择的谋生手段，避免原地居民与国家对立；还有利于保护传统技艺和文化原生态。其二，原地居民应当使用传统的捕鱼工具（如木船、渔网），不得使用现代工具（如电动拖网渔船）。理由在于，使用传统工具捕鱼狩猎不会对资源造成不可弥补的损害，而使用现代工具则会对资源造成明显的损害。

过于强调法律的强制性、必定性、忽视人的选择权将会束缚自由与智慧，将会造成行为的固定化，将会妨碍社会的进化，也将会妨碍法律自身的进化。

法律与政府不仅要尊重选择权，而且要同情选择的失败者。建立社会保障制度有利于为选择失误、创业失败的人享有文明社会最低生活条件承担托底责任。

## 二、文化遗产管理权

原地居民是文化遗产最初的创造者，具有保护文化遗产的知识，承认文化遗产管理权可以以更为有效的方法保护文化遗产。

原地居民对文化遗产具有依恋的情感，承认原地居民的文化遗产管理权可以使文化遗产得到更为尽心的保护。

原地居民是文化遗产的传承者，承认原地居民的文化遗产管理权可以使文化遗产得到使用，发挥作用、保持活力，使文化遗产在社会生活中得到自然的传承。《宣言》第 31 条第 1 款规定："土著人民有权保持、掌管、保护和发展其文化遗产、传统知识和传统文化体现方式，以及其科学、技术和文化表现形式，……"有学者指出："原住民在对本地村镇文化的起源发展变迁的过程中拥有更强的辨识度和解析力,让其参与对本地文化的传承发展及未来的规划方向是保持原真性的有效办法。"[1]

保护原地居民的权利有利于促进文化遗产的可持续发展。《保护非物质文化遗产公约》第13条第4款第2项规定,国家应当"确保对非物质文化遗产的享用,同时对享用这种遗产的特殊方面的习俗做法予以尊重"。保护原地居民的权利可以保持原地居民与文化遗产的联系,使文化遗产得到合理使用,保持文化遗产的生命力和鲜活性(苏州古城、平遥古城),促进文化遗产的传承。如果强制迁移原地居民,割断原地居民与文化遗产的联系,就会造成原生态文化的死亡,后人只能在博物馆中见到已经死亡的文化遗迹、遗体(如新疆喀纳斯湖核心景区、湖南汨罗市屈子文化园原地居民文化的消亡)。

原地居民是一种文化主体,保护原地居民的权利是保护文化遗产的更为根本的途径。只有保护原地居民的权利才能使文化遗产得到更为全面、更为有效的保护。让原地居民参与文化遗产保护工作,有利于促进文化遗产的再创造,有利于保持民族的文化创新能力。

应当发挥原地居民团体(村民自治组织、城市居民自治组织)的作用,保护原地居民团体的集体权利。《保护非物质文化遗产公约》第15条指出:"缔约国在开展保护非物质文化遗产活动时,应努力确保创造、延续和传承这种遗产的社区、群体,有时是个人的最大限度的参与,并吸收他们积极地参与有关的管理。"缔约国政府尊重公民参与文化遗产保护的行动。保护原地居民团体的集体权利可以使农村和城市社区的发展符合各自的特殊情况,体现社区文化的个性,有利于防止成员个人的随意行为和政府权力的过度膨胀对文化个性造成损害。

### 三、土地权利

土地是承载原地居民文化的最基本的条件,原地居民的土地权利是其享有其他权利的前提条件。根据《中华人民共和国宪法》第39条的规定,公民的住宅权受到法律保护。公民享有承载住宅的土地的使用权作为公民享有住宅权的前提条件,当然也受法律保护。根据《中华人民共和国民法典》第

---

[1] 马超等:"以原住民参与为特色的村镇文化传承策略研究",载《城市发展研究》2013年第9期,第37页。

114条的规定，公民享有物权。宅基地使用权、土地承包经营权属于物权，受到法律保护。

近年来，一些地方以"服务大局"的名义实施强制拆迁，引发了一些恶性事件、群体事件。2011年，最高人民法院发出的《关于坚决防止土地征收、房屋拆迁强制执行引发恶性事件的紧急通知》第二部分指出："对行政机关申请法院强制执行其征地拆迁具体行政行为的，必须严把立案关、审查关，坚持依法审查原则，不得背离公正、中立立场而迁就违法或不当的行政行为。……"该通知要求实行"双报告制度"，法院在强制执行前必须报当地党委和上级法院审查；对于滥用法院警力造成严重后果的，要追究法院领导者和直接责任人的责任。

《宣言》"序言"提出，原住民可以按自己的需要和利益行使其发展权。土地是最重要的生存与发展资源，是原地居民的权利保护的前提条件。原地居民有以自己的方式利用土地的权利。

（一）原地居民的土地权利的内容

1. 补偿权

原地居民有获得充分、合理、及时的补偿的权利。该权利来源于公平原则。全社会从征收土地中获得了利益，而原地居民为成全公共利益作出了牺牲。单纯由原地居民承担公益项目的成本是不公平的。根据公平原则，全社会应当对原地居民的损失作出补偿。

2. 相邻权

一栋高楼挡住了一片居民区的阳光，居民主张采光权，要求拆除高楼；高楼开发商同意给予补偿，反对拆除高楼。解决这一纠纷应当考虑以下原则：第一，考虑保护在先权利原则。保护在先权利原则应当是一个法律原则，如果在先权利可以被任意侵犯，法律便形同虚设，秩序将会不复存在。高楼开发商在论证立项审批环节应当考虑到原地居民的采光权问题。保护在先权利原则应当是一个优先适用的原则。优先适用该原则，可以使未来的高楼业主对侵权的后果有所顾忌。保障原地居民的相邻权有利于营造和谐的人居环境。第二，考虑最大利益原则。为避免重大利益的损失，也可以促成原地居民与高楼业主达成和解协议，在不拆除高楼的同时给予原地居民充分、合理、及时的补偿。与生命权和自由权相比，采光权在人格权中的位阶相对较低，与原地居民的财产权具有一定的可比性。在市场经济条件下，采光权是有价的，采光权的价格不会高于原地居民的住房价格。采光权与财产权的可比性是利益衡量应当考虑的因素。

以上两个原则存在竞争关系，在类似的具体案件中，对于是适用保护在先权利原则，还是适用最大利益原则，法官存在着自由裁量的空间。

3. 回迁权

如果征收的土地全部或部分不再利用，应当允许原地居民回归故土。原地居民享有回迁权的理由在于：其一，曾经居住这一在先行为是原地居民享有回迁权的重要理由。原地居民曾经在被征迁土地上生活过，具有适应环境、利用资源的知识，对故土怀有眷恋的情感。原地居民回迁故土可以使土地和资源环境得到更好的保护和利用。其二，原地居民享有回迁权是公平正义的要求。原地居民离开故土，为土地的公益利用作出了贡献，应当得到社会的肯定与回报。如果被征收土地全部或部分不再被需要，且原地居民有回迁意愿，应当优先安排原地居民回迁故土，而不应将土地挪作他用。《中华人民共和国土地管理法》第38条规定，占有耕地从事非农业建设连续2年未使用的，经原审批机关批准，由县级以上政府无偿收回土地使用权；"该幅土地原为农民集体所有的，应当交由原农村集体经济组织恢复耕种"。该条款体现了我国法律对农民回迁权的承认。我国根据人多地少的国情，制定了严格的耕地保护制度，该条款是这一制度的具体体现之一。

（二）商业用地不适用征收程序

商业用地应当由开发商与原地居民谈判取得。由于我国农村土地实行集体所有制，村集体的土地权利优于村民的土地权利，村民无权独立处分土地权益。原地居民个人与开发商签订的土地转包合同必须经过村民大会或村委会批准才能生效。政府应当在原地居民与开发商之间保持中立，不应偏向开发商。政府动用公权力为私人资本的商业用地提供支持或直接将征收土地交给开发商进行商业开发的做法没有法理依据。政府应当果断停止土地财政。政府的财政资金不应来源于土地经营，而应来源于合法征税。

按照物权平等保护原则（形式平等在物权保护领域的体现），法律平等保护原地居民与开发商的财产权利。物权平等保护原则是一般原则，应当一贯坚持。

按照原地居民的权利特别保护原则（实质平等的体现），由于原地居民是弱势群体，政府还应当对原地居民的权利实行特别保护。原地居民的权利特别保护原则属于特殊原则，在特殊情况下也有必要加以适用。例如，有些农民与开发商签订了永久性土地转包合同，再次就土地权利进行谈判就变得很困难。法律可以规定转包合同的最长期限（如10年），以方便农民对合同条款进行重新谈判。再如，政府应当基于节制资本的目的，对转让土地的规模、土地用途作出限制性规定。又如，根据涉财权利位阶原则（笔者已另文阐述），我们可以得出生存财产优于资本财产的具体原则。根据这一原则，在原地居民与开发商的土地转让合同订立和履行过程中，应当注意为原地居民保留最低限度的生存条件。

保护原地居民的权利，提高其议价能力，有利于防止开发商以过低价格获得土地，有利于促进土地的集约利用。

(三) 公益用地的征收应当遵循法定程序

权利与权力关系理论是构建土地征收制度的重要理论渊源。土地征收制度应当体现原地居民土地权利与国家征收权的平衡。一方面，国家应当是公共利益的代表者，基于公共利益的需要，应当赋予国家以征收权，以保证公益用地的土地供应。另一方面，国家权力有可能被滥用，从而对原地居民的权利构成损害。保障原地居民的土地权利，有利于防止国家滥用征收权，促进土地的集约利用。为保障原地居民的土地权利，国家在对原地居民土地进行征收时应当持谨慎克制态度。在原地居民的权利与政府权力的平衡中，政府权力只要保持维持秩序和维护公共利益所必需的优势即可，政府不宜追求过度的优势。

国家对原地居民土地的征收应当满足如下要求：其一，国家的土地征收必须符合公共利益的目的。国家基于公共利益的需要，有权对原地居民的土地和地上建筑物实施征收。国家的土地征收应当限于公益用地（如青藏铁路）。其二，政府土地征收的决定应当征求原地居民代表机构的意见。其三，国家行使征收权应当遵循法律程序。较大规模的土地征收应当由同级人大和更高级别的政府批准。

如果土地征收工作能够满足上述要求，强制拆迁、"钉子户"等不和谐现象就会减少，并趋于消失。只有保证原地居民的上述实体权利和程序权利，土地征收方案才是合理合法的，才能获得原地居民的普遍服从，强制执行才会得到普遍的支持。在政府主导的社会，政府的力量强于资本，政府主导的过度规划、过度征收、过度建设是侵蚀原地居民权利的主要危险。

### （四）城市土地开发中原地居民的权利保护的特殊情况

城市原地居民的权利保护与农村原地居民的权利保护因土地制度不同而具有各自的特殊性。在我国城市，土地实行国家所有制，开发商的开发方案由于涉及国有土地的使用，因而必须经过国家批准方可实施。因为城市原地居民对合法使用的国有土地享有优先使用权，对国有土地上的建筑物享有所有权和使用权，因此城市房地产开发也涉及原地居民的权利问题，必须在保障原地居民的各项权利的前提下，经过原地居民的同意方可实施。

无论是城市还是农村，地上房屋的所有权都归属于房屋所有权人。开发商拆除私人建筑应当与建筑物的主人进行逐户协商并逐户签订拆迁补偿合同。多数人无权剥夺少数人的房产，否则将会陷入多数人的暴政；集体无权剥夺个人的房产，否则将会陷入集体的暴政；由开发商操纵的"民主决策"以多数人的名义剥夺少数人的房产，以集体的名义剥夺个人的房产，是以民主的名义对民主进行践踏。[1]

拆除公共建筑应当经过公示程序，听取公众意见。

### 四、环境权

（1）保护原地居民的权利有利于利用其掌握的生态保护和资源利用的地方性知识。联合国教科文组织制定的《实施教科文组织世界文化多样性宣言的行动计划要点》第14条指出："尊重和保护传统知识，特别是土著人民的传统知识，承认环境保护和自然资源管理方面的传统知识的作用。"原地居民的传统知识对于自然资源利用和环境保护具有重要作用。

（2）保护原地居民的权利有利于形成资源环境法律监督机制。首先，原地居民是生态环境中最早的居民，对自己熟悉的环境具有深厚的感情，比外来的资本所有者更有可能爱护自然环境。其次，保护原地居民的权利有利于推动监督机制的运行。原地居民社会更接近熟人社会，道德信息传播速度快，其内部的道德监督机制更为严密，更有可能及时发现并抑制破坏生态的行为。因此，发挥原地居民保护生态的积极性，尊重原地居民的权利，对促进生态保护具有积极作用。有学者指出："只有那些依赖自然资源和环境生存的人们，才是保护生物多样性的最佳人选，如果给他们一定的权利和责任，他们

---

[1] 参见姜明安："酒仙桥危改：不妨多一些民主形式"，载《人权》2007年第5期，第54页。

会把这件事情做得更好。"[1]

（3）保护原地居民的权利有利于减少废弃物的产生和排放。首先，原地居民所从事的传统生产方式和生活方式具有生态友好的特征，并且是循环经济产业链的重要环节。摧毁原地居民的生产生活方式，不仅会增大垃圾的产出量，而且会使大量垃圾因无法被回收利用而直接倾倒到环境中。其次，保护原地居民的权利可以提高现代文化向乡土文化自然环境排放废弃物的成本，促使现代文化主体控制资源使用的总量和废弃物排放的总量。从国家产业分工上看，保护原地居民的权利，有利于防止发达国家向我国转嫁污染。这样，可以将向自然环境和乡土社会排放的不可利用的最终废弃物降低到最低限度。

原地居民对本地自然环境有依恋之情，有保护本地生态的责任意识，原地居民保护本地自然环境的积极性高于外来移民。保护原地居民的环境权利有利于督促开发商做到清洁生产、控制三废的排放；保护原地居民的环境权利有利于督促政府处罚污染环境的行为，避免政府为经济增长或为了收费而放任污染环境的行为。只有保护原地居民的权利，发挥其保护生态的积极作用，才能扭转生态环境不断恶化的势头。保护原地居民的环境权是保护环境的根本途径。保护原地居民的环境权利是环保法实施的动力，保护原地居民的权利有利于促进环保法的实施。

## 五、参与权

过去的原地居民的权利保护存在着家长式保护的倾向。这种保护模式过于强调政府对原地居民生活的安排，由政府统一征用土地、统一安排开发商开发，忽视了原地居民的参与，使得原地居民的权利受到了自觉不自觉的侵犯。政府权力的不当行使、过度扩张是侵犯原地居民的权利的重要途径。

原地居民的参与包括三种情况：

（1）原地居民参与立法与政策制定。《宣言》第19条规定："各国在通过和实行可能影响到土著人民的立法或行政措施前，应本着诚意，通过土著人民自己的代表机构，与有关的土著人民协商和合作，事先征得他们的自由知情同意。"尊重原地居民的参与权，使原地居民能够参与经济与社会发展的

---

[1] 罗剑："文化多样性与贵州民族村寨的发展"，载吴一文主编：《文化多样性与乡村建设》，民族出版社2008年版，第125页。

决策，在政府与原地居民之间形成互动机制，有利于提高法律与政策的质量，有利于提高经济效率和社会效率。

（2）原地居民参与重大项目立项和实施。《宣言》第32条规定，各国在批准影响原住民的土地权利与资源权利的项目前，应当"通过有关的土著人民自己的代表机构，与土著人民协商和合作，征得他们的自由知情同意"。应当发挥社区组织在城镇化过程的组织管理功能，改变单一的政府加开发商的房地产开发模式，改变地产开发过于集中的格局。

（3）农村土地的征收要征得原地居民集体的同意。农村土地属于集体所有制，集体经济组织享有土地占有、使用、收益、处分的权利。我国《村民委员会组织法》也赋予了村民自治组织管理村内公共事务的一系列权力。这决定了村集体比成员享有更多的权利资源，在村内公共事务中应当发挥重要作用。政府在作出征收决定之前也要征求集体经济组织成员的意见。政府应当摒弃现代中心主义、城市中心主义，摒弃GDP崇拜，克制自身的文化目标，特别要克制自利的冲动，对原地居民的意见作出一定的让步。不应认为原地居民行使权利的行为属于不配合工作的消极行为而进行打压。原地居民与政府相比，原地居民是弱势一方，政府是强势一方，如果不对原地居民的权利实施特别保护，原地居民的权利极易受到侵犯。

原地居民通过自己的代表机构参与与自己的利益密切相关的法律与政策的制定、参与重大项目的决策比以个人身份提出建议具有更好的效果。

原地居民有权通过其代表机构参与对传统聚落保护的规划与管理。根据社会契约论，原地居民的自治组织是原地居民利益的代表者。在我国，原地居民的组织主要包括农村的村民委员会和城市的居民委员会。原地居民的自治组织有权管理团体内部事务，抑制原地居民内部的无序行为（无序建设、无序经营、无序竞争）。自治组织有权代表该团体与其他组织进行协商谈判。自治组织可以成为连接政府与原地居民联系的桥梁和纽带。国家可为自治组织提供一定的工资和事业费补贴，以促进自治组织的良性运行。

传统聚落规划应当坚持政府管理与原地居民参与相结合的原则。政府对传统聚落保护的一般知识有更多的了解，赋予政府管理传统聚落保护工作的职权是合适的。原地居民对具体的传统聚落的个性有更多的了解，承认原地居民的参与权是有必要的。政府主导的传统聚落规划必须吸收原地居民的参与；原地居民自主的传统聚落规划必须接受政府的管理。应当将原地居民参与作为传统聚落规划合法性的标准和前置条件。即传统聚落保护规划必须吸收原地居民的参与,否则应当视为无效。

社区规划与建设也应当坚持政府管理与原地居民参与相结合的原则。政府、原地居民集体、原地居民个人可以在社区规划建设的不同层次分别占优势。第一,政府制定关于社区规划建设的立法。地方政府负责村外公路的规划。第二,社区内部道路规划、基础设施的建设可以由县乡政府提出指导性意见,由原地居民代表机构负责实施。第三,小巷、胡同由原地居民自治组织提出指导性意见,经原地居民协商建设。自用建筑由未来的产权人依照法律规定自行建设。政府对建设是否符合法律要求进行监督。

发挥原地居民自治组织的作用意味着政府转变职能。政府应当将民间组织可以完成的管理社会职能下放给民间组织,完成从全能政府向有限政府转变。政府应当向原地居民集体下放更多的权力。政府可以对村集体事务提出指导性意见,实施依法管理。政府可以提供治安、司法、社会保障等公共服务,但不宜任意干预村集体内部事务。

法治政治就是阳光政治。为保证公民参与权的实现,治理者推行政务公开,为原地居民享有信息资源提供便利条件。

## 第三节 保护原地居民的权利的积极意义

### 一、保护原地居民的权利有利于促进文化遗产的全面保护

(一) 文化遗产保护观的转变

以物为本的文化遗产保护观单纯强调将文化遗产作为物来保护。其弊端在于:文化遗产因为与主人相分离而缺乏生气,文化遗产成为遗体,而不再是活体。文化遗产因为缺乏主体的有效管护而常常遭到破坏。原地居民作为文化遗产的主人失去了对文化遗产的拥有、使用、传承的权利。

以人为本的文化遗产保护观则认为,文化主体(包括原地居民)是文化遗产的创造者、使用者、传播者、传承者,通过保护文化主体的权利可以达到保护文化遗产的目标。在文化遗产保护工作中,不仅要保护作为客体的文化遗产,而且要保护文化遗产主体的权利。文化遗产(如传统聚落)凝聚了无数人的智慧、情感、劳动,保护文化遗产就是对前人智慧、情感、劳动的

尊重。对文化遗产应当有敬畏之心，破坏文化遗产的行为属于对文化规律的无知。只有保护文化主体的权利（使用权、管理权等），才能使文化遗产与人相伴，保持文化遗产的鲜活性，使文化遗产得以传承和再创造。尊重文化主体对文化遗产的使用权、管理权有利于在文化遗产保护工作中注入人本精神，实现从以物为本的文化遗产保护向以人为本的文化遗产保护的转变。

（二）保护原地居民的权利是保护文化遗产的根本途径

因为原地居民是传统文化的主要传承者、是文化遗产的管理者，所以，为保护濒临灭绝的传统文化和保护文化遗产，必须加强对原地居民权利的保护。

在过去的传统村落保护中存在的一个做法是将原地居民强制迁出。这种做法不仅侵犯了原地居民的居住权，而且造成了原地居民与传统村落的分离，加剧了空心化现象，改变了传统村落的文化原生态。

有学者认为，传统村落保护应当重视将原地居民留下来，尊重他们原有的生产生活方式，保持文化活性，保护文化原生态。不应当将传统村落发包给开发商统一进行商业开发，更不能将原地居民强制迁出。[1]

保护原地居民的权利有利于保护传统聚落的文脉、文化记忆、文化情感（乡愁）。传统聚落文化是地域文化的根本，移植外来文化应当尊重传统聚落文化的背景，不应毁灭传统文化。保护原地居民的权利有利于保持传统聚落文化发展的连续性，保持传统聚落的文化原生态、文化的本真性。

中国传统文化是建立在农耕文明基础之上的文化，传统村落记录着乡土熟人社会的乡愁，传承着中国传统文化的血脉，要实现中国传统文化的复兴，就必须保存传统村落这一粒传统文化的种子。

保护传统村落（聚落）的具体措施有：其一，在尊重传统村落自然环境和街区格局的前提下提出规划与保护方案，建设排水、消防等基础设施。其二，在尊重传统建筑风格的前提下引入现代生活设施。其三，通过保护传统民俗、节日，加强村民的交流，增强文化生活的丰富性。其四，保护传统技艺，复兴传统产业。其五，在尊重文化原生态的前提下发展旅游产业，提供就业机会，增加村民收入，提高传统村落对原地居民的吸引力。

---

[1] 参见刘铁梁：“原住民也是古村落里'不可移动文物'"，载《辽宁日报》2015年2月11日。

## 二、保护原地居民的权利有利于保持民间法的再生能力

政府的智慧是有局限的，民间社会蕴藏着无限的智慧，民间社会不断产生着新的惯例、规则、制度，国家法的规则创新与制度创新需要从民间法中得到借鉴。因此，保护原地居民的权利、适当维护原地居民团体的稳定性意味着保护民间社会的规则创新的能力。

出于保护文化多样性的理由，国家法应当容忍民间法中包含与国家法轻度抵触的内容，在国家法的统一性、权威性上作出一定让步。国家应当包容适度违背国家法但社会效果良好的社会规范。例如，容忍自治组织轻度违背国家法的规则（如轻度的男女不平等）。

为发挥民间法的作用，国家法的调整领域应当适度让步，为民间法留有发挥作用的空间。例如，在涉及藏区赔命价习惯的判决中，刑事附带民事诉讼部分的判决可以支持一定的命价要求。

国家作为社会组织的一种形式存在局限性，无法单独完成调控社会的任务，应当为多种社会组织保留发挥作用的必要空间。从国家法角度来看，社会组织的规范可能不完全符合国家的要求，但是如果不允许社会组织制定规范，社会组织就将走向消亡，社会组织的积极作用也就无从发挥。要达到调整社会的目的，既要维护国家的权威，也要发挥社会组织和民间规范的积极作用。

## 三、保护原地居民的权利有利于建立党委领导下的商谈机制

2017年10月18日，习近平总书记在党的十九大报告中指出："打造共建共治共享的社会治理格局。加强社会治理制度建设，完善党委领导、政府负责、社会协同、公众参与、法治保障的社会治理体制，……"[1]用法治话语来表达，共建、共治、共享的社会治理格局的重要内容就是建立党委领导下的商谈机制。原地居民是重要的商谈主体，保障原地居民的权利是保障商谈机制正常运行的重要条件。建立和完善商谈机制对于提高社会治理的水平具有重要意义。

---

[1] 习近平：《决胜全面建成小康社会 夺取新时代中国特色社会主义伟大胜利——在中国共产党第十九次全国代表大会上的报告》（2017年10月18日）。

社会主义协商民主要求建立多样文化主体的商谈机制。协商民主体现了作为强势主体的移民对作为弱势主体的原地居民的宽容。在文化多样性下，不同文化群体都有自己的利益和文化，实行协商民主可以使不同的文化群体（特别是弱势文化群体）的利益和文化得到充分的表达。

文化多样性社会的文化资源较为丰富，这为形成多种可供选择的妥协方案提供了良好的文化条件。在文化多样性下，人们在多样利益目标和多样价值目标之间作出选择，不必固守单一目标，因此比较容易通过协商妥协达成一致意见，形成各方都可以接受的方案。"在回应型法中，秩序是协商而定的，而非通过服从赢得的。"[1] 通过协商妥协制定吸收多样文化的合理因素的规则与秩序是人类理性的胜利，是人类战胜自身弱点的胜利。

民主法治社会比专制人治社会具有更强的文化包容性。要建立多样一体的文化政策就必须接受民主法治的框架，尊重自由权利，尊重科学精神、宽容精神。在民主法治和正当程序的框架下，多样治理主体可以通过对话形成共同接受的利益分配方案和价值共存方案。

### 四、保护原地居民的权利有利于促进资本的合理利用

从文化人类学的角度看，原地居民与企业的冲突实质上是传统文化与现代文化的冲突。传统文化与现代文化的平等、国家在原地居民和企业之间保持超然姿态是解决涉原地居民案件的前提条件。国家如果有倾向地站在企业的一方，就不可能使这类案件得到很好的解决。例如，在建设用地上，国家只应负责公益用地的征收，而商业用地的获得应当由企业与原地居民协商解决。

资本的恣意扩张是侵犯原地居民的权利的重要力量，要保护原地居民的权利就必须节制资本。建立原地居民的权利与资本权利的平衡机制有利于遏制资本的泛滥，促进资本的合理利用。原住民是经济主体，保护原地居民的权利有利于形成原地居民与开发商的协商机制，有利于提高开发方案的合理性，有利于提高资源（特别是土地）的使用效率，抑制过多占地，避免破坏性开发。保护原地居民的权利，有利于通过提高土地开发成本引导资本投向文化创新的领域，有利于提高资本运行的社会效率。

---

〔1〕 [美] 诺内特、塞尔兹尼克：《转变中的法律与社会》，张志铭译，中国政法大学出版社1994年版，第105页。

保护传统文化，保护原地居民的权利本身就是节制资本的无序扩张、节制现代文化的外延过度扩张的重要途径。保护原地居民的权利有利于抑制资本的扩张，使原地居民所在地的资源环境得到切实的保护，使原地居民的文化遗产得到切实的保护。如果国家对开发商进行倾斜保护，而忽视保护原地居民的权利，资源环境和文化遗产就不能得到有效保护，自然资源法、环境保护法、文化遗产保护法等法律法规都将失去发挥实效的社会条件。

**五、保护原地居民的权利有利于促进权力的合理运用**

因为追求公共利益目标和平等价值必须借助于国家权力的宏观调控，所以在追求公共利益目标与平等价值的过程中，必然伴随着国家权力膨胀和滥用的危险。在借助于国家的力量进行宏观调控的同时，必须注意控制国家权力的膨胀和滥用。2013年1月22日，习近平总书记在中纪委十八届二次全会上的讲话指出，要加强对权力运行的制约和监督，把权力关进制度的笼子里。习总书记用"笼子"比喻关于权力的制约监督机制。公民权利对国家权力的监督是权力制约监督机制的重要组成部分。在征地拆迁和项目建设过程中，权力的扩张和滥用时有发生，原地居民个人监督、集体监督、社会监督可以每时每刻地防止权力扩张和被滥用，保证权力运行的合法性，保证权力运行符合公共利益。

资本与权力都是人造物，都具有两面性。资本与权力的合理利用可以造福社会，而资本的泛滥与权力的滥用则可以危害社会。资本的泛滥和权力的滥用是人造物异化的表现形式，是妨碍社会治理的两种因素。要实现社会治理的完善就必须节制资本、约束权力。

建立党委领导下的原地居民、企业、政府三方协商机制是完善社会治理的重要途径。三方协商机制的形象化表述就是，在原地居民、企业与政府三方之间建立等腰三角形权利平衡机制。政府与企业和原地居民的距离是相等的，政府在企业与原地居民之间保持超然公正的姿态。建立三方协商机制有利于保障政府决策的科学性、公正性，防止国家权力被滥用。例如，控权机制的缺陷是造成地方政府征收权被滥用的重要原因。保障原地居民的权利是控制地方政府滥用征收权的制度设计的重要组成部分。

在维护社会稳定和政府权威的前提下，等腰三角形权利平衡机制应当逐步向正三角形权利平衡机制过渡。这一过渡意味着政府权力逐步收缩。正三角形权利平衡机制意味着原地居民与企业监督政府的作用的加强,意味着政府滥用权力可能受到更强的抑制。在这一平衡机制中,为保障秩序,政府权力只需保持最低限度的优势即可。

依法治国要求建立法治政府,要求政府掌握有限权力,实现从全能政府向有限政府转变;依法治国要求政府承担责任,从无责政府向责任政府转变。是否尊重原地居民的权利是评价政府治理模式是否真正转换的重要标志,也是衡量政府是否是一个法治政府的重要标志。

原地居民权利保护是实现以人为本、以人民为中心的重要途径,是防止出现以资为本、以权为本的制度保障。这样,有利于减少社会变革的阻力,降低社会变革的成本。建设社会主义的土地应当来源于对原地居民土地的合法征收(和平赎买)。建设社会主义的资金主要来源于公平征税和合理收费,不能依赖房地产开发。发展社会主义事业与保护原地居民的权利是可以统一的,二者不存在绝对的对立。

## 第四节 原地居民个体权利与集体权利的关系

### 一、个体权利与集体权利关系的理论渊源

在个人权利与集体权利的关系上,自由主义与社群主义作出了不同的回答:

自由主义强调个体权利优先。自由主义强调个体的价值,强调个体的自由与独立,具有个体本位、权利本位的理论特征。自由主义认为,社会是由个人组成的,只有个人权利才是真实的。自由主义在成员权利与集体权利冲突上主张特别保护成员权利。自由主义的一个理论贡献在于发现了个人,将个人从集体与社会的束缚下解放出来。他们认为,个人权利是目的,集体权利是保护个人权利的手段。自由主义强调人的公民身份,认为人是国家的公民,甚至是世界公民。

文化多样性研究学者在评价自由主义的立场时指出:"经典自由主义强调个人权利的平等,但常常难以顾及群体权利和社会公正……很有必要对经典自由主义进行修补。"[1] 自由主义在强调个体人的同时,忽视了人有群体人、

---

[1] 王俊芳:《加拿大多元文化主义政策》,中国社会科学出版社2013年版,第224页。

社会人的一面，忽视了群体、社会对个人的影响。有学者认为："自由主义把人视为是孤立的原子，它把人从封建等级中解放出来的同时，又把人置于一个同质性的'人民'或'国家'之中。"[1] 文化同质化是指，由于只承认人的国家公民身份、忽视人的集体成员身份，使每个人的文化差异被忽视了。自由主义具有个体本位、权利本位的特征。过于强调人的公民身份、忽视集体成员身份将会侵蚀人的文化个性，忽视人的文化权利，这是造成文化冲突的重要原因。片面强调个人的自由权利、忽视集体权利，不利于弱势群体借助于集体的力量保护自身权利，不利于实现社会整体利益。自由主义的膨胀有导致资本泛滥、两极分化、过度的生态损耗的危险。社群主义学者塞尔兹尼克在批判自由主义的弊端时指出："我们不能接受自由放任的资本主义可能给公共健康、自然资源和社会生活的品质带来的那些必然损害。"[2] 要想防止自由主义走向极端，就必须借助于异质文化（社群主义、福利主义）力量予以平衡。

社群主义则强调集体权利优先，个人对他人和集体尽义务，强调个人的社会责任。社群主义认为个人对他人与集体的责任是无限责任。塞尔兹尼克认为："共同体最主要的美德是无限义务"，即对他人、对共同体尽无限义务。[3] 社群主义试图用义务与责任引导人的行为。个人的社会责任根源于共同体内部成员间的相互依存关系（合作、互助、集体防御等）。社群主义的理由在于：集体是个人生存和发展的条件，特别保护集体权利，有利于保持原地居民集体的稳定性、有利于保护文化资源，保护弱势群体的生存和发展条件。

社群主义崇尚集体利益，主张为实现集体利益而限制个人利益。塞尔兹尼克认为："社群主义的批判提醒我们，权利属于集体生活而不是在集体生活之外。"[4] 社群主义认为集体利益高于个人利益，集体利益是实现个人利益的条件，个人权利的行使必须符合社会公共利益。个人对集体负有责任，克

---

[1] 常士訚主编：《异中求和：当代西方多元文化主义政治思想研究》，人民出版社2009年版，第41页。

[2] [美] 菲利普·塞尔兹尼克：《社群主义的说服力》，马洪、李清伟译，上海人民出版社2009年版，第91页。

[3] [美] 菲利普·塞尔兹尼克：《社群主义的说服力》，马洪、李清伟译，上海人民出版社2009年版，第24页。

[4] [美] 菲利普·塞尔兹尼克：《社群主义的说服力》，马洪、李清伟译，上海人民出版社2009年版，第78页。

制个人权利是公民的社会责任的重要组成部分。

社群主义强调集体成员的身份。人不仅是同质的国家公民,而且是异质的文化集体的成员,人具有公民与集体成员双重身份。集体在塑造个人人格方面发挥重要作用。集体成员身份是成员在集体中所处地位的标志。

除社群主义外,老保守主义也具有重视集体权利的倾向。老保守主义与新保守主义相比较,更强调集体权利。老保守主义认为,处于个人与国家之间的"中间性集体"(如家庭、教会、企业、慈善机构等)是抵御国家权力侵犯、维护个人权利的防线。[1] 社会主义、共产主义、福利主义、宗教等思想体系也具有义务本位、集体本位的特征。这一特征与社群主义接近。

社群主义认为,自由与责任存在紧张关系,过于强调自由,将会导致责任的缺失;权利与义务也存在紧张关系,过于强调权利,也将会导致义务的缺失。社群主义批评自由主义"缺乏责任伦理",导致自由与责任的分离。[2] 社群主义并不企图否定自由主义,只是试图对自由主义忽视义务与责任的局限性加以弥补与矫正。

个体权利与集体权利的动态平衡的社会背景是自由主义与社群主义的竞争与妥协。其中,自由主义具有精英主义倾向,社群主义则具有平民主义倾向。个体权利与集体权利的动态平衡的社会背景是精英与大众力量的交替占优势。

多样一体法哲学主张个体权利与集体权利的妥协。个体权利与集体权利的妥协的主张是在吸收自由主义与社群主义的合理性的基础上形成的。

原地居民个体具有双重身份。一方面,原地居民个体是国家公民,他的权利受到国家法保护,原地居民集体不得侵犯个体的权利。另一方面,原地居民个体也是原地居民集体的成员,应当服从集体利益,对集体尽义务。研究原地居民的个体权利与集体权利的关系必须权衡原地居民的这两种身份。

《宣言》"序言"强调保障原住民"生存、福祉和整体发展不可或缺的集体权利"。相比较而言,《宣言》更强调原住民的集体权利。

集体权利包括两方面含义:第一,集体对其成员的管理权力,属于"公

---

〔1〕 杨明伟:《保守主义——一种审慎的政治哲学》,中国书籍出版社2013年版,第6页。

〔2〕 [美]菲利普·塞尔兹尼克:《社群主义的说服力》,马洪、李清伟译,上海人民出版社2009年版,第9页。

权力"的范畴。第二，集体向其他集体和更大的集体主张利益的权利，属于"私权利"的范畴。

在传统的理论阵营中，自由主义与社群主义是两种具有意识形态功能的文化，二者相比较，自由主义对传统文化表现出了更多的宽容。未来的主导文化之争在很大程度上是包容性的竞争。谁具有更大的包容性，谁就具有更强的竞争力。社群主义在强调集体利益、集体权利的同时，也具有集体走向物质主义的倾向。社群主义应当克制这一倾向，具体措施之一就是对传统文化、精神文化持更为宽容的态度。

多样一体法哲学处理个体权利与群体权利关系的具体方案如下：

（1）区分不同的文化领域，使个体权利与集体权利在不同领域分别领先，使个体权利在某些领域占优势，使集体权利在其他领域占优势。

（2）区分不同的时段，使个体权利与群体权利在不同的时期交替领先，使个体权利在某些时段领先，使集体权利在另外一些时段领先。

（3）保护集体权利带来的福利必须由所有的个体实际享有。国家利益必须为个体和文化群体享有才是真实的，如果以国家利益为由任意侵蚀文化群体利益，国家利益将成为虚幻利益。

（4）为实现社会的团结与合作，应当制定保障集体权利的最低限度的规则，必须尊重国家主权和领土完整。集体利益只需占有维持社会生活和公共幸福所必需的优势即可，不必在任何情况（领域与时段）都占据绝对优势地位。应当反对以国家利益为由任意侵蚀个体和文化群体的利益。

## 二、个人权利与集体权利的平等保护是一般原则

法治要求同理案件同类处理，同样的人（主体）同样对待，不能因人而异。确立个人权利与集体权利平衡原则符合法治的要求。首先，单纯强调个人权利优先将会弱化公权力的调控能力，造成一部分人凌驾于其他人之上，造成强势主体对弱势主体的不宽容。其次，由于集体权利的实现需要借助于公权力的使用，单纯强调集体权利优先将会造成公权力的膨胀，造成国家对民间社会、国家对个人的不宽容。单纯强调个人权利优先或者单纯强调集体权利优先都会造成不宽容。建立个人权利与集体权利的平衡才真正有利于促进宽容。

### 三、原地居民集体权利的特别保护属于平等保护原则的例外情况

应当注意到,个人权利与集体权利平衡原则也存在概括性不足的局限性。现实社会是复杂的,总是存在一些特殊情况,机械地适用此原则将会出现不利后果。因此,应当容忍例外情况的存在。

(一)原地居民集体的财产权的特别保护

在解决财产权冲突的过程中,财产权平等保护原则是一个一般原则。由于现实情况复杂,财产权平等保护原则存在例外情况(特例)。有学者在民间法田野调查中也注意到了民间法的集体本位特征。"村寨中的集体利益和个人利益有时也会发生冲突,由于集体的观念在民族村寨中十分浓厚,所以,民间法中集体利益优先的特点十分明显。"[1] 在原地居民个人的财产权利与集体的财产权利发生冲突的情况下,应当对原地居民集体的财产权利给予一定程度的特别保护。

"霍福尔诉霍福尔案"(Hofer v. Hofer)。加拿大的哈特教派是一个来自欧洲的教派,他们以农业为生,实行财产公有,不承认私人财产。该教派规定"一生中任何时候都没有权利离开殖民地,除非放弃所有的一切,甚至身上的衣服"。有两个成员因改教而被驱逐,他们要求带走自己作出贡献的财产份额,遭到了哈特教派的拒绝。加拿大最高法院支持了哈特教派的诉讼请求。[2] 该判例隐含的规则是:基于保护原住民集体的稳定性和文化多样性的理由,可容忍原地居民集体对成员财产权作出适度限制。本案判决采纳了社群主义的观点。

皮金法官对本案判决提出了异议,并认为,改变宗教需要付出放弃全部劳动成果的高昂代价实际上剥夺了个人的宗教信仰自由。皮金法官的异议属于自由主义。自由主义认为,个人是独立自主的,个人不仅有加入文化集体的自由,也有改变信仰的自由,法律应当尊重公民改变信仰的自由。

笔者主张以社群主义的判决意见为主,吸收自由主义的异议意见的合理性,提出一个折中的判决意见。第一,两成员有权带走维持一定时间基本生活所必需的财产份额和劳动所需的工具。这一意见可以体现出对两成员生存权和发展

---

[1] 张晓辉、王启梁:"民间法的变迁与作用——云南25个少数民族村寨的民间法分析",载《现代法学》2001年第5期,第37页。

[2] 参见[加]威尔·金利卡:《多元文化的公民身份——一种自由主义的少数群体权利理论》,马莉、张昌耀译,中央民族大学出版社2009年版,第227~228页。

权的尊重，吸收了自由主义尊重个人权利的因素。第二，基本财产份额和劳动工具以外的财产归集体所有。这一意见吸收了社群主义保护集体权利的因素。

例如，"许氏祖先画像案"。浙江省东阳市在明朝后期出了一个名人——许弘纲（官至南京兵部尚书），宫廷画师为他的父母画了画像。该画像现由其女性后人许月英保管。许月英认为，该画像是父亲的遗产，自己可以合法继承，并想出售牟利，但遭到了许氏族人的反对。许氏族人认为，该画像是许氏族人的共同财产。法院支持了许氏族人的主张。有学者区分了人格财产和可替代财产，并认为，团体也可以拥有人格财产。许氏祖先的画像属于许氏族人的集体人格财产，许氏族人中的个人无权处分该财产。[1]本案判决也支持了原地居民集体权利特别保护的要求。在本案中，家族生成于一定地域，是一种原地居民团体。家族不仅是血缘亲缘团体，也是文化团体。家族具有社会互助、传承文化、形成规则、规范行为等方面的积极作用。文化多样一体法学从全社会的最大利益出发，主张保护文化多样性、保持文化生态平衡，具有同情弱势文化的倾向。在家族过于强势（判别标准是侵蚀公共权力，侵犯成员生命权、健康权、整体自由权）的情况下，文化多样一体法学着重强调家族文化的消极作用，主张抑制家族文化；而在家族过于弱势的情况下，文化多样一体法学则转而强调家族文化的积极作用的一面，主张保护家族文化。保护家族文化的方法之一就是，在家族与成员发生财产权利冲突的情况下，特别保护家族的财产权利（如祠堂及其他家族财产）。

解决集体成员权利冲突的一般原则是平等保护原则（权利平衡原则）。在一般情况下，成员离开集体带走自己的财产份额可以得到法律的支持。此处提到的为保护原地居民文化而提出的集体财产权利特别保护原则属于例外情况。如果将集体财产权利特别保护原则也作为法律原则，那么，它属于第二位原则、特殊原则。

（二）特许权利授予原地居民集体，而不授予个人

采集和狩猎是人类历史上最早出现的谋生方式（经济类型），也是原地居民世代传承的谋生方式。工业文明的出现和人口的膨胀造成了动植物资源的枯竭。为保护动植物资源，国家法出台了禁止采集珍稀植物、禁止捕猎珍稀

---

[1]　参见徐国栋："现代的新财产分类及其启示"，载《广西大学学报（哲学社会科学版）》2005年第6期，第50页。

动物的规则。在原则上,这一规则适用于国家法管辖范围内的所有的人。但是,出于保护传统谋生方式、保护文化多样性、尊重原地居民的谋生方式选择权的理由,国家法在原地居民适用法律问题上应当作出变通,即允许原地居民在法定的约束条件下不执行国家法规则。

在加拿大,国家将捕鱼与狩猎的特许权利授予原地居民部落,而不授予个人。"土著人的特别狩猎和捕鱼权利,通常是由部落或群落来行使的……印第安人的狩猎权利没有授予给个人。"[1]印第安人有猎获物共有的传统,个人仅支配与自己密切相关的物品。印第安人土地与猎获物共有的习惯的存在有利于促使人们反思私有经济的局限性。私有经济的局限性必须由公有经济来弥补与矫正。

在黑龙江省大兴安岭地区(行政公署所在地加格达奇在内蒙古呼伦贝尔境内),为了保护野生动物,政府作出了"禁猎缴枪"的规定。为保护鄂温克族传统的狩猎文化,政府给予原地居民集体每年度一定数量的狩猎指标。为防止哄抢造成狩猎数量失控,狩猎指标不授予原地居民个人。狩猎活动和猎物的分配由原地居民集体负责管理。在特许权利享有上,集体权利优于个人权利。特许权利的法律规则是集体本位的,而不是个体本位的。

在大兴安岭地区,为保护森林资源,政府实行了严格的禁伐令,在林区全面禁止森林砍伐。这一规定对于保护森林资源发挥了积极作用。但是,过于严格的禁伐令也有消极作用的一面:它不仅造成了原地居民的森林文化面临灭绝,也造成了我国木工行业缺乏木材原料。笔者建议,在保持林木资源适度增长的前提下,也可以给予原地居民集体一定数量的林木采伐指标,采伐活动由原地居民集体负责管理。这样不仅有利于传承原地居民的森林文化,而且可以为濒临灭绝的木工行业提供最低限度的木材原料。

## 四、原地居民集体权利特别保护的意义

(一)原地居民集体权利的特别保护有利于保护原地居民文化的完整性

原地居民集体不仅是经济共同体,也是文化共同体。因为文化传承需要借助于集体的记忆、互动、教育等功能,所以,集体在文化传承上的作用远

---

[1] 参见[加]威尔·金利卡:《多元文化的公民身份——一种自由主义的少数群体权利理论》,马莉、张昌耀译,中央民族大学出版社2009年版,第65页。

大于个体，基于保护濒临灭绝的弱势文化的目的，可以对原地居民的集体权利实施特别保护。如果原地居民集体消亡了，单靠个体传承文化（如指定非物质文化遗产传承人）是不持久的，传统文化最终将会走向消亡。为保护弱势文化的继承性、连续性，保护文化多样性，就必须保持原地居民集体的稳定性。为保持原地居民集体的稳定性，在个人权利与集体权利发生冲突的情况下，在保持个人权利与集体权利的大致平衡的情况下，必须向保护集体权利适度倾斜。原地居民集体权利特别保护对于保护原地居民集体的稳定、保护原地居民文化的存在与传承、保护文化多样性具有重要意义。在现代文化占据绝对优势的情况下，如果不对原地居民予以特别保护，弱势文化将会快速走向消亡。

在弱势文化保护的意义上，为保持文化团体的稳定性，在个人权利与集体权利的动态平衡中，可承认集体权利保持最低限度的优先地位。因为，原地居民集体在传承传统文化上发挥着重要作用。所以，为保护濒临灭绝的文化，在原地居民集体与个人的财产权利发生冲突的情况下，可以优先保障原地居民集体的财产权利。

保护印第安部落集体权利的制度至少包括如下内容：第一，在保留地内实行土地共同掌握的制度。金利卡认为："少数群体成员有使用某些土地和资源的优先权。"[1] 在欧洲殖民者入侵之前，美洲印第安人实行土地共同掌握的制度，而欧洲殖民者为进行商业开发强行在原地居民的土地上建立土地私有制度。第二，国家法将特别狩猎权和特别捕鱼权授予部落，而没有授予个人。[2] 保护印第安部落集体权利的制度有利于保护印第安文化的完整性，发挥部落在管理成员、传承文化方面的积极作用，有利于保护旅游资源、发展旅游经济。

原地居民集体权利优先保护的社会依据在于原地居民社会的结构。原地居民社会是自然形成的社会，其社会结构的特点在于：亲缘纽带牢固，因而原地居民社会更为重视亲情；地缘纽带牢固，因而原地居民社会更为重视乡情（乡愁）。因此，原地居民社会是集体本位的社会。在个人权利与集体权利

---

[1] [加] 威尔·金利卡：《多元文化的公民身份——一种自由主义的少数群体权利理论》，马莉、张昌耀译，中央民族大学出版社2009年版，第157页。
[2] [加] 威尔·金利卡：《多元文化的公民身份——一种自由主义的少数群体权利理论》，马莉、张昌耀译，中央民族大学出版社2009年版，第65页。

发生冲突的情况下，集体权利自然占据优势地位。

国家法应当容忍原地居民集体对成员权利作出轻度限制。出于保护文化多样性的理由，国家法应当容忍原地居民集体对成员自由权利予以轻度限制的民间法存在，在自由价值的追求上作出一定让步。在个人权利与集体权利发生冲突的情况下，应当使集体权利保持最低限度的领先地位，给予一定程度的特别保护，对个人权利作出适度克制。

在特别保护原地居民的集体权利的同时，也应当注意最大限度地保护个人权利。对个人权利的克制应当控制在必要的限度内，否则将会造成个人权利的过度损害和集体权利的虚幻化。

（二）原地居民集体权利特别保护有利于提高原地居民的维权能力

我们可从自然界中强者与弱者的平衡中得到启示：强者具有力量优势，弱者只有在数量占据优势的情况下才能取得与强者的平衡。人类社会亦然。

精英主义在掌握社会资源（权力资源、物质资源、信息资源等）方面占据优势，依靠个体的竞争就可以获得成功，这也构成了精英主义崇尚自由、崇尚个人权利的理由。而弱势群体只有联合起来在数量占据优势的情况下才有可能获得胜利，要维系这一联合就必须在资源分配上趋向平等，这也构成了平民主义崇尚集体权利、崇尚平等的理由。弱势文化集体只有保障集体的完整性，实行集体维权才能使作为成员的个人权利得到实现。因此，不宜将个人权利与集体权利对立起来。对于弱势文化集体而言，集体权利是个人权利的保护带，是个人权利得以实现的条件，这符合唇亡齿寒、皮之不存毛将焉附的道理。

在美国，存在着来自许多国家的移民依靠祖籍国的文化纽带聚族而居形成的社区（如中国的唐人街），他们成立了各自的组织，依靠组织进行自我管理，并依靠组织的力量维护自身权利。来自外部的强势群体的歧视激发了他们的群体意识、维权意识。弱势文化群体面临强势文化的歧视和攻击的威胁造就了弱势群体比强势更强的群体意识、联合维权意识。弱势群体的个体维权的影响是有限的，而集体维权则更具有影响力。有学者认为："对于族裔群体来说，保持文化认同，巩固族裔群体的内部凝聚力也是他们参与美国政治生活、争取其政治权利和提高政治地位的有效途径。"[1]

---

[1] 朱全红：《论美国移民的双重文化认同》，载余志森主编：《美国多元文化研究——主流与非主流文化关系探索》，华东师范大学出版社2012年版，第64页。

原地居民属于弱势群体，在与其他群体竞争中处于劣势地位。出于保障人权和维护正义的目的，保障原地居民集体的稳定性有利于发挥集体的力量维护权利，使其不利地位得到弥补。保持原地居民集体的稳定性，有利于原地居民以组织的形式捍卫自己的基本生存和发展条件。原地居民对成员权利的轻度限制给成员造成的损失可以因为原地居民集体维权行动的成功而得到弥补。

原地居民的权利是一种新类型的权利。在人权分类体系中，原地居民的权利属于特殊主体的人权。由于我国政府与公众对原地居民的权利认识不充分，致使我国原地居民的权利保护工作存在不足之处。发现和认同原地居民的权利并予以切实保护，对于维护社会的和谐稳定具有重要意义。

# 第十章
# 法律人类学视野下的民间法

## 第一节 民间法释义

### 一、民间法概念的提出

日本学者千叶正士提出了国家法与民间法的划分。他认为，存在两种意义的法：一种法可以称为正式法、官方法、国家法，另一种法可称为非正式法、非官方法、民间法。[1]"国家"与"民间"是相对应的词汇，"国家法"与"民间法"也是相对应的概念。

我国学者梁治平在研究清代习惯法时使用了"民间法"一词。他说："社会不能容忍无序或至少不能容忍长期的无序，结果是，在国家法所不及和不足的地方，生长出另一种秩序，另一种法律。这里可以先概括地称之为民间法。"[2] 国家法在构建秩序上具有局限性，总是存在鞭长莫及或力不从心的领域，民间法可以填补国家法的真空，弥补国家法的不足。

民间法（folk law）是指民间社会自发形成的在一定范围内具有普遍约束力的规则。民间法的约束力来自熟人社会道德信息的快速传递所产生的舆论压力、民间权威的推动、社会组织的强制等方面。处于民间社会的人们如果不遵守民间法将会产生不利后果，其中最轻微的后果就是信誉评价的降低导

---

[1] 参见［日］千叶正士：《法律多元——从日本法律文化迈向一般理论》，强世功等译，中国政法大学出版社1997年版，第2页。

[2] 梁治平：《清代习惯法：社会与国家》，中国政法大学出版社1996年版，第32页。

致未来合作利益的损失。民间法的约束力虽不及国家法的强制力那样强烈，但也不是可以随意违反的。只有具有约束力的民间习惯才是民间法。例如，订婚送彩礼的习惯的约束力表现在：男方违约，无权要求返还彩礼；女方违约，如数返还彩礼。因而，订婚送彩礼的习惯属于民间法。

那些不具有约束力的习惯（如饮食习俗、节日燃放鞭炮的习俗）不属于民间法。但是，国家可以将不具有约束力的习惯纳入民间法研究范畴。例如，本书讨论的"民间法"也涉及了国家对饮酒习惯、节日燃放鞭炮习惯的政策组合。

按照组织的现代化特征，可将民间组织分为传统型民间组织和现代型民间组织。传统型民间组织是靠血缘关系和地缘关系结成的社会组织，包括家族、部落、实行长老统治的传统村落、同乡会、行会等。传统型民间组织内部通行的具有普遍约束力的规则属于民间法。民间法的形成途径以自发形成为主导途径，以传统社会组织制定为辅助途径（传统民间社会组织也具有制定规范的功能，如制定村规民约）。民间法主要指传统型民间社会自发形成的具有约束力的习惯。

现代型民间组织则是按照自由民主法治原则结成的社会组织，包括现代意义上的社区组织、社团组织、公司等。现代社会组织规则的形成途径以制定（理性建构）为主要途径，以自然形成为辅助途径。相对于国家，现代型民间组织也具有一定的小型熟人社会的特征。因此，现代型民间组织的规则也可以被纳入民间法的范畴加以研究。

民间法的种类包括：具有约束力的家族规范、礼俗规范，具有约束力的风俗习惯、传统的行业规范、传统社区的规范等。

民间法不具有严谨的文件形式，是不成文法的重要内容。而国家法则经过国家机关制定，具有严谨的文件形式，是成文法的重要内容。

习惯包括国家习惯和民间习惯。国家习惯是在国家机关运行过程中形成的具有约束力的习惯。而民间习惯则是民间社会自发形成的具有约束力的习惯。

民间法的概念并不严格区分法律与道德、风俗习惯。在学术传统上，民间法的概念属于法律人类学，可以看成是社会学法学派的一个支派。社会学法学派与自然法学派不严格区分法律与道德，与严格区分法律与道德的分析法学派形成了鲜明的对照。

套用分析法学派"恶法亦法"的说法，可以提出"民间法也是法"的说法。这一说法有为民间法张本之意。不仅国家法是法，民间法也是法。

## 二、民间法的性质

（一）民间法具有地域性

孟德斯鸠认为，每一个国家都自己的个别情况，如土地、气候、疆域、人口、生活方式、财富、文化传统、风俗习惯，法律应当适合该国的特殊情况。他说："为某一国人民而制定的法律，应该是非常适合于该国的人民的；所以如果一个国家的法律竟能适合于另外一个国家的话，那只是非常凑巧的事。"〔1〕法律的个性是由各国特殊的自然和社会条件决定的。虽然法律应当体现普遍规律，应当是理性的、科学的，但是各国的法律也具有自己的特殊性。要将一国的法律移植到他国，必须考虑到接受国的实际情况，考虑法律的适应性。

萨维尼认为，法律是民族精神的体现，"只要法律适合或被用来适合于民族的感情和意识，就值得赞扬；如果不是本民族的、武断的东西，没有人民的参加，这种法律就要受到谴责"。〔2〕民族精神包括民族的生产生活方式、价值观、情感、信仰，乃至全部文化传统。民族精神体现民族的集体智慧，是推动法律发展的潜在力量。作为少数人的立法者的智慧是有限的，体现立法者武断意志的法律难以为民众接受，因此不能持久屹立。外国法律强行在本国适用，可能因为不适合本国的实际情况而不能为本国民众接受，因而也不可能持久屹立。民族精神集中体现在该民族的习惯法之中。萨维尼认为，立法的目的之一是"习惯法的记录"。〔3〕习惯法由于吸收民众的参与，符合本国和各地区的实际情况而为民众所接受。因此，国家法应当尊重地方的成文法与习惯。萨维尼的历史法学基于法律的特殊性（民族性、地域性），反对编纂德国民法典。因此，萨维尼的历史法学具有特殊主义倾向。他的论敌蒂保强调法律的普遍性，主张尽快编纂德国民法典。二人在法律的特殊性与普

---

〔1〕［法］孟德斯鸠：《论法的精神》（上册），张雁深译，商务印书馆1994年版，第6页。

〔2〕［德］萨维尼："当代立法和法理学的使命"，载法学教材编辑部、《西方法律思想史写作组》编：《西方法律思想史资料选编》，北京大学出版社1983年版，第535页。

〔3〕［德］萨维尼："当代立法和法理学的使命"，载法学教材编辑部、《西方法律思想史写作组》编：《西方法律思想史资料选编》，北京大学出版社1983年版，第541页。

遍性、多样性与一体性的关系上存在不同观点。

民间法具有地域性、分散性、差异性。"十里不同风，百里不同俗"的谚语就是民间法的这一属性的反映。美国人类学家吉尔兹认为："法律就是地方性知识；地方在此处不只是指空间、时间、阶级和各种问题，而且也指特色。"[1]法律存在于地方的文化背景之中，地方文化背景决定法律的特征，要认识法律就必须了解地方的文化背景。如果说国家法是一种普遍性知识，那么民间法便是一种地方性知识。

苏力认为，中国的法治"必须从中国的本土资源中演化创造出来"。[2]中国法治发展的资源主要来自本土资源，而不是来自对西方法的移植。法律应当着重从本国的法律文化传统中汲取资源，从社会生活中寻找法律发展的生长点，实现中国传统的创造性转换。民间法就是法治的本土资源的重要内容，是法治土壤的重要组成成分。应当将民间法作为法治的资源加以尊重和保护。寻找中国法治的本土资源的主要途径是社会生活中的各种非正式制度，而不是法律史的典籍和规章。如果将不适合中国国情的法律制度移植到中国，即使强制推行，也难以在中华大地上扎下根来。

（二）民间法主要体现熟人社会的价值

熟人社会是靠亲缘关系和地缘关系纽带维系的社会，主要的经济联系发生在熟人之间。熟人社会的价值（忠、孝、义、睦、和等）强调熟人之间的和谐。民间法产生于熟人社会，体现熟人社会的价值，比以国家强制力为后盾的国家法更容易为熟人社会所接受。民间法和熟人社会的价值具有如下特点：第一，区别尊卑上下的等级秩序。尽管不同的民间社会等级分化程度不同，但在存在等级这一点上是相同的。民间法的价值具有特殊性，有利于促进小型熟人社会的和谐。在中华法系各国，由于受到儒家宗法等级思想的影响，群体成员有尊卑贵贱之分的等级秩序被看成是天经地义的。在藏族地区的赔命价习惯中，不同等级的命价是不同的。[3]这一例证体现了民间法的等级性。民间法的制度包含非民主性（如家长制）、非平等性的因素。第二，区

---

[1] [美]吉尔兹："地方性知识：事实与法律的比较透视"，邓正来译，载梁治平编：《法律的文化解释》，生活·读书·新知三联书店1994年版，第126页。

[2] 苏力：《法治及其本土资源》，中国政法大学出版社2004年版，第18页。

[3] 杨方泉："民族习惯法回潮的困境及其出路——以青海藏区'赔命价'为例"，载《中山大学学报（社会科学版）》2004年第4期，第46页。

别远近亲疏的差序格局。民间法和熟人社会的价值要求对人际关系近的人的关照比人际关系远的人要多。这就是社会学家费孝通先生所说的"差序格局"。有学者指出:"习惯法表现出内外有别特点,只有其内部成员有资格分享利益,对外部成员具有排他性或采用另一类标准……国家法律则不是为保护个别人的利益而制定,也不是为特别约束个别人的行为而设立。"[1]民间法的价值与制度强调熟人社会的"小义"与陌生人社会的公平理想是有区别的。第三,团体本位和义务本位。民间法和熟人社会的价值强调成员对小团体尽义务,不大强调个人的权利。而现代国家法则更多地受到了个体本位和权利本位观念的影响。民间法在规范上的体现就是禁止性规范较多,而授权性规范较少。民间法和熟人社会的价值传承着传统社会的和谐观念。

而国家法则主要体现陌生人社会的价值。陌生人社会是靠契约关系维系的社会,主要的经济联系发生在陌生人之间。陌生人社会的价值(自由、平等、人权等)强调陌生人之间的和谐。陌生人社会的价值具有普遍性,有利于促进大型社会的和谐。

从法律进化的角度看,民间法更具有传统性。民间法保留了更多原始法的特征,是"活化石"。而国家法更富于现代性。国家法更多地体现了法律进化过程中出现的新成果。

(三) 民间法的变迁

影响民间法变迁的因素包括:自然环境的变化、技术进步、生产生活方式的变化、思想意识的变化、国家法律与政策的变化等。

2014年春节,笔者到海南省保亭黎族苗族自治县槟榔谷黎苗山寨旅行调研时见到了高龄的文身阿婆。早期的黎族社会存在文身习惯,一个部落纹相同的图案,目的在于将本部落的人与其他部落的人区分开来,便于管理。文身存在痛苦,人们接受文身的习惯是因为受到了来自群体的压力。在个体权利意识觉醒的现代社会,文身习惯逐渐被人们抛弃,文身阿婆已经成为文身习惯的残迹了。

妇女裹脚是中国汉族流行千年的陋习,其形成与妇女社会地位低下、个体权利意识受到压抑有关。在辛亥革命后,随着妇女社会地位提高和个体权利意识的觉醒,裹脚陋习逐渐走向消亡。

---

[1] 高其才:"试论农村习惯法与国家制定法的关系",载《现代法学》2008年第3期,第17页。

换亲习惯正在走向消亡。在计划生育政策实施之前，多数家庭都有多个子女，换亲的习惯流行于多子女的社会。民间社会适婚男性人口多于适婚女性人口，导致部分男性结婚困难。这是换亲习惯产生的社会原因。换亲家庭希望家里的女儿为了家庭利益接受换亲协议。家里的女儿也为了自己的哥哥或弟弟有家而自愿接受换亲协议。虽然民间换亲习惯的义务本位与国家法的权利本位存在价值冲突，但也存在积极的社会效果。换亲习惯保证了民间社会的男性成立家庭，因而得到民间社会的接受。如果换亲得到了当事人的认可，国家法就可以承认婚姻的有效性。但是，如果当事人不同意换亲协议，就不应当承认婚姻的有效性，违背国家法的责任人就要受到国家法的惩罚（如暴力干涉婚姻自由罪等）。可见，在国家法与民间法发生明显冲突的情况下，应当以国家法为行为标准。我国于1971年开始实行计划生育政策。1982年，计划生育政策被写入宪法，成为基本国策。在计划生育政策实施之后，多数家庭仅有一到两个子女。在计划生育政策实施以后出生的人达到适婚年龄后，支持换亲的社会条件在逐渐弱化。并且，女性的独立意识和权利意识也在萌发，她们不愿意为家庭克制自己的选择自由。这些都是换亲习惯走向消亡的原因。

**三、民间法的作用**

相对而言，原始法是义务本位、团体本位的，而现代法则是权利本位、个体本位的。义务本位、团体本位法具有合理性，有其存在的必要，是一种可供选择的法律制度。西方法律人类学中有"原始法""部落社会的法"等称谓。这些称谓隐含的一个观点是，原始法作为法律多样性的重要元素，具有存在合理性。现代法的局限性需要借助于原始法和法律多元的平衡机制才能加以克服。英国法人类学家马林诺夫斯基认为："轻率地、任意地、违背科学地把我们的道德、法律和习俗强加给土著社会，取缔土著法律、准法律机制和权力实施手段，只会导致无政府状态和道德沦丧，长此以往将造成文化和种族的毁灭。"[1] 如果不注意保护民间法，民间法中蕴含的生活智慧和治理资源就会消失。

（一）民间法适合解决小型熟人社会的纠纷

民间法是在相对狭小的熟人社会中产生并传承下来的社会规范。民间法

---

[1] [英]马林诺夫斯基：《原始社会的犯罪与习俗》，原江译，法律出版社2007年版，第6页。

就是乡民们心目中的"法"。乡民们对国家法的了解很有限，对国家法的需求并不强烈，他们习惯于按民间法解决纠纷。按照民间法解决纠纷的方案更容易为乡民们接受。

在小型熟人社会，民间法具有较强的终止纠纷、恢复秩序的作用。民间法在解决小型熟人社会的纠纷方面具有较高的效率。纠纷当事人是理性的求利者，他们最有可能选择成本低的规范、成本低的纠纷解决方式来解决纠纷。在小型熟人社会，适用民间法比适用国家法的成本低，选择民间主导的纠纷解决方式比选择国家主导的纠纷解决方式成本低。因此，乡土社会更容易选择民间法和民间的纠纷解决方式。而运用国家法解决纠纷则需要动用大量的人力、消耗大量的费用、浪费大量的时间、付出大量的感情。在中国古代，县官亲自升堂问案就是以绝大部分纠纷已通过非讼方式得到解决为前提的。在当代社会，将民间法运用于解决纠纷的意义在于：可以将大量纠纷化解在民间社会，从而减少立案数量；可以提高基层国家机关解决纠纷的效率，从而减少积案。发挥民间法的作用有利于促进小型熟人社会的和谐。

因为国家法不能解决所有的社会问题，所以国家法应当为民间法保留生存空间（民间恶法除外）。《中华人民共和国立法法》第75条第2款规定："自治条例和单行条例可以依照当地民族的特点，对法律和行政法规的规定作出变通规定，但不得违背法律或者行政法规的基本原则，……"《中华人民共和国民法典》第1015条第2款规定："少数民族自然人的姓氏可以遵从本民族的文化传统和风俗习惯。"国家法的推行要考虑到民众的接受能力，要注意与民间法的协调。

相对于刑法，民法与风俗习惯的关系更为密切。作为民法基本原则之一的公序良俗原则就是指民法对全社会普遍公认的道德标准和风俗习惯的尊重。国家法对搭伙、婚礼、婚约等民间习惯持一概否定的态度，不仅不利于解决纠纷，而且会加剧纠纷，导致暴力性私力救济行为的增多，甚至可能使民事案件转化为刑事案件。

民间法不适合协调大型复杂社会的利益关系，不适合解决大型复杂社会的利益纠纷。在分散的民间社会很难形成统一的解决纠纷的标准。固守民间法将会妨碍更大的共同体形成和更大范围内的社会交往，将会妨碍国家法制的统一，妨碍经济的全球化和法律的全球化。传统社会将民间法的家族观念和地域观念移植到国家法中，就会助长暗箱操作，危害规则的权威，损害公共利益,就会形成亲贵合一、家国一体的政治法律制度。这是导致社会不和谐的重要因素。按照民间法与人情构建大型社会、解决大型社会纠纷会导致整体利益和长远利益的缺失,埋下危及社会和谐的隐患。

国家法适合解决大型、疑难纠纷。国家法具有明确性、统一性、强制性,有利于形成一体遵行的行为规范,有利于建立统一的法律秩序。国家法的这些优点决定了国家法适合解决阶层之间、行业之间、地区之间、劳资之间、城乡之间的大型纠纷和疑难案件。公权力运行(如选举、立法、行政、司法等领域)应由体现现代法价值的国家法加以调整。国家法与民间法有各自占优势的领域。

(二) 民间法具有辅助治理的作用

在社会治理意义上,还可以提出广义的民间法——民间法是民间社会的做法。民间法在提供民生资源、保护环境、废弃物再利用、教化人心、约束行为、调整社会关系、解决纠纷等方面都具有积极作用。如果民间的做法有利于增进幸福,有利于实现社会治理的目标,就应当发挥其作用。

在西双版纳,傣族有大男孩入寺修行的习惯,这一习惯来源于南传佛教的传统。这一习惯对于推迟生育是有效的。人们达到一定年龄就有结婚的要求,法定婚龄规定得越高,选择未婚同居的人就会越多,选择瞒报年龄登记结婚的人就会越多。为达到控制人口的目标而提高法定婚龄的做法的效果是有限的。容忍这一习惯有利于实现国家计划生育的目标。

对涉性行为的管理应当由国家与社会作出分工。国家仅通过行政法和刑法对于具有严重社会危害的涉性违法犯罪实施处罚。例如,国家法规定的重婚罪就体现了国家对于有严重危害的涉性行为的管理。而对于没有严重社会危害的涉性行为则可以通过民间法实施管理。例如,宗教组织可以规定成员不得结婚,该规则是事先公布的,而且尊重成员加入和退出的自由。在事先公布,并尊重成员加入和退出自由的前提下,宗教组织禁止成员结婚的规定就不与国家法的婚约自由原则发生直接的冲突。同理,学校、军队可以在法定婚龄之上适当提高允许结婚的年龄,前提是,限制成员婚约自由的规则必须事先公布,并尊重成员加入和退出的自由。学校适当提高允许结婚年龄的规则有利于提高学生的学习效率,军队的类似规则有利于提高军队的战斗力。

市民社会理论是民间法理论的又一补充渊源。市民社会理论提出的市民社会与政治国家二分法,与民间法理论提出的民间法与国家法的二分法具有对应关系。市民社会理论对认识民间法的辅助治理功能具有重要意义。市民社会理论主张建立"小政府，大社会"，而不是强国家、弱社会，甚至是国家吞噬社会的一元社会。市民社会就是本书所讨论的民间社会。有学者认为："只有存在一个强大的市民社会，只有让市民社会分享国家的部分权利，才能对国家权力构成最有效的监督，才能对公民权利进行更有力的保护。"[1]市民社会理论认为，市民社会具有相对独立性，不受国家任意意志的干预。国家对市民社会的介入必须依照法定职权，遵循法定程序进行。有学者运用市民社会理论视角解释了"社会主义"的含义，即"社会主义是国家主义的天然对立物，在社会和国家的关系方面，其基本价值取向是社会本位，这就是我们的社会制度称为社会主义而非国家主义的基本依据"。[2]在古希腊罗马时代，市民对政府具有强大的影响力，市民社会已经开始发育了。在中世纪，城市逐步从国家的束缚下获得了自治权利，市民社会与政治国家相互制衡的二元社会逐步形成。在中国古代，县级政府是最低一级的国家组织，县以下就属于民间社会的范畴了。民间社会组织（家族组织、保甲组织、行会组织等）发挥一定程度的平衡作用。

包容性法治对社会治理的一个要求是，国家法在坚守秩序底线的前提下，让民间法发挥更大的作用。为了发挥自治组织和民间法的作用，国家法应当适度宽容民间法中的一些轻微的违反国家法的行为，为其提供宽松的生存环境。

### 四、国家法的作用

（一）国家法具有维护正义与秩序底线的作用

国家法作为法律多元中关键的一元，具有维护正义与秩序底线的作用。为维护社会秩序，应当保证国家法在法律多元格局中处于最低限度的优势地位。有学者指出："既要看到法律多元出现的必然性，又不能因为法律多元而消极对待国家法，从而在两者之间找到一种平衡。"[3]维护秩序底线前提下

---

[1] 李拥军："论市民社会的权利——对个人、社会、国家权利关系的一种解析"，载《华东政法学院学报》2005年第4期，第26页。

[2] 吕世伦、薄振峰："国家、社会与法——从法的视角思考国家回归社会问题"，载《法制与社会发展》2004年第3期，第32页。

[3] 肖光辉："法律多元与法律多元主义问题探析"，载何勤华主编：《多元的法律文化》，法律出版社2007年版，第75页。

的国家法与民间法的动态平衡是一种合理的多元法律格局。只要发挥国家法坚守底线的作用，发挥多元法律的平衡和民众自由选择机制的作用，就可以将民间法的消极作用控制在社会可以接受的限度内。

我国在由传统社会向现代社会的转型过程中，家族的处罚权因被国家法所禁止而走向消亡，传统社区的权威在维护基层社会秩序方面的作用在趋于弱化。而新型的社会组织（社区组织、社团组织）还不完备且效能低下，难以起到约束越轨行为的作用。这种现象可以被称为"规则真空"。规则真空是造成民间社会越轨行为（如虐待公婆之类）增多的原因。正像费孝通感慨的那样："现行的司法制度在乡间发生了很特殊的副作用，它破坏了原有的礼制秩序，但并不能有效地建立起法治秩序……结果法治秩序的好处未得，而破坏礼制秩序的弊病却已先发生了。"[1]许多民间纠纷的产生有着很复杂的社会背景，单靠民间社会自己的力量难以解决必须依靠国家法所提供的资源支持。国家法作为主流文化应当具有更多的尊重理性、保障人权等优良品性，国家法的资源支持可以减少、减弱民间纠纷。

与国家法一样，民间法也有良恶之分。对于民间法中没有明显危害的成分，国家法应当予以承认。而对于有严重危害的成分，国家法则不应予以承认。例如，国家法可以有限度地承认民间订婚送彩礼的习惯。民间的订婚送彩礼的行为意味着婚约的成立，在一般情况下国家法也应予以尊重，而不是一概否定。对于彩礼按赠与财产处理。但是，对于过高的彩礼则应当认定为借婚姻索取财物，不应予以支持。法院在审判案件的过程中，不能直接适用民间法，而应当首先对民间法的合理性和合法性进行审查，以确定民间法对某项风俗习惯尊重与否，以及尊重的程度。民事案件的审判除考虑公序良俗原则之外，还要考虑自愿原则、公平原则、诚实信用原则等其他原则。法院对于民间法的审查意见是判决理由的重要内容，应当作为判决书的一部分随同判决书一起公布，接受全社会的监督。

（二）国家法的谦抑性

通常说的"法律谦抑"就是国家法的谦抑。法律谦抑思想来源于刑法学中的"刑法谦抑"。从文化多样一体法哲学角度理解，刑法谦抑要求治理者不将刑法作为首要的、主要的治理手段，而是作为最后的、辅助的治理手段。

---

[1] 费孝通：《乡土中国》，上海人民出版社2006年版，第48页。

从刑法谦抑可以推广到法律谦抑。法律谦抑的含义是，法律在适用范围和适用频度上保持克制姿态。

国家法保持谦抑姿态的理由在于：第一，立法者的局限性。立法者所具有的道德、理性、意志方面的弱点决定了其所制定的国家法是有局限的。第二，国家法的作用的局限性。国家法的作用范围是有限的。私人生活领域主要由道德来调整，法律不宜过多、过深地介入，否则将会限制道德的作用与进化。民间法是调整民间社会的重要规范，许多社会领域由民间法调整或由民间法与国家法共同调整更为合适。第三，保持规则多样性的需要。在国家法长足发展的今天，国家法已经占据强势地位，民间法则处于劣势地位。多样一体法哲学将文化多样性、法律多样性作为一种值得追求的价值目标。为保持法律的多样性，国家法在坚守底线的前提下，应当保持克制态度，作出适当的退让。只有保持国家法的谦抑性，才能为民间法保留最低限度的生存空间，才能保持民间法的生命力，才能发挥民间法的积极作用。保持国家法的谦抑性有利于发挥民间法的约束与调整作用，以弥补国家法的约束和调整作用的不足。

国家法的谦抑性要求国家不宜对民间社会制定过于细密的规则，否则将会限制民间社会的成长。现代社会中，国家法已经成为强势规范。国家法只有保持谦抑姿态，民间法及其他社会规范才能有足够的发挥作用的空间。

法律的权威首先是国家法的权威。在司法过程中，国家法应该得到优先适用。但是，国家法的优先适用不是绝对的。国家法只可以禁止违背社会公共利益、违背法律的基本精神、违背法律的整体秩序的民间法和民间的纠纷解决方式。在此前提下，应最大限度地尊重当事人选择规范和纠纷解决方式的权利。如果适用国家法将导致显失公正、显失合理的判决结果，就应当选择适用民间法。法官在审判过程中考虑民间法，行使自由裁量权有利于防止国家法的僵化。

因为基层社会与民间法具有更为密切的联系，所以越是在基层社会，民间法发挥作用的空间就越大。在基层社会，在国家法守住秩序底线的前提下，应当将民间法作为调整社会关系的首选规则，将国家法作为调整社会关系的最后规则。有学者主张："把遵守法律的规则看成是人生活的最后一道防线而非第一道防线,人们才可能会有一种真正体面与祥和的生活。"〔1〕国家法的运用应当具有备用性、补充性。

传统治理的一种倾向是过于强调国家法的严密性,认为国家法规范越多越好,"法网恢恢,疏而不漏",试图用国家法调整人们行为的每一个细节、管到社会生活的每一个角落。凡事都要立法的做法势必会造成立法膨胀。立法膨胀具有如下弊端:第一,导致国家法的泛滥,压缩公民自由权利空间,压抑社会的自治权利,损害民间社会创立新规范的动力机制。第二,增加行政管理的成本,加重全社会的负担。公民为应付不断的检查、评比付出了高昂的金钱、时间等成本。有学者认为:"传统的习俗、民间的权威被消灭,从而无从发挥作用,赤裸裸的暴力就成了维持统治秩序的唯一手段。"〔2〕社会问题的最终根源不是监管问题,而是权利保护问题。法治社会的法的运行的指导思想应是着重确认权利和保护权利,发挥人的积极性,实行人本管理,而不是着重规定义务和制裁,靠不断膨胀的国家法规范进行管理。

传统治理的另一种倾向是过于强调国家法的权威性,认为国家法的权威越高越好。后现代法学和民间法理论对国家法的绝对权威提出了质疑。因为法律的合理性是有限的,所以法律的权威性不是绝对的。过于强调国家法的权威将会使国家法成为压迫人的异化力量。传统法治理论具有国家法霸权主义的理论倾向。如果适用国家法将导致显失公正、显失合理的判决结果,就应当选择适用民间法。司法不应单纯实行克制主义(单纯实行克制主义被称为机械主义),而应引入能动主义,实现克制主义与能动主义的有机结合。人本主义法学既崇尚国家法的权威,又反对将国家法的权威绝对化。新法律工具主义将法律和权力作为增进人的幸福的手段,人本主义法学对此予以支持。发挥民间法的作用、最大限度地尊重人们选择适用民间法的权利有利于防止国家法的异化。

(三)国家法与民间法的融合

传统的国家法一元主义否认民间法存在的合理性,总是试图用国家法同化民间法。而法律多元论则强调国家法与民间法的并存与融合。苏力认为:

---

〔1〕 赵旭东:"启蒙、秩序与发展综合症:法律人类学的中国思考",载《广西民族大学学报(哲学社会科学版)》2016年第1期,第74页。

〔2〕 刘军宁:《保守主义》,中国社会科学出版社1998年版,第210页。

"在国家制定法与民间法发生冲突时，不能公式化地强调以国家制定法来同化民间法，而应当寻求国家制定法和民间法的相互妥协和合作。"[1]

1978年10月16日，村民闹者被生产队派遣看守草山，与另一牧民才秀因牲畜吃草发生争执。才秀用木棍击打闹者头部，闹者则用刀刺中才秀肩部和胸部，致其伤重死亡。甘德县人民法院以故意伤害（致死）罪判处闹者有期徒刑3年。1981年2月25日，闹者获假释出狱，遭到被害人亲属的追杀，不得不逃回县公安局看守所。后经宗教人士和部落头人的调解，赔偿"命价"6000元，被害人亲属方才罢休。[2]

甘南藏族自治州的司法机关在处理索要命价的案件时，主持当事人双方对命价数额进行协商，将命价数额控制在合理的范围内，在刑事附带民事诉讼中认可事先商定的命价数额并在量刑时考虑这些事实，作出适当的处罚。[3]在司法实践中，司法机关通常用刑事附带民事赔偿制度改造赔命价的民间法，将一定数额的命价作为刑事附带民事赔偿，而对于过高的命价要求则不予支持。这一判决方案是国家法与民间法相互融合的良好范例。

### 五、民间法范式的兴起

研究民间法主要有两条路径。第一条路径是法人类学路径。法人类学是对他者社会的法律进行比较研究而形成的科学。第二条路径是法史学路径。法史学重视通过研究考古证据和历史文献，研究人类社会早期的原始法。小型熟人社会的民间法与早期社会的传统法具有许多相似性，民间法是早期社会的原始法的"活化石"。因此，两条研究路径在思想和方法上可以相互借鉴。

法人类学（Legal anthropology）是研究民间法的主要路径。如果说法律社会学侧重于研究主流社会的法律，那么法人类学则侧重研究各种类型的非主流社会的法律。在当今时代，仍然存在处于相对原始封闭状态的社会。由于这些"原始法"仍然在社会生活中发挥作用，因而具有鲜活性。边远村落由于交通不便、经济不发达而保留了更多的原始特征，没有被现代文化完全同

---

[1] 苏力：《法治及其本土资源》，中国政法大学出版社2004年版，第64页。
[2] 张济民主编：《青海藏区部落习惯法资料集》，青海人民出版社1993年版，第205页。
[3] 衣家奇："赔命价——一种规则的民族表达方式"，载《甘肃政法学院学报》2006年第3期，第17页注释⑤。

化。边远村落的民间法得到了较好的保留。法人类学者通常选择边远村落作为田野调查的典型对象。

我国目前的民间法研究虽然在增进知识方面作出了贡献,但仍然存在着理论基础不明确、知识生长动力不足的问题。将民间法研究置于法律人类学、文化人类学的理论背景之下,有利于夯实知识基础,为民间法研究提供不竭的理论源泉。民间法是在法律人类学基础上兴起的范式,而文化多样一体法哲学则是在文化人类学的基础上兴起的范式。由于文化人类学的研究范围更为广阔,所以,在其基础上产生的文化多样一体法哲学范式的视野也更为开阔。民间法范式可以被看成是文化多样一体法哲学范式的子范式。

当前,"民间法"已成为法学研究的一个范式,在它的周围聚集了大量的学术资源,具有强大的号召力。在我国实行的"坚持以人为本、全面协调可持续的科学发展观"的鼓舞下,有学者主张树立"人本法律观"。树立人本法律观"有利于法律从异化的统治工具回归服务于人的正义事业"。[1]体现以人为本的法学也可以被称为人本主义法学,或人文主义法学。人本主义法学应关注法学研究中的热点问题,加强同其他法学研究范式的对话,说明哪些法律思想和法律制度体现"以人为本"。加强人本主义法学与民间法范式的对话可以撞击出许多法学理论和法律实践的思想火花。人本主义法学也应关注法律实践中的疑难问题,提出解决问题的意见。

## 第二节 国家法与民间法的关系

民间法包含不同性质的成分,有的是有益的,有的是有害的,有的是中性的。我们可以从人的幸福这一法的终极目的出发,对民间法的不同成分进行鉴别。国家法应当对民间法的不同成分采取不同态度。国家法对民间法采取单一的肯定或否定的态度是简单化的,必然产生不良后果。

本节试图运用数学的公理方法对国家法与民间关系理论进行体系化整理。具体办法是以国家法为第一人称,提出国家法对民间法的不同态度。这样,国家法与民间法的关系话语就会转换为国家法对民间法的态度话语,从而为该理论的公理化创造便利条件。国家法分别对民间法的不同成分采取容忍、

---

[1] 李龙:"人本法律观简论",载《社会科学战线》2004年第6期,第23页。

承认、吸收、禁止四种态度。这四种态度，即四条公理，构成了国家法对民间法的策略体系。

**一、国家法容忍民间法中的不完善成分**

民间法的合理成分和不完善成分往往是难以分割的。要发挥合理成分的作用，就必须容忍不完善成分。有学者从中国传统的"和而不同"的治理理念出发论证对国家法以外的规范体系的应有态度。他认为："民间法虽是不同于制定法的知识系统，生长于民间，运行于山野，对国家统治却利多弊少，历代统治者皆持包容心态。"〔1〕如果国家法不容忍不完善成分，民间法就会走向扭曲甚至消亡，其合理成分也难以发挥作用。国家法对民间法的包容态度意味着国家法对民间法的不完善成分持有介于肯定与否定之间的中间态度，即国家法不对这部分民间法的合法性作出判断，既不肯定，也不否定。

（一）国家法容忍民间社会成员有轻度违背国家法规则和价值的行为

出于保护文化多样性的理由，应当对濒临灭绝的文化类型予以特别保护。在工业化、城市化、全球化不断发展的今天，乡土文化正在受到蚕食。基于保护文化多样性的理由，应当对于乡土文化实施特别保护，给予来自乡土文化的人员特别权利。

国家法对民间法不接受诉讼时效制度的适度容忍。国家法的诉讼时效制度要求权利人在法定的期间内向法院提起诉讼，对于超过诉讼时效的案件，法院不予受理。维护诉讼时效规则的权威有利于防止证据的灭失，有利于敦促权利受损者及时提起诉讼，有利于促进纠纷的及时解决。诉讼时效规则属于实体法中的程序规则。维护诉讼时效规则的权威是程序正义的要求。在一般情况下，应当尊重诉讼时效制度的权威。为了维护诉讼时效制度的权威性，对于熟悉法律的当事人、对于诉讼标的数额不大的财产争议案件，应当严格执行诉讼时效制度。但是，在遵守诉讼时效规则将会导致明显不公正的结果的情况下，就不应当机械地加以适用。应当赋予法官一定的自由裁量权，由法官在说明理由的情况下决定不严格执行诉讼时效制度。因为规则是不完备的，所以凡有规则的地方就应当有特例。诉讼时效规则也应当容忍特例。特

---

〔1〕 龙大轩："和合：传统文化中的国家法与民间法"，载《西南民族大学学报（人文社科版）》2007年第6期，第72页。

殊情况下不遵守诉讼时效规则是实体正义的要求。国家法的诉讼时效制度在许多民间社会没有被普遍接受。乡民们普遍认为，欠债还钱是天经地义的。如果法院不按照民间习惯办事，乡民们就会认为法院收了债务人的好处，枉法裁判，甚至会围攻法院、报复法官。法院也不得不迁就乡民们的意愿，致使基层法院在审理债务纠纷时并未严格执行国家法的诉讼时效制度。在乡土社会，对于超过诉讼时效的债务纠纷，法院仍应受理。法院可以通过调解来解决债务纠纷，以使国家法的诉讼时效规则和民间法不承认诉讼时效规则达成妥协。

重庆保安讨要加班费案。皮某成、吴某斌于 2001 年 8 月到中国银行重庆垫江支行（简称"银行"）当保安。2005 年 11 月 30 日，两人同时被解聘。两人要求银行支付 4 年的加班工资。两人保留了 4 年的值班记录作为证据。当地劳动争议仲裁委员会裁决银行向两保安支付加班费。银行不服裁决向法院提起诉讼。银行认为，他们的请求已经超过了诉讼时效。法院的一审判决认为，两保安的大部分诉讼请求超过了诉讼时效，不予支持。[1] 笔者认为，本案可以作为不适用诉讼时效制度的一个特例。理由如下：第一，保安来自乡土社会，对诉讼时效制度缺乏了解。第二，保安在利益和权利问题上不是很精明，未能及时提起诉讼有碍于面子的原因。第三，4 年加班费对于保安维持本人和家属的生活具有重要作用。如果拒付工资数额较少，可以严格执行诉讼时效制度，作为一个教训，有利于增强他们的法律意识。但是，本案中 4 年的加班费对于两保安来说不是小数目。如果法院判决保安败诉，乡土社会的人就会认为法院偏袒恶意欠债的小人，加剧乡民对法律和法院的不信任。相同数额的财产给不同的人带来的幸福总量不同，对于富人来说，只能算作一笔小的开支，给其带来少量的幸福。但对于保安及其家属却意味着很长一段时间生活上的保障，给其带来大量的幸福。诉讼时效制度是一种来源于西方、盛行于城市的制度。严格执行诉讼时效制度将意味着城市文明对乡土文明的压迫和同化，必将引发两个文明的对抗。城市文明与乡土文明应当对话，不同文明的对话有利于促进社会和谐。任何规则都既是对已发生事实的不完全归纳，又不可能预见未来的一切情况，都是不完备的。因此，凡有规则的地方就应当有特例。诉讼时效制度是实体法中的程序规则。在诉讼时效制度上也应当赋予法官一定的自由裁量权，由法官在说明理由的情况下决定在哪

---

[1] 杨波："讨薪超过时效视为弃权"，载 http://news.sohu.com/20060605/n243558936.shtml.

些情况下不严格执行诉讼时效制度。赋予法官程序自由裁量权有利于在保持程序权威性、稳定性的前提下不断发展程序规则。可见，诉讼时效制度也不是绝对的。类似本案的情况可以作为国家法的诉讼时效制度的例外情况。

买卖房屋未过户的实例讨论。在某省的一个山村，村民甲因住房面积小希望购买村民乙的房子。在丙的主持下，双方订立了买卖合同。甲向乙支付了价款，乙向甲交付了房屋。但双方因不愿意交付登记费而没有履行过户登记手续。人们选择适用民间法的原因在于：国家法的交易成本高于民间法。在乡土社会，国家法应尊重买卖不动产不履行过户登记手续的民间法。[1] 在乡土社会，这种做法引发一方或双方不守合同的道德风险并不高。原因在于：乡土社会是一个熟人社会，违背合同的行为将会导致信用评价的降低，将会使其他经济交往无法进行，其后果比追究法律责任更严重。在乡土社会，国家法应承认未过户登记的房屋买卖合同的有效性。这种做法可以作为不动产过户登记制度的一个特例而存在。

国家法对"亲亲相隐"的习惯的适度容忍。亲亲相隐制度是指中国古代法律中允许亲属之间互相不证明犯罪的制度（反对皇帝的犯罪除外）。有限的亲亲相隐制度存在的理由在于：第一，亲情对民间法产生重大影响。亲情是人性、人的情感需要的重要组成部分，国家法应当予以适度尊重。人们为照顾亲情而忽视公共利益是人的道德上的弱点，国家法应当予以适度容忍。第二，制裁亲属之间的容隐行为给社会带来的痛苦大于给社会带来的幸福。国家法应该在一定限度内允许亲属之间的容隐行为，这一点可以作为一个一般原则。为了维护公共利益，可以将危害国家安全罪作为例外情况予以区别对待。

国家法对儿子女儿继承权利和赡养义务不均衡习惯的容忍。该习惯是，儿子继承遗产并承担赡养义务、女儿不继承遗产也不承担赡养义务。该习惯虽违背了国家的男女平等原则，但却符合权利义务一致原则，未违背相关当事人的自由意志，国家法也应予以尊重。现代国家法受陌生人社会价值（如自由、权利与人权、平等）的影响较大。国家法自身着重体现陌生人社会的价值就可以建立主流社会的秩序了。容忍民间法轻度违背这些价值对大局影

---

〔1〕 参见马得华："民间法与国家法冲突与融合的经济分析"，载谢晖、陈金钊主编《民间法》（第4卷），山东人民出版社2005年版，第492页。

响并不大。

（二）国家法容忍民间社会组织保留轻度的强制措施和惩罚措施

为保证民间法的有效性，发挥民间法的作用，国家法在容忍民间自治组织（学校、社区组织、社团组织、宗教组织等）保留轻度的强制措施和惩罚措施。如果不允许自治组织保留轻度的强制措施和惩罚措施，自治组织规范的权威将会失去，自治组织也将会走向消亡，文化多样性将会遭受损失，公民选择文化的权利将难以实现。

国家法容忍民间法中有轻度的财产惩罚。以"杀猪封山"的习惯为例加以说明。这是在安徽徽州（黄山市）农村地区存在的一种封山育林的习惯。每年由村民们商定一个具体的日期，在这一天，大家共同集资买一头猪，分吃猪肉。这一天以后，禁止上山伐木，发现有人违背禁令，就将他家的猪杀掉由村民分吃。[1] 这一习惯就是村民们关于封山育林的村规民约。强制吃掉他人的猪是村规民约规定的处罚措施。从国家法的角度看，这种处罚措施侵犯了盗伐林木者的财产权，是违法的。但是，从社会效果的角度看，该习惯在保护资源、保护环境方面比国家法更有效。相对于较高级别的自治组织和国家机关，基层自治组织和基层国家机关与民间社会的关系更为密切，其行为受到民间法的影响更大。要发挥民间法的作用，就必须适度宽容基层自治组织和基层国家机关的行为的非规范性。国家法应当适度容忍基层自治组织轻度违背国家法的行为。

民间法的财产处罚必须是小额的。在本案例中，吃一头猪的处罚措施并不严厉，而且能够防止盗伐林木造成的更大的损失，能产出较好的社会效果，国家法应当予以容忍。民间法不得包含过高的财产处罚，因为过高的财产处罚与剥夺自由的处罚具有较高的通约性。国家法对于民间法中过于严厉的处罚措施不应支持。有些民间法规定的惩罚措施包括牵走牛马、没收或拆毁房屋等，因为涉及的财产价值较大，为国家法所不容。

民间法的强制措施和惩罚措施应当符合法治的精神。

国家容忍民间组织保留一定的强制措施和制裁措施必须满足的条件包括以下几方面：

---

[1] 春杨："徽州田野调查的个案分析从'杀猪封山'看习惯的存留与效力"，载《法制与社会发展》2006年第2期，第28页。

（1）容忍民间法中包含强制措施和制裁措施必须出于保护文化多样性的目的。只有濒临灭绝的弱势文化组织才有这样的特殊权利。一般社会组织不享有此项权利。

（2）民间法的强制措施和制裁措施必须是轻度的。民间法的财产处罚必须是小额的，不能给成员造成严重的生活困难；民间法的身体处罚必须是轻度的，不得对成员身体造成不可治愈的伤害；民间法对成员限制自由的处罚必须是轻度的，不得剥夺成员的整体自由，不得任意逮捕、关押、强制劳动。民间法不得含有剥夺生命和整体自由的处罚。国家法禁止民间法中存在严重侵犯成员权利、严重违反公共利益的内容。自治组织的规范不应当包含过于严厉的惩罚措施。自治组织规定的惩罚措施应符合惩罚与责任相当原则。

国家法重视保护人的生命、整体自由、财产安全，对民间法发挥监控的作用。在电影《被告山杠爷》中，山杠爷对虐待公婆的儿媳作出捆绑、游街的处罚是为国家法所不容的。

（3）民间法的惩罚措施必须公开，为成员普遍知晓。自治组织作出的对成员的惩罚措施应当遵循程序正义原则。自治组织规范中的惩罚措施应当在成员加入之前公布。惩罚应当由民主的管理机构按照民主程序作出。自治组织在实施惩罚的过程中应当保障成员的救济权利，如申辩的权利。

（4）民间组织必须尊重成员加入和退出团体的自由。成员不接受强制和处罚，可以选择退出组织。

国家保留对组织规范进行审查的权力。如果团体的强制措施和制裁措施超过国家法的容忍限度，国家有权予以制止，并追究责任人的法律责任。

法院应当通过审判活动对民间法中的强制措施和惩罚措施的合法性和可容忍性进行审查。国家法对民间法的规制可以促进民间法向有利于增进幸福的方向进化。

（三）国家法容忍基层行政机关有轻度违背国家法的行为

例如，赤膊抓贼案。在河北唐山某村，一天晚上，有一盗贼跳墙进入某村民家中，持刀逼迫女主人交出钱财。女主人持剪刀与盗贼搏斗，将盗贼打退，并在追赶的过程中将盗贼的后背扎伤。对于这一入室抢劫案件，公安机关非常重视。盗贼知道该村民家白天赶集卖猪得款的情况，知道当时男主人不在家，只有女主人在家。根据这些情况，判断盗贼出自本村。公安机关在村委会的配合下要求村里所有的成年男子晾出后背验伤。用这种办法成功地将盗贼抓获。按照国家法，公安机关要求村里所有的成年男子晾后背验伤的侦查方法侵犯了公民的身体权，属于违法行为。而按照民间法，村里的成年男子并没有觉得自己的权利受到了侵害，反而称赞公安机关破案有办法。如果严格按照国家法的要求，不采用这一侦查方法，办案的效率就会降低，甚至可能导致无法破案。基层行政机关的某些执法行为违背国家法，但却为民间法所允许。

违背国家法却可以被接受的执法行为必须满足以下条件：第一，执法行为违法的程度较低，不得任意剥夺公民的生命、自由、主要财产。第二，必须得到乡民的同意。乡民的权利意识较为模糊，普遍认为过于计较所谓的"权利"，将会被他人认为是待人苛刻、不近人情，导致自己在群体中被孤立。乡民们对权利的行使持克制态度。即使主张权利，也会保持在"不撕破脸皮"的限度内。乡民们的和谐观念强调个人对群体的依附、个人对群体尽义务，缺乏自由意识、自主意识、独立意识。乡民们的和谐观念是团体本位的，而不是个体本位的。乡土社会的秩序是团体本位的秩序。对权利的适度克制有利于维护乡土社会的秩序。适度克制权利的秩序有其合理的一面。第三，必须有利于维护整体法律秩序，符合全社会的最大利益。为了提高办案效率，国家法应允许执法者和法官在尊重宪法和法律的整体权威的前提下，对法律的个别规范作出变通。

（四）国家法容忍基层法院有轻度违背国家法的行为

拘留第三者案。某村民 M 长期在外打工，他的妻子与第三者发生了婚外情。M 得知后多次打骂第三者，并威胁到了第三者及其家人的人身安全。第三者到法院起诉要求 M 停止侵害。在法院的调解下，双方达成了和解协议：第三者接受拘留的决定，M 停止侵害。[1] 在本案中，拘留这一公权力的行为成了调解协议的内容。在国家法意义上，这种做法是不合法的。但是，只有这种做法才能使村民 M 感到挽回了"面子"，决定停止侵害，从而避免了伤害、杀人等更为严重的违法犯罪行为的发生。从利益衡量论的角度来看，为了避免较严重的违法行为而包容较轻微的违法行为符合社会的最大利益，这种做法是可以被社会接受的。基层法院的某些审判活动不符合国家法的要求，

---

[1] 苏力：《送法下乡：中国基层司法制度研究》，中国政法大学出版社 2000 年版，第 243~244 页。

但却为民间法所允许。可以被接受的非规范的司法行为必须满足的条件与上述非规范的执法行为必须满足的条件相当。

在司法调解过程中发挥民间法的作用有利于终止争端、恢复秩序。调解制度是民间法进入法律实践的重要渠道。达成调解协议的过程是一个变通国家法的过程。有学者指出："如果法院不管乡民的实际情况，盲目兜售和刻板推行国家法，有可能适得其反，造成国家法在乡土社会的信任危机。"[1]国家法的合理变通不但不会损害国家法的权威，反而有利于树立国家法在乡土社会中的权威。为了尽快达成调解协议，并促使当事人执行调解协议，提高调解的效率，法院在主持达成调解协议的过程中，可以邀请民间非正式组织的代表人物（如家族权威、宗教领导人）参加。在解决民间纠纷的过程中，调解往往比判决更能达到止争的效果，解决纠纷的效率更高。

按照民间法的要求，应允许基层法院的司法活动保留某些传统司法的特征。在民间法的作用下，基层法院的审判活动的特点与非基层法院有所不同。有学者记述了发生在陕西北部某镇派出法庭参与的"依法收贷"的案例。[2]为达到追回贷款的目的，办案程序的许多环节不符合国家法的要求。如果严格依法收贷，贷款就将难以收回，国家的金融秩序将难以得到维护。在拖欠国家贷款不还较为普遍的情况下，运用轻度不符合国家法的手段收贷就可以被容忍。我国基层法院的审判活动应当吸收马锡五审判方式的经验：第一，主动调查研究。在该案中，法院在信用社（原告）未起诉的情况下主动立案违背了司法的被动性原则（诉讼中的"不告不理"）。第二，重视调解。在调解过程中，随着民间法作用的发挥，国家法得到了合理的变通。第三，简化程序、巡回审理、方便群众。民间法对基层法院的影响大于较高级别的法院。基层法院的审判活动可以较多地体现熟人社会的价值。基层法院的审判活动具有主动性、重视调解、重视发挥民间法的作用、简化程序等特点。而较高级别的法院则应当着重体现陌生人社会的价值，主要吸收法律文化中的司法的中立性、独立性、被动性、追求程序正义观念。基层法院和较高级别法院在价值倾向性上是有区别的。

---

[1] 田成有：《乡土社会中的民间法》，法律出版社2005年版，第141页。
[2] 强世功："一项法律实践事件的评论"，载王铭铭、王斯福主编：《乡土社会的秩序、公正与权威》，中国政法大学出版社1997年版，第488页。

## 二、国家法承认民间法中的有益成分

（一）国家法承认民间社会自发形成的交易规则

例如，搭伙养牛案。村民甲和村民乙达成了一个口头合同：甲承担主要出资，乙出资300元购买一头耕牛。甲负责喂养，并承担牛受伤或死亡的损失。乙只用牛，不负责喂养，也不承担牛死亡的损失。多年来，该合同一直得到履行。后来，乙认为当年的口头协议是"合伙"合同，要求分割财产。法官考虑到我国的民法并未列举"搭伙合同"的类型，按"合伙"合同作出了判决。[1]合同履行的情况可以证明当年的口头协议是搭伙合同，而不是合伙合同。在法律没有规定搭伙合同的情况下，可按照民间的搭伙习惯审理案件。

按照搭伙习惯审理案件更符合当事人的真实意思表示，更符合民法的意思自治原则，更有利于解决纠纷，终止争端。在民事司法方面，发现民间法并适用民间法应是法官的一项重要职责。

搭伙合同的规则是典型的民间法规则，它不是国家制定的，而是民间自发形成的。国家法承认民间社会自发形成的有益规则有利于保护民间社会的规则创新、制度创新能力。有学者认为："吸收习惯也是保持制定法富有生命力，使之与社会保持地气，尊重人民的首创精神的一种不可缺少的渠道。"[2]民间法可以为国家法的制定（立法）提供借鉴（成功的经验和失败的教训）。许多国家法就是在总结民间法的基础上形成的。如果国家法在制定过程中不注意从民间法中汲取资源，甚至对民间法采取排斥的态度，单纯依赖理性建构（脱离民间法实践的理性建构自然是空中楼阁）和法律移植，国家法就有脱离实际、走向僵化、脱离大众的危险。一个民族在走向现代化的过程中不能割断传统与现代的联系，应当注意尊重传统，注意保留传统的风俗习惯中的有益因素。民间的搭伙习惯就是传统文化中存在有益因素的一个例证。民间法产生于民间社会，吸收了无数人的智慧，体现了民间社会的制度创新能力。发挥民间法的作用有利于发挥民众的积极性、主动性、创造性。民间法可以为国家法提供可借鉴的资源。

---

[1] 苏力：《送法下乡：中国基层司法制度研究》，中国政法大学出版社2000年版，第201页。

[2] 苏力："当代中国法律中的习惯——一个制定法的透视"，载《法学评论》2001年第3期，第15页。

例如，搭车习惯。2013年8月中旬，笔者在青海藏区的玛多县城路口搭车到花石峡镇，对民间的搭车习惯感触颇深。青海地广人稀，两个居民点之间距离较远，客车班次稀少，游客求搭车的愿望较强，接近乞求；而车主求搭车营利的愿望不强，即使收取少量费用也难以弥补成本，接近施与。搭车与打车（包括拼车）相比，车主的责任是不同的，搭车车主的责任低于打车车主。如果游客因为车祸受伤或死亡，无偿搭车的，车主可以免除责任；搭车收取少量费用的，可以减轻责任。民间的搭车习惯可以为国家的相关立法提供借鉴。

（二）国家法承认传统生产生活方式的合法性

美国的阿米绪人（Amish）是源于欧洲的一个基督教新教团体。阿米绪文化属于农耕文化，遵循传统农耕社会的生产方式、生活方式和价值观念，具有回归自然的特征。他们抵制现代文化对传统文化的侵蚀。他们使用人力或畜力进行耕作，拒绝在农田里使用农业机械，把马车作为主要的运输工具，并拒绝在家里使用电话。

阿米绪人的习惯与美国各州的义务教育法在学龄规定上发生了冲突。美国各州的义务教育法规定，接受学校教育必须到16岁。而阿米绪人为了防止少年过多地接受现代文化，从而对自己的文化传统造成不利影响，要求少年于14岁退学并参加田间劳动。阿米绪人的习惯与州义务教育法争议的受教育时间为2年。

1968年开始，威斯康星州政府开始在阿米绪社区强制推行义务教育法，对拒不执行者采取了强制措施，学生被押上校车，父母被逮捕。阿米绪人认为州政府的做法侵犯了他们的宗教信仰自由，开始了争取权利的诉讼之路。1972年，美国联邦最高法院在"威斯康星州诉约德尔案"的判决中支持了阿米绪人的权利主张。美国联邦最高法院认为：威斯康星州的法律要求阿米绪人接受学校教育必须到16岁的规定侵犯了阿米绪人的宗教权利；州义务教育法应当考虑阿米绪人特殊的宗教信仰，给予其2年的受教育义务豁免。首席大法官沃伦·伯格在判决意见中指出："我们不可忘记，在中世纪，西方世界文明的很多重要价值是由那些在巨大困苦下远离世俗影响的宗教团体保存下来的。没有任何理由假设今天的多数就是正确的而阿米绪和类似他们的人就是错误的。一种与众不同甚至于异僻的生活方式如果没有干涉别人的权利或利益，就不能仅仅因为它不同于他人就遭受谴责。"[1]在阿米绪人的不断争取下，联邦最高法院终于对其习惯给予了承认。该判决的启示至少包括如下两方面：第一，该判决体现了美国主流文化对传统文化的承认。美国主流社会最终承认了阿米绪人的自主权利和阿米绪文化的独特性。传统文化具有合理性、合法性。传统文化是合法文化，不是非法文化。原住民有选择传统生产生活方式的自由权利。阿米绪文化的存在还引发了人们对以物质主义、消费主义为特征的现代文化的弊端的反思。第二，国家法在能够维护法律秩序的前提下应当尽可能地容忍特例。保护文化多样性、保护濒临灭绝的传统文化（包括传统习惯）可以作为国家法变通的理由。阿米绪习惯中的受教育期限与国家法的受教育期限大部分是一致的，只是有2年的差别。国家法出于尊重习惯的理由而在受教育期限上作出变通并不会影响国家法的权威。我国允许民族自治地方实行某些特殊的法律（如携带枪支、刀具，允许抢婚风俗存在等）就没有威胁到整体的法律秩序。

（三）国家法尊重民间社会的自主权

例如，孟母堂被禁案。2005年，在上海松江出现了一所名为"孟母堂"的私立学校。其教学内容突出中国古代的《论语》《易经》等典籍。全国各地有许多家长送子女来该校学习。2007年，上海市教委认为，该校未办理审批手续，违反了《义务教育法》的有关规定，属于违法办学，责令停办。[2]首先，应当落实地方和学校的教育自主权，体现教育的特殊性。长期以来，国家对民办教育规定了过高的准入标准（俗称"门槛"）和过于繁琐的审批手续，在教学内容、课程设置、课时安排、教科书等方面有过于严格的要求。该做法的弊端在于：限制了公民兴办社会组织的自主权利；限制了社会组织的自治权利；限制了公民的受教育选择权，限制了公民为子女选择受教育的机构和方式的权利。国家对民办教育的政策应当相应作出如下调整：第一，降低门槛，简化手续。国家法规定的准入标准和审批手续应当合理，不能过高。第二，降低教学管理统一性的要求。国家对教学管理方面的统一要求不宜过高。上海市教委应对"孟母堂"的办学条件进行审查，如果某些方面未

---

〔1〕 林达："阿米绪人拒绝现代化，固守500年前生活方式"，载《中国青年报》2007年8月15日。
〔2〕 张步峰、蒋卫君："现代私塾'孟母堂'能否见容于法治"，载《法学》2006年第9期，第6页。

达到国家法的要求,可责令其整改,不宜简单地叫停。其次,国家应当对教育事业实行统一管理,体现教育的统一性。实现教育的统一性有利于防止教育管理混乱。

### 三、国家吸收民间法中有利于减轻惩罚的成分

民间法的存在有利于保持法律的多样性,为公民与政府提供选择规范的可能性。当民间法过于严峻时,人们可以更多地选择适用国家法;当国家法过于严峻时,人们可以更多地选择适用民间法。这样,可以减轻法律的严峻性造成的痛苦的增加、幸福的减损。有学者认为:"法律多元意味着法律应该有多种中心,多个层次,在一定的条件下存在着两个或两个以上可供人们适用的法律规范。"[1]

(一)建立民间法出罪减刑制度可以取消不必要的定罪和处刑

民间法出罪减刑制度是指对按照国家法构成犯罪的人,在不违背社会公共利益的前提下,按照民间法不认定犯罪或处以较轻的刑罚的制度。现代刑法的罪刑法定原则反对按照民间法对行为人入罪加刑,但并不反对按照民间法对行为人出罪减刑。民间法出罪减刑制度与罪刑法定原则的共同目的在于减轻刑法的严峻性给人造成的痛苦,二者都是刑法人道主义的重要组成部分。民间法出罪减刑制度是民间法进入刑法领域的一条重要渠道。

例如,国家在少数民族地区的刑事政策中已经包含了民间法出罪减刑制度。我国的一些少数民族地区存在抢婚风俗,其中经常伴随着非自愿的性行为。对于风俗习惯允许的抢婚行为,法律无法彻底禁止。如果抢婚的事实未造成严重后果,且得到当事人的认可,就可以承认婚姻的有效性。除手段残忍恶劣、致被害人重伤、死亡或者造成其他严重后果外,不宜作为强奸罪处理。有学者指出:"对于这类出于民族习俗的行为,除手段残忍、致被害人重伤、死亡或者造成其他严重后果外,不宜作为强奸罪、奸淫幼女罪处理。"[2] 如果刑法完全无视这些风俗习惯,就会导致少数民族群众对整体国家法制度进行抵制。但是,如果抢婚得不到当事人的承认,甚至造成重伤、死亡等严

---

[1] 肖光辉:"法律多元与法律多元主义问题探析",载何勤华主编:《多元的法律文化》,法律出版社2007年版,第66页。

[2] 梁华仁、石玉春:"论刑法在少数民族地区的变通",载《政法论坛》2001年第2期,第34页。

重后果,就应当按照犯罪来处罚。可见,国家法对风俗习惯的容忍是有限度的。

再如,少数民族地区存在着"刀耕火种"的耕作方式,其中经常伴随着毁林烧荒的行为,不宜简单地按照盗伐林木罪或滥伐林木罪处罚。对于毁林烧荒行为未造成严重后果的,可不按犯罪处理;对于造成严重后果的,可根据情节从轻处理。

又如,生活在人烟稀少地区的居民有携带武器用于自卫的习惯,对于这类行为也不宜简单地认定为非法持有枪支弹药罪。[1]允许携带武器的规则应当实行属地原则,内地居民来到人烟稀少的地区也可以携带武器用于自卫,而少数民族居民在离开人烟稀少地区时因没有猛兽威胁而不应当允许携带武器。

在汉族地区,国家法的影响相对较大,民间法的影响相对较小,需要按照民间法出罪减刑的情况不及少数民族地区多发,但也会时有发生。因此,在汉族地区建立民间法出罪减刑制度也是有必要的。

1. 根据婚约的习惯可不认定犯罪的情况

例如,强奸成婚案。一位男青年爱上了另一个村子的女青年。一天,男方邀女方约会,女方接受了。在约会期间,男方与女方强行发生了性关系。女方父母向当地派出所报了案。在警察正式逮捕男方之前,男方父母来到女方家中请求私了。双方达成协议:男方娶女方,并赔偿5000元。尽管男女双方都未达到法定婚龄,他们还是通过熟人关系领取了结婚证。但是,这一规避法律的私了被政府发现了。婚姻被宣告无效,男青年被判刑。[2]如果按照国家法处理本案,男方将被判刑,女方的名誉将受到损害,一桩姻缘被拆散了。这种结果对双方都是不利的。按照民间的婚约习惯,在本案中,男女双方的关系虽然经历了一些波折,但最终还是实现了和解,达成了婚约。这使得男方行为的社会危害性被化解了。按照民间婚约习惯而不是按照国家法处理本案,男方可以免受牢狱之灾,女方的名誉也可以最大限度地得到保全。当他们达到法定婚龄,领取结婚证以后,就成为合法夫妻了。因此,通过民间的婚约习惯解决纠纷符合双方当事人的最大利益,也未损害社会的根本利益,符合中国人的"宁拆十座庙,不破一门婚"心理期待,是一种可以为社

---

[1] 王学辉:《从禁忌习惯到法起源运动》,法律出版社1998年版,第246页。
[2] 苏力:《法治及其本土资源》,中国政法大学出版社2004年版,第45页。

会接受的最佳的纠纷解决方案。按照婚约解决此类纠纷的做法适用于熟人社会，而不适用于陌生人社会。在熟人社会，道德的约束力量较为强大，类似的婚姻协议能够得到较好的遵守。在熟人社会，风俗习惯具有强大的力量，以致像刑法这样包含对人身、自由、财产的严厉处罚也不得不在一定程度上尊重风俗习惯。

2. 根据婚礼的习惯可不认定犯罪的情况

例如，婚礼后的诉讼案。1999年，在安徽省凤阳县，女青年吉某和男青年李某经人介绍相识。在父母的催促下，吉某不情愿地与李某按当地风俗举办了婚礼，但并未领取结婚证。婚后，吉某拒绝同房。李某强行与其发生了性关系。吉某向凤阳县人民法院状告李某。凤阳县人民法院认为李某的行为构成强奸罪，判处有期徒刑3年。乡民们普遍认为，法院的判决实属荒唐。即使吉某的父母也不支持法院的判决。[1] 1994年2月1日生效的《婚姻登记管理条例》（以下简称《条例》）以领取结婚证作为婚姻成立的要件，不再承认事实婚姻，不再认可婚礼的习惯。《条例》的指导思想认为，应当通过不承认事实婚姻的办法矫正人的不规范的婚姻行为，使人的婚姻行为符合国家法的规定。按照现行国家法，李某的强奸罪成立。而按照民间法的要求，按当地风俗举办婚礼就意味着婚姻成立了，不存在强奸的问题（我国立法未明确规定婚内强奸）。

《条例》要求人的婚姻行为必须达到国家法的要求，对人的婚姻行为的合规范性提出了过高的要求。国家法不承认事实婚姻的做法体现了国家法对民间法的不宽容。婚姻关系具有合同关系的部分属性，是一种涉及人身关系的特殊合同。既然合同法承认事实合同，婚姻法也应当承认事实婚姻。只要不违背婚姻法的婚姻自由、一夫一妻的原则，符合婚姻法规定的实质要件，就应当认定为事实婚姻，承认婚姻的有效性。现代刑法理论认为，在不违反公共利益的前提下，可以依照民间法出罪减刑。学术界对本案的判决有两种不同的观点：第一种观点认为，出于尊重民间婚礼习惯的考虑，可以在认定李某有罪的前提下从轻判决。第二种观点认为，对于按照风俗习惯举办婚礼后的非自愿性行为不宜简单地认定构成强奸罪，可以要求李某作出适当的赔偿。

---

[1] "婚礼后的诉讼"，中央电视台"新闻调查"栏目2000年6月9日，载：http://www.cctv.com/news/special/C15587/20060414/102318.shtml.

(二) 建立刑事和解制度可以减轻对犯罪人的处罚

刑事和解制度是刑事案件中的犯罪嫌疑人对被害人作出积极赔偿,得到被害人谅解后,法院不追究犯罪嫌疑人的刑事责任或减轻刑事责任的制度。刑事和解制度是调解制度的重要内容,是民间法进入刑事司法领域的一条重要渠道。因为国家法离不开强制措施和制裁措施,所以国家法有严峻的一面。吸收民间法的合理因素建立刑事和解制度与民间法出罪减刑制度,有利于减轻国家法的严峻性给人造成的痛苦。

例如,交通肇事和解案。司机夏某华与母亲、哥哥、嫂子、侄女(夏某雨)共同生活,一家人感情很好。为了在租住的房子旁边盖一个厨房,夏某华与母亲要在夜里去拉沙子。还未睡觉的夏某雨也闹着要去。车开到采沙厂附近停了下来,夏某华收拾车厢,夏母和夏某雨下了车。夏母自己去看沙子,与夏某雨分开了。夏某华收拾完车厢后开车去装沙子,觉得车轧到了东西,下车后发现车从夏某雨身上轧过,导致夏某雨死亡。夏某华深感自责,主动到公安机关自首。夏家人原谅了夏某华,向法院递交了请求书,希望从轻处罚。法院以交通肇事罪判处夏某华有期徒刑8个月,缓刑2年。[1] 在夏家人看来,夏某雨的离去已经使他们陷入痛苦之中了,如果判夏某华重刑,将会给他们带来新的痛苦。法院考虑到犯罪嫌疑人已得到受害方的谅解,充分尊重夏家人的感情,作出以上判决是合适的。在过失犯罪可适用刑事和解制度上比较容易达成共识。

再例如,耕牛被盗索赔案。20世纪90年代初,四川茂县发生了一起偷牛案,法院以盗窃罪判处被告有期徒刑3年并赔偿受害人500元。受害羌族村民对判决极不满,为此数度上访。被害人认为法院判不判刑无所谓,一定要被告人赔偿自己耕牛被盗发生的全部损失,要么就让被告为他家做3年苦力。[2] 在这一具体的案件中,民间法提出了一个与国家法相竞争的处理方案。按照国家法的判决,被告将被监禁3年,原告的损失得不到全额的赔偿。而民间法的处理方案并没有对社会利益造成根本的损害,而且对双方当事人都有利,更符合当事人的意愿。对于处刑较低的犯罪和过失犯罪可以尽量采用达成刑

---

〔1〕 "亲情的天平",中央电视台"今日说法"栏目2007年4月19日,载http://www.cctv.com/program/lawtoday/20070508/105811.shtml.

〔2〕 王勇:"国家法和民间法的现实互动与历史变迁——中国西部司法个案的透视",载《西北师大学报(社会科学版)》2002年第4期,第16页。

事和解协议的方式处理。民间法的处理方案至少在一些少数民族地区是被广泛接受的。

刑事和解制度涉及人身利益和财产利益的可比性问题。刑罚是犯罪人人身利益（包括生命利益和自由利益）的减损，赔偿是犯罪人财产利益的减损。刑事和解制度是有限度地承认犯罪人可以用财产利益减损代替人身利益减损的制度。刑事和解制度涉及了一个深入的理论问题——人身利益与财产利益是否具有可比性（可通约性）问题。处理人身利益和财产利益的可比性问题应当遵循如下原则：

（1）生命利益与财产利益不具有可比性。生命利益优于财产利益符合需求层次规律和利益位阶（权利位阶）原则。这也是一个基本常识。因此，死刑（生命刑）案件不适用刑事和解制度。

（2）整体自由利益与财产利益不具有可比性。整体自由利益优于财产利益符合需求层次规律和利益位阶原则。因此，无期徒刑、长期自由刑的大部分刑期不适用刑事和解制度。

在司法实践中应当防止刑事和解制度的滥用，否则将会导致有钱的犯罪人和无钱的犯罪人所受的处罚不同，将会危害法律面前人人平等原则和同类案件同类处理的法治原则。

（3）部分自由利益与财产利益具有一定的可比性。二者的可比性与自由利益的受损害程度成反比。自由利益受损害的程度越低，自由利益与财产利益的可比性就越高。自由刑越轻微，自由利益与财产利益的可比性越大。因此，可能判处较轻刑罚（管制、拘役、短期自由刑）的案件可适用刑事和解制度；虽然长期自由刑案件的大部分刑期不适用刑事和解制度，但是其中在有限的期间内可适用刑事和解制度。

刑事和解制度涉及对个体本位刑法思想的包容问题。传统的刑事公诉制度将犯罪视为对国家利益和社会公共利益的侵害，对被害人的地位重视不够。这是一种社会本位的刑法思想。有学者指出："刑事和解制度的引入，最为关键的便是此种观念的突破和转换，即由国家本位价值观转变为个人本位价值观。"[1] 刑事和解制度将犯罪首先看成是对个人利益的侵害，然后才看成是

---

[1] 杜宇："作为间接法源的习惯法——刑法视域下习惯法的立法机能之开辟"，载《现代法学》2004年第6期，第55页。

对国家和社会利益的侵害，是一种个体本位的刑法思想。

建立刑事和解制度具有重大的社会意义。第一，建立刑事和解制度有利于化解加害人和受害人之间的纠纷，促进社会和谐。第二，建立刑事和解制度有利于减少侦查、公诉、庭审等环节的人力和物力，节约诉讼成本，增进社会效益。第三，建立刑事和解制度有利于法院监督和解协议的合法性。由于人们寻求体现最大利益的纠纷解决方案的愿望极为强烈，导致国家法试图杜绝刑事案件的"私了"成为不可能。不如像大禹治水那样，变堵截为疏导，将刑事案件的"私了"转变为刑事和解制度。在刑事案件的"私了"过程中，法院无法监督和解协议内容的合法性。与刑事案件"私了"的不同之处在于：在刑事和解制度下，法院可以主持达成和解协议的过程，监督和解协议的合法性。

### 四、国家法禁止民间法中有明显危害的成分

例如，同宗恋人被杀案。湖北省大悟县刘河村只有两户为外姓，其余都是刘姓。1988年，该村男青年刘某新、女青年刘某结伴外出打工，产生恋情，刘某怀孕，双方准备结婚。二人属于同一个宗族，已出五服，符合婚姻法规定的结婚条件。但双方家人和同宗的人都认为同一姓氏的亲属结婚是伤天害理、败坏宗族声誉的行为。刘某新的父亲刘某应和母亲黄某清、刘某的哥哥刘某明，村支部书记刘某朝、村主任刘某善、民兵连长刘某攀等人密谋杀死二人，将尸体秘密掩埋。1999年，刘河村发生了少数人聚众闹事事件，再加上村内刘姓宗族内部各支系争夺公共权力，使村内秩序较为混乱。基于此，大悟县成立了刘河村综合整治工作组进驻该村，使这一尘封11年的血案浮出水面，相关责任人都受到了法律的严惩。通过民主程序产生了新的两委班子后，刘河村恢复了往日的平静。[1]

民间法中的"同姓不婚"规范是原始禁忌的组成部分。该规范中禁止近亲结婚的内容符合现代优生学的规律。但是，禁婚的范围有不当之处。在同一宗族内部，禁婚范围过大。而在姨表亲属方面，又没有禁婚的规定。

传统民间法包含剥夺生命、健康、整体自由的处罚措施，具体包括关押、

---

[1] 陈士朝、陈继红、万美朝："新闻背后的新闻——大悟县黄站镇刘河村综合整治牵出案中案"，载《楚天主人》2000年第3期，第32页。

游街、拷打、抄家、开除村籍、处死等。民间法在规范人类的婚姻秩序方面出现了矫枉过正的倾向，这是不符合人文精神的。而国家刑法则确立了罪刑法定原则，剥夺生命、整体自由的处罚在刑法典中确定，为国家法所专有。现代刑法的罪刑法定原则主张按照刑法典定罪量刑，反对按照风俗习惯定罪量刑。相对于民法，刑法对风俗习惯的审查相对严格。

传统民间法承认宗族执法权。而国家刑事法律则认为，审判权和执行权由国家专门机关行使，不允许民间社会对行为人定罪处刑。

传统民间法还存在其他非理性、非人道、非科学缺陷：

传统民间法要求家庭、家族、亲属之间承担连带债务责任（如父债子还等）。而现代国家法则强调责任自负原则，继承人仅以所继承遗产为限对被继承人的债务承担责任。民间法是群体本位、权力本位的法，而现代国家法则深受个体本位、权利本位思想的影响。发挥国家法的作用有利于清除民间法中束缚自由、个性、创造性的内容。

传统民间法允许债权人将无力偿还债务的人作苦力役使，相当于剥夺自由权，其中包含奴隶制因素。而现代国家法则认为，人身权（生命权、自由权）与债权是处于不同位阶的权利。生命权优于债权，即使债务人不能偿还债务也不能剥夺其生命权。自由权优于债权，即使债务人不能偿还债务也不能罚作苦力。

许多农村存在着"闹人命"的习俗。已婚妇女在婆家非正常死亡，不管婆家人有无责任，也不严格区分故意杀人、故意伤害致死、过失致人死亡、意外事件致人死亡，娘家人都要来婆家闹事。某些少数民族的证据制度中存在的神明裁判制度，可能导致证据认定的错误。

传统民间法用过于严酷的手段处罚有道德过错的人，而现代国家法则主张法律与道德的相对分离，区分犯罪与道德过错的界限，反对对一般违法道德的人实施法律制裁。

传统民间法中的纠纷解决方式包括打斗、群体械斗、复仇等暴力性私力救济方式是落后的纠纷解决方式。

## 第三节 法律人类学的视野

近年来，我国法学界的"民间法"研究取得了丰硕的成果，但理论基础打造得还不够坚实。有必要吸收法律人类学、文化人类学的思想和方法，夯实民间法研究的理论基础。

## 一、法律人类学释义

法律人类学，是一门以原始封闭社会的法律现象及其规律为研究对象的学科。法律人类学立足于研究原始封闭社会的法律，同时也涉及现代法律，通过对不同文化类型的法律进行比较研究，可以获得很多在现代法律框架下难以得到的别样的认识。

法律人类学是文化人类学的分支学科。

法律人类学是跨越文化人类学与法学的边缘学科。它既是文化人类学的分支学科，也是法学的分支学科。法律人类学是法学领域的新思想和新方法的生长点。

人类学法学，是以原始封闭社会的法律及其规律为研究对象的法学流派或研究范式。"人类学法学"与"法律人类学"两个词汇具有难分彼此的密切关系。一方面，两个名词是近义词，二者所涉及的研究领域、思想和方法大致相同。另一方面，二者的含义又有所侧重。人类学法学侧重指学派或研究范式的名称，而法律人类学则侧重指学科的名称。人类学法学、法律人类学是社会学法学派的一个支派。社会学法学认为，分析法学所研究的规则不一定是社会生活中实际运行的规则，法学研究的重点不是纸面上的规则，而是社会生活中实际通行的规则，法学工作者应当走向田野，作田野调查。

法律社会学和法律人类学的主要区别在于研究对象的不同。法律社会学着重研究国家法、主流社会的法。例如，法律社会学的一个重要论题是国家法实施的社会效果评估。而法律人类学则着重研究民间法、他者社会的法。法律人类学的重要论题包括国家法与民间法的关系、民间法对司法的影响、民间法对纠纷解决方式的影响等。

法律社会学与法律人类学有走向趋同化、一体化的趋势，有学者强调这一趋势。法律人类学与社会学是彼此接近的姊妹学科。

法律人类学隐含的理论前提是：原始法律也具有存在合理性；应当对他者社会的法律持宽容态度；原始法律与现代法律的并存既可以为人们选择规则，减少规则僵化性的危害提供条件，也可以促进规则的进化。

法律人类学也应当关注对原地居民的权利保护。否则，民间法和作为其载体的传统聚落将会不断萎缩甚至消失。

## 二、法律人类学的研究方法

### （一）田野调查方法

英国人类学家马林诺夫斯基在赴巴布亚新几内亚作田野调查期间因遇第一次世界大战而滞留当地，与当地人长期共同生活，收集了大量一手资料。他在法律人类学的田野调查方法形成的过程中发挥了重要作用。法律人类学界普遍认为，英国人类学家马林诺夫斯基的《原始社会的犯罪与习俗》（1927年）的出版标志着法律人类学的产生。

例如，鱼菜互换的习惯。在大洋洲的特罗布里恩德群岛的田野调查中记述了沿海居民捕获的鱼类与内地居民种植的蔬菜相互交换的习惯。相互交换发生在熟人（亲戚或朋友）之间，交换关系较为稳定，他们虽不太计较个别交换行为的得失，但关注长期交换的公平性。不符合长期交往公平性的行为将会受到谴责。[1]

出轨女孩跳树的实例。一女孩有一个正式的求婚者，他们之间的关系已经为氏族所认可。但是，该女孩并不爱这个求婚者，而是爱上了本氏族的另一个年轻人。该女孩平时住在父亲为她专门建造的未婚女孩宿舍中，她在这里接待了她所爱的人。求婚者发现此事后当众侮辱了她，她不堪忍受侮辱而跳椰子树自杀。在本例中，该女孩的行为违背了如下氏族规范：第一，为氏族所认可的婚姻或准婚姻关系应当得到维护。该女孩与准婚姻关系以外的男性有过于密切的交往属于出轨行为。第二，未婚女青年宿舍不得有其他男性进入。该女孩在其中接待了她所爱的人属于出轨行为。如果求婚者不介意，该女孩的行为也可以得到原谅。但是如果有利害关系人借用规则的力量予以干预，违背规则的人就会付出代价，符合规则的一方就会获得胜利，规则的力量就会显现出来。[2]

### （二）案例研究方法

首先，法律人类学的案例研究方法是在田野调查方法的影响下形成的，

---

[1] 参见［英］马林诺夫斯基：《原始社会的犯罪与习俗》，原江译，法律出版社2007年版，第12页。

[2] 参见［英］马林诺夫斯基：《原始社会的犯罪与习俗》，原江译，法律出版社2007年版，第64页。

它意味着田野调查方法的进一步清晰化。其次，案例研究方法受到了英美法系判例方法论的影响。1941年，具有英美法系法学背景的卢埃林与具有人类学背景的霍贝尔合作出版了著作《晒延方式：原始法中的冲突与案例法》，该书对晒延部落53个案例进行了叙述和分析。[1]这是法律人类学的案例研究方法来源于英美法系的判例方法论和人类学的田野调查方法的结合的典型例证。该书标志着案例研究方法和田野调查方法的成熟。法人类学、法社会学、社会学法学派重视经验方法（如观察、统计等方法）。这与自然法学的价值研究方法和分析法学的逻辑学和语言学方法形成了鲜明的对照。

法人类学家的一项重要工作就是到处于原始封闭状态的社会，收集解决纠纷的典型案例，发现社会生活中实际通行的规则。美国人类学家霍贝尔重视案例研究，他收集了世界上许多处于原始状态的民族的纠纷解决案例，写成了《原始人的法》一书。他认为："案例方法的结果却与真实生活联结在一起。……只有案例方法导致真正的法理学。"[2]他还认为，收集案例的过程应当注意不要干预被调查者的纠纷解决过程、不要对被调查事件进行评价、选择有威望的协作者等事项。

我国的民间法学者通过收集通过民间法成功解决纠纷的正面案例，总结处理国家法与民间法关系的经验，提出了完善基层法治的建议。

（三）比较方法

比较方法的运用使得法人类学家对法律的认识具有多元视角，不受单一视角的限制。法人类学家能够认识到国家法的局限性和民间法的合理性，主张用民间法弥补国家法的不足，有利于促进国家法的完善。

法人类学从多元视角对各种类型的社会的法律进行比较，能够认识非主流社会的法律的合理性和主流社会的法律的局限性，为完善主流社会的法律提供借鉴，为治理者提供参考。建设法治社会不仅要依靠国家法，而且要将民间法作为社会治理的资源。比较研究方法导致了人类学视角的多元性，从而使人们避免因基于单一视角而造成认识上的偏颇。

法律人类学界已经意识到了通过个案寻找社会通行规则的研究存在视野

---

[1] 参见刘顺峰："从社会情境分析到扩展案例分析——格拉克曼法律人类学方法论思想研究"，载《民族研究》2016年第1期，第53页。

[2] [美]霍贝尔：《原始人的法——法律的动态比较研究》，严存生等译，法律出版社2006年版，第35页。

狭窄的局限性，不应当满足于找到社会生活中实际通行的规则，还应当关注规则背后的社会文化背景。英国法律人类学家格拉克曼提出了"扩展个案"主张，"除了关注纠纷或冲突的解决过程之外，还着重考察纠纷或冲突的前因后果、背景及其影响"。[1] 法律人类学从关注个案到关注整个文化生态反映了法律人类学界对法律现象认识的深入。

社会是一个包含经济、政治、法律、道德、宗教等要素的整体，法律只是社会整体的组成部分。纠纷和冲突的形成有着复杂的社会文化历史原因。很多冲突可以被归结为文化冲突。（城管与小贩、开发商与原地居民）在法律范围内寻找解决纠纷的方案难免存在着"头疼医头，脚疼医脚"的局限性。只有从社会整体的全局出发提出解决问题的方案才具有更大的合理性，才有利化解纠纷（减少冲突、降低冲突强度的作用）。

法律人类学的困难。第一，国家对法律人类学研究提供的支持不足。国家对法律社会学、法律人类学提供的支持不及围绕国家法作研究的立法学和法律解释学。在法律社会学、法律人类学内部，国家对法律人类学提供的支持又少于法律社会学。第二，民间法因为载体的消亡而处于萎缩的状态。承载民间法的载体是传统聚落。传统聚落的一个重要功能是传承民间法。近年来，承载民间法的传统聚落不断萎缩、消失。部分原因在于现代文化的发展需要传统文化腾出空间；部分原因在于全社会保护传统聚落的意识不强，许多应当保护的传统聚落被轻易拆除了。保护民间法的重要途径在于尊重和保护民间法的载体——传统聚落。国家在传统聚落的改造上保持克制态度。

## 三、法律多元

### （一）法律多元释义

法律多元是指多种类型的法律（原始法与现代法、民间法与国家法、东方法与西方法等）既相对独立、相互竞争，又相互依存、互相借鉴的状态。法律多元主义（Legal Pluralism）强调法律的民族性、地域性、特殊性。民间法的地域性观念来源于法律人类学的法律多元主义。法律多元主义是在法律人类学领域中产生的一种理论。法律多样是文化多样的具体表现。

---

[1] 参见王伟臣："法律人类学个案研究的历史困境和突破"，载《民族研究》2017年第1期，第63页。

"文化"是"法律"的上位概念,"文化多样"的理论层次高于"法律多样","法律多样性"也是"文化多样性"的一种具体表现。保护文化多样性是保护法律多样性的社会条件。

法律发展存在两种相反相成的趋势:一是与法律全球化相关的一体化趋势;二是与法律本土性相关的多样化趋势。法律一体性与法律多样性是法律全球化中同时并存的两种相反相成的发展趋势。[1] 自然法学派、分析法学派、社会法学派等主要法学流派普遍存在"世界法"理想。该理想认为,人类的法律最终将走向统一,建立全世界统一的法律,走向法律一体性。同时也应当看到法律一体性也有局限性。法律一体性是西方中心主义、现代主义的一体性,未能充分体现非西方的利益,未能充分体现传统的价值。为矫正法律一体性的局限性,自然会出现法律的另一种发展趋势——法律多样性。过于强调法律一体性和过于强调法律多样性的两个极端都是有害的,只有实现法律的多样性与一体性的合理结合才最有利于促进法律的进化,进而实现全人类的最大利益。

国家法着重强调法律是普遍知识,着重强调法律的统一性;而民间法则着重强调法律是地方性知识,着重强调法律的个别性、多样性。法律的统一性和多元性是一对永恒存在的矛盾。国家法与民间法的并存与互动有利于促进法律的统一性和多样性的合理结合。强调其中任何一性而忽视另外一性都是错误的。

否认文化共性,将会使社会失去统一的规范、权威与秩序,使社会陷入混乱。有学者指出:"在一个多元主义的社会中,没有一个为大多数人同时接受的程序规则和共同的最高价值核心,多元社会就无法运行。"[2] 极端的法律多元主义否认国家法维护秩序底线的作用,容易导致秩序的失落。温和的法律多元主义具有合理性,而极端的法律多元主义则是错误的、不可接受的。

法律多元的含义至少包括如下方面:①形成法律的主体的多样性。国家和民间社会都是形成法律的主体。②法律渊源的多样性。司法中心的法律渊源定义主张法律渊源的多样性,法律渊源法院审判案件的参考。法官审理案

---

〔1〕严存生:"法的多元性的哲理思考",载何勤华主编《多元的法律文化》,法律出版社 2007 年版,第 17 页。

〔2〕常士訚主编:《异中求和:当代西方多元文化主义政治思想研究》,人民出版社 2009 年版,第 82 页。

件不仅要考虑成文法，而且要考虑判例、习惯、法理等其他法律渊源。《民法典》第10条规定："处理民事纠纷，应当依照法律；法律没有规定的，可以适用习惯，但是不得违背公序良俗。"该规定承认了民间法的司法适用的合法性。

法律多元的理论前提是立法者的有限理性。通过援引成文法以外的其他法律渊源，可以使成文法的局限性得到弥补与矫正。而在法律一元观念下，法官只适用成文法审理案件，成文法的局限性难以得到弥补与矫正。法律一元主义的理论前提则是立法者的无限理性、国家权力崇拜、无限政府思想。国家法一元主义将会导致对法治概念的错误理解。

法律人类学关注法律本土性、法律多样性问题。法律人类学认为法律是一种地方性知识，法律具有民族性、地域性、特殊性。民间法是在一定的传统文化土壤上产生的，必然具有存在的合理性。法律人类学主张通过田野调查去发现社会生活中实际起作用的规则（民间法）。发挥民间法的作用有利于保存民间社会的规则创新和制度创新的能力，有利于减轻国家法的严峻性，有利于为国家法的修订提供借鉴。

（二）法律多元的意义

1. 法律多元为人们选择规则提供了条件

多种规范和纠纷解决方式并存，为选择体现当事人和全社会最大利益的规范和纠纷解决方案提供了便利。有学者认为："正是由于法律多元的存在，因此，人们可以选择其自愿遵循的规则，选择能获得更为有利后果的规则。"[1]国家法与民间法并存有利于找到更有利于增进人的幸福的方案。

当国家法或者民间法之中的任何一个占据一统天下地位，人们没有选择的余地的时候，都会出现规则的异化。在规则异化的情况下，人成了规则的奴隶，而不再是规则的主人。法律多元主义是西方法社会学、法人类学提出的一个观念。国家法与民间法的竞争是法律多元格局的重要组成部分。保持法律多元、规则多元、解决纠纷方式多元的格局有利于促进国家法与民间法互相弥补、互相矫正，有利于防止规则（包括国家法和民间法）的异化，为人们的生存和发展提供一个宽松、和谐的良好环境。

民间法与国家法具有相互依存的关系。在国家与社会相对分离的二元社

---

[1] 苏力：《法治及其本土资源》，中国政法大学出版社2004年版，第47页。

会中，国家法与民间法存在着相互依存关系。二者谁也不可能代替对方。二者的平衡与互动有利于弥补与矫正各自的局限性。

2. 多样法律的互动是法律与制度创新的条件

文化多样一体法哲学用两向思维方法看待历史形成的法律现象。无论是国家法，还是民间法，都既存在合理性的一面，也存在局限性的一面。法律多元主义具有温和的文化相对主义倾向。民间法和国家法有相互提供信息资源的作用。法律多样有利于形成多样规则的竞争与互动机制，有利于促进多样规则的进化。有学者指出："从制度变迁的角度看，国家制定法与民间法的相互沟通、理解以及在此基础上的妥协和合作将是制度创新的一个重要途径，并且必然是一种渐进的制度创新。"[1] 民间法与国家法作为相互竞争的规范体系，二者的相互借鉴有利于促进国家法与民间法的进化，有利于保持法律的灵活性、适应性，保持社会发展的连续性、渐进性、稳定性。

社会组织和成员的良性互动是规则创新的动力。首先，社团组织有规定义务性规则的权利。社会组织制定的义务性规范应当在成员加入之前公布，以保障成员的选择自由。例如，应当允许大学规定禁止本科生结婚，允许军队规定禁止现役士兵结婚。这些规定有利于维护有关单位的管理秩序、提高学习与工作效率。如果成员不愿意尊重某一团体的规则，也有退出该团体的自由。其次，社团组织成员有选择成员的权利，表现为社团组织有接收成员和开除成员的权利。法院在处理社团组织与成员争议的案件中，在保护成员权利的同时，也应当保护社团组织的合法权益。保障组织与成员的权利也是法律与制度创新的重要条件。

法律多元主义的对立面是法律一元主义。法律一元主义具有如下理论倾向：只承认国家法，不承认民间法，具有国家法一元主义倾向；只承认现代法，不承认原始法，具有现代主义倾向；只承认西方法，不承认东方法，具有西方中心主义倾向。法律一元主义的弊端在于：造成国家强制的过度使用和治理手段的贫乏；造成国家权力过度扩张；造成国家法与多元规则体系隔绝，导致国家法创新能力和适应能力降低。

(三) 法律多元意义下的"法律"概念

美国人类学家霍贝尔认为："法律可以定义如下：这样的社会规范就是法

---

[1] 苏力：《法治及其本土资源》，中国政法大学出版社 2004 年版，第 69 页。

律规范,即如果对它置之不理或违反时,照例就会受到拥有社会承认的、可以这样行为的特权人物或集团,以运用物质力量相威胁或事实上加以运用。"[1]法人类学认为,法律是由社会承认的权威(人或集团)的强力保证实施的社会规范。当代社会的"原始法"是早期社会的原始法的"活化石",原始法作为法律多元的一种元素,具有存在合理性。可以得出一般性法定义——法是由一定社会的最高权威制定或认可的,具有一般性和强制性的行为规则。法律包括国家意义上的法和非国家意义上的法。民间法就是非国家意义上的法。

法律多元主义认为,国家法的统一性与民间法的多元性是一对永恒的矛盾。国家法永远不可能完全同化民间法,研究国家法与民间法的关系将是一个永恒的课题。

### 四、法律多线进化论

法律多线进化论认为,法律进化的方向是多元的。不仅存在从原始法向现代法的进化方向,而且,民间法自身的完善也是法律进化的一个方向。事实上,民间法在国家法的影响下也在不断走向自我完善。[2] 法律进化的各个方向、线索既是各自相对独立的,也存在相互竞争与资源的交流。

在国家法的影响下,民间法可以逐步克服自身蒙昧野蛮的因素。例如,宗族执法权、汉族妇女缠足的习俗、一些少数民族中存在的文身习俗就已经消亡了。多种规则的竞争与民众的自由选择有利于促进规则向着有利于增进人的幸福的方向进化。国家法与民间法的互动有利于促进规则体系的进化。法律多线进化论与法律多元主义是同一理论的不同表达方式。

在法律多元论产生之前,法律单线进化观念长期占据统治地位。人类学家摩尔根在《古代社会》一书中指出,人类社会的发展经历的三个阶段是野蛮社会、蒙昧社会、文明社会。英国历史法学派的梅因认为,法律进化包括形式和内容两个方面。在法律内容方面,法律进化的方向就是从身份到契约的运动。他说:"所有进步社会的运动,到此处为止,是一个从身份到契约的

---

[1] [美]霍贝尔:《原始人的法——法律的动态比较研究》,严存生译,法律出版社2006年版,第27页。

[2] 参见李瑜青、张建:"民间法研究中的法律人类学进路",载《社会科学辑刊》2012年第1期,第67页。

运动。"[1]"身份"是传统社会（家族社会、等级社会）中地位的标志。在身份社会，人们的权利和义务为身份所固定，每一个人都没有选择的自由，人们都被束缚在人际关系的罗网之中，无法解脱。身份社会是一个义务本位的社会、人身依附的社会。"契约"是具有自由意志的个体之间达成的协议。在契约社会，人们通过契约约定权利和义务，人们选择行为的余地很大，自由很多。契约社会是一个权利本位、自由平等的社会。从义务本位、团体本位法向权利本位、个体本位法的发展是法律进化的必然趋势。在法律形式方面，法律进化的方向就是经历判决时代、习惯法时代、法典时代。

单线进化观念具有如下理论倾向：①国家法一元主义倾向。单线进化观念只承认国家法的合理性，不承认民间法的合理性，认为国家法最终将会取代民间法。②现代主义倾向。单线进化观念只承认现代法的合理性，未认识到原始法、传统法的合理性。法律单线进化观念只承认从原始法、传统法向现代法发展的方向，认为原始法和传统法将会走向消亡，现代法将会最终取代原始法和传统法。③西方中心主义倾向。单线进化观念假定各个国家和地区的法律进化是不平衡的，西方处于进化过程的较高阶段，东方法处于进化过程的较低阶段，东方国家法治的资源来源于对西方法的移植。法律单线进化观念与法律一元论具有一体性，是同一理论的不同表达方式。

## 第四节　文化人类学的背景

### 一、文化人类学为研究民间法提供了更为宽广的理论背景

文化人类学是对不同文化类型进行比较研究而形成的学科。文化人类学立足于原始状态社会的研究，对原始状态的社会与文明社会进行对比。文化人类学是包含法律人类学在内的一个大的学科群。

文化人类学产生的社会背景是欧洲殖民者开辟海外殖民地的时代。来自欧洲的旅行家记述了殖民地的风俗习惯，认识到了原始状态社会的文化也具有合理性的一面。文化人类学早期的代表人物是美国人类学家摩尔根，他因帮助一个印第安部落同白人地产公司打官司并维护该部落的土地权利而获得

---

[1] [英] 梅因：《古代法》，沈景一译，商务印书馆1984年版，第97页。

信任，并被视为该部落的成员，从而获得了大量一手资料。摩尔根对原始状态的社会的研究是全方位的，自然也会涉及法律问题（如氏族到家庭的演化）。1877年，摩尔根出版了《古代社会》一书。在此书中，摩尔根将人类社会进化史分为三个阶段——蒙昧时代、野蛮时代和文明时代。

殖民当局为了了解当地的风俗习惯，便于同当地人打交道，并控制当地社会，给予了文化人类学家以资助。政府的资助促进了文化人类学的发展。文化人类学发展的表现在于出现了大量分支学科。法律人类学就是在文化人类学的土壤上产生的一个分支学科。

文化人类学将文化多样性作为一种值得追求的价值目标。在尊重主流文化的同时，同情弱势文化，主张保护濒临灭绝的弱势文化。法律的本土资源在与西方法律的竞争中处于劣势地位，从保护濒临灭绝的弱势文化的目标出发，法律人类学为法律的本土资源呼吁，警惕法律全球化名义下的法律全盘西化（西方中心主义）。民间法在与国家的博弈中处于劣势地位，法律人类学为民间法的存在呼吁，反对将依法治国错误地理解为国家法对民间法的同化（国家法一元主义）。

### 二、文化人类学隐含着法的深层奥秘

一种法学的分类是，将法学分为社科法学和法教义学。社科法学认为，整体性思维要求将法律看成是社会整体的一部分，只有从社会整体的要求出发制定法律与政策，才能制定出良好的法律与政策。而法教义学则认为，只有将法律当成宗教那样信仰，才能树立起法律的权威；可以通过法律解释弥补与矫正法律的局限性。文化人类学、文化多样一体法哲学的思路更接近社科法学。有学者认为，法教义学的思路属于"单向度的思维"，如果上层定的法律本身就有问题，一味地在下面的实施上去找解决之策，那是无济于事的。[1] 政府制定的法律就是一种顶层设计方案，顶层设计方案的合理性对于完善社会治理具有重大意义。法律一经发布，对官员的考评机制一旦跟上，就意味着国家机器的开动，法律解释的作用空间就已经不大了。通过解释虽可以在一定程度上弥补和矫正法律的局限性，但不可能将劣法解释成良法。

---

[1] 参见赵旭东："作为文化的法律与法律人类学的问题回归"，载《甘肃政法学院学报》2017年第2期，第3页。

从现实治理中出现的问题中，我们都可以找到法律不完善的原因。

德国刑法学家李斯特认为，最好的刑事政策是社会政策。该观点使人们反思刑法的局限性。刑法是解决纠纷的最后手段，行政法是解决纠纷的倒数第二种手段。应当将体现软法治理的社会政策作为优先使用的治理手段。刑法、行政法属于硬法，硬法的使用只能使冲突得到暂时的、表面的解决，而不能使冲突得到根本的解决。

因为成文法实施过程中出现了诸多问题，使人们认识到，在成文法背后，一定还存在深层法的奥秘没有被清晰地发现和阐明。有学者提出了"法之理在法外"的观点。[1] 该观点隐含的含义是，社会治理的方法的道理隐藏在成文法背后。文化人类学家通过对多元社会的治理方案进行比较，能够发现各种社会治理方案的合理性与局限性，供治理者参考，有利于促进社会治理的完善。于是，可以提出一种新类型的法定义——法是社会治理的方法。

文化人类学、文化多样一体法哲学有着更广阔的理论视野和更高的理论层次，可以为从更大的格局上寻找更为根本的、更合理的解决纠纷方案提供帮助，可以为完善主流社会的社会治理方案提出建议。例如，文化人类学、文化多样一体法哲学关注原地居民权利保护、包容性法治等问题，这些问题是社会治理中更为根本性的问题。这些根本问题的解决可以为发挥民间法的作用、保护文化遗产提供前提条件。

文化人类学（包括法律人类学）的困境表现在：第一，文化人类学的学科地位不明确。我国现行的学科分类体系只承认民族学，没有明确地承认人类学，人类学选题被放在了民族学之中。第二，分门别类的评价机制使得文化人类学这种跨学科研究取得的成果难以获得承认。

---

[1] 付子堂："法之理在法外"，载《法制日报》2013年3月13日。

# 第十一章 文化遗产的法律保护

习近平总书记在福建主持工作期间就已经开始重视文化遗产的保护工作，福州市中心的三坊七巷历史街区得以保存下来就与他的关心密切相关。2014年，习总书记在北京考查工作时指出："历史文化是城市的灵魂，要像爱惜自己的生命一样保护好城市历史文化遗产。"[1]保护文化遗产有利于传承民族文化的基因，保留民族的历史记忆，保持文化的自主创新能力。在传统文化的基础上有选择、有节制地移植外来文化可以使文化发展不至于迷失方向。

## 第一节 文化遗产释义

### 一、文化遗产的定义

文化遗产有广义和狭义之分。

（一）狭义的文化遗产

狭义的文化遗产是指具有审美价值、科学价值、历史价值、使用价值，并列入国家或国际组织名录的文化成果。狭义的文化遗产强调对文化遗产的重点保护。《保护世界文化和自然遗产公约》的"序言"中的"文化遗产"定义采用的是狭义的概念。狭义的文化遗产定义的局限性在于，其将会导致一种倾向，只有列入各级各类名录的文化遗产才会得到重视，而未列入名录

---

[1] 李斌、樊攀、乌梦达："像爱惜生命一样保护好历史文化遗产——习近平总书记'出'的这道题北京西城如何'答'"，载http://www.xinhuanet.com/2018-04/16/c_1122691537.

的文化遗产可能会被忽视。

(二) 广义的文化遗产

广义的文化遗产是指人类创造的文化成果的总和，包括物质文化成果、制度文化成果、精神文化成果。首先，广义的文化遗产定义强调文化遗产的使用价值，不要求其审美价值、科学价值、历史价值。其次，广义的文化遗产不仅包括列入各级各类名录的文化遗产，也包括未列入名录的文化遗产。广义的文化遗产与"传统文化"一词含义相近。广义的文化遗产保护强调文化遗产的全面保护，也就是对传统文化的保护。本书侧重于使用广义的文化遗产定义。

文化遗产是具有恒久性的文化成果。人类生产的即时的消费品只具有暂时的价值，不具有恒久价值，故不属于文化遗产范畴。而生产消费品的方法因为具有恒久性，故属于文化遗产的范畴。

## 二、文化遗产的分类

按照文化遗产的形态，可以将文化遗产分为物质文化遗产和非物质文化遗产两类。《保护世界文化和自然遗产公约》（联合国教育、科学及文化组织于1972年通过，我国全国人大常委会于1985年批准）侧重于保护物质文化遗产，《保护非物质文化遗产公约》（联合国教育、科学及文化组织于2003年通过）侧重于保护非物质文化遗产。

(一) 物质文化遗产

物质文化遗产是主要以有型物体的形式表现出来的文化遗产，又称"有形文化遗产"（Cultural Heritage）。当然，物质文化遗产是在非物质文化遗产的影响下形成的，隐含着非物质文化遗产。

1972年《保护世界文化和自然遗产公约》使用的"文化遗产"概念侧重指物质文化遗产。该公约第1条认为，物质文化遗产是指，从历史、艺术或科学的角度看具有突出的普遍价值的古迹、建筑群、遗址。

"传统聚落"一词可以概括古城、古镇、传统村落、传统街区。传统聚落保护具有民生、民俗、审美、旅游经济等价值。传统聚落是文化遗产的载体。传统聚落保护是文化遗产保护的基础与重点。

首先，应当保护传统街区。保护传统街区有利于延续城市文化血脉、保持城市文化个性、留住城市文化记忆。传统街区承载着传统的生产方式、生活方式、交往方式，传统街区的存在有利于以较低成本安置更多的人口。保护传统街区有利于为人们选择社区的权利的实现提供条件。选择街区的权利是人们居住选择权的组成部分。人们有选择居住现代社区的权利，也有选择居住传统社区的权利。传统街区的存在不仅有利于安置人的生命，而且有利于安置人的心灵。此外，传统街区还具有审美价值，传统街区可以成为旅游目的地，发展旅游经济不仅可以增加原住民收入，而且可以成为国家税收的重要来源。为马上得到开发用地而消灭传统街区的做法从长远看是得不偿失的。可以对城市传统街区实行分类保护：有文物价值的，可以通过适用《中华人民共和国文物保护法》加以保护；没有文物价值的，可以通过保护原住民的权利而加以保护。应当按照文化多样性的要求调整城市规划的法律与政策，改变强制摧毁传统街区、强制推行现代街区的做法。

其次，应当保护传统建筑和原始建筑。有学者通过考察美国芝加哥城市建筑演变，以建筑结构和建筑材料为标准，将芝加哥的建筑史分为木结构建筑、砖石结构建筑、高层建筑三个阶段。[1] 按照是否使用加工材料和建筑机械，可以将建筑分为原始建筑（使用天然材料的建筑，如木屋、竹楼、窑洞、地窝子等）、传统建筑（使用加工材料的建筑，如木结构建筑和砖石结构建筑）、现代建筑（使用大型机械的建筑，如高层建筑）。根据文化的两向思维方法，原始建筑、传统建筑、现代建筑都具有优点和缺点。首先，原始建筑建设成本最低，几乎没有生态损耗，满足生产和生活的临时需要，遭受风险损失最小，具有存在合理性，应当予以保护。其次，现代建筑建设成本最高、生态损耗最高、居住成本最高，遭受风险损失最大。而传统建筑的这些性能则介于传统建筑和现代建筑之间。因此，法律和政策应当保护原始建筑和传统建筑，节制现代建筑的过度扩张。有些地方已经开始限制建设高层建筑，禁止建设超高建筑，这是可喜的进展。

（二）非物质文化遗产

非物质文化遗产是指民间社会创造的、世代相传的精神形态的文化遗产，也可以称为"无形文化遗产""精神文化遗产"。按照 2003 年《保护非物质文化遗产公约》第 2 条第 2 款的规定，非物质文化遗产的范围包括口头传统、

---

〔1〕 参见喻世恩："从芝加哥城市建筑的演变看美国的多元文化"，载余志森主编：《美国多元文化研究——主流与非主流文化关系探索》，华东师范大学出版社 2012 年版，第 383 页。

表演艺术、民俗、礼仪、节庆、手工技艺等。非物质文化遗产需要借助于有型物体作为载体表达或表现出来,因此,作为精神文化遗产的载体的工具、实物、场所也可以被纳入非物质文化遗产的范畴。

### 三、文化遗产的价值

(1) 使用价值。保护文化遗产有利于发挥文化遗产服务民生的积极作用,充分利用前人创造的建筑,减少对新建建筑的需求,减少资源的消耗和废弃物的排放,减少生态消耗。

(2) 科学价值。文化遗产是无数先人智慧的结晶,保护文化遗产有利于在继承前人智慧的基础上实施再发现、再创造。

(3) 审美价值。保护文化遗产有利于发展旅游经济,增加原住民的收入,增加国家的税收来源。

文化遗产是一个国家无法用货币计量的财富,任何用货币来计量文化遗产价值的做法都是对文化遗产价值的低估。用货币对文化遗产进行估价只适用于文化遗产遭到破坏后对文化遗产的所有人和管理人进行补偿的情况。保护文化遗产有利于守住已经创造的财富,避免由频繁拆建造成的财富损失。

文化遗产是传统文化的重要组成部分。文化遗产保护的理论渊源详见"传统文化的法律保护"一章。

## 第二节　文化遗产保护法的原则

文化遗产保护法必须建立在对文化发展规律的认识和把握的基础上。通过研究文化发展规律,可以得出文化遗产保护法的若干基本原则。

### 一、保护优先原则

文化遗产保护与经济建设是一对相反相成的对偶目标。如果一个方案能够兼顾文化遗产保护与经济建设两个目标,做到守成与建设的结合,这个方案就具有更大的合理性。在现实生活中,二者的冲突是不可避免的。在二者冲突的解决上,存在着渐进主义建设思想和激进主义建设思想的争鸣。

激进主义的规划建设思想认为,传统聚落是贫穷的、落后的、低效的、丑陋的，应当进行全面改造；只有列入各级各类保护名录的项目才能被称为"文化遗产"，未列入保护名录的项目都可以拆除。在激进主义的规划建设思想的影响下，"建设""开发""改造"等词汇被赋予了激进主义的含义。这是造成片面追求经济增长目标，忽视文化遗产保护的思想原因。

渐进主义的规划建设思想主张文化遗产保护优于经济建设。有学者主张："在规划思路上，应从以往在城市建设的规划中开展名城保护，转变为在历史名城保护规划中开展城市建设。"[1] 渐进主义的规划建设思想强调在传统聚落整体保护的基础上的局部的、渐进的建设，而不是在整体改造基础上的局部保护。城市规划建设应当将对传统聚落的破坏降低到最低限度。渐进主义的规划建设思想立足于文化人类学揭示的文化进化规律，更符合以人为本的科学发展观。

文化遗产优先保护原则通常被称为保护优于开发原则。文化遗产保护法的优先保护原则来源于人们对文化生态进化规律的认识。文化遗产保护应当尊重文化生态进化的继承性、连续性、渐进性。

在文化遗产得到有效保护的前提下，允许适度开发，开发必须为保护服务。建设新建筑应当是谨慎的。在拆除旧建筑之前，应当对旧建筑的文化价值进行论证，并依照法律程序加以批准。

## 二、整体保护原则

文化遗产保护法的整体保护原则来源于文化生态的整体性原理（笔者已另文阐述）。文化遗产保护法的整体性原则要求，不仅要保护文化遗产形体的完整性、历史信息的完整性、审美信息的完整性，而且要保护作为文化遗产存在条件的自然环境和人文环境的完整性。许多文化遗产项目未被列入世界文化遗产名录，其原因就在于完整性和鲜活性的缺失。

重大工程建设应当尊重文物遗产的整体性。文化遗产保护法的整体性原则对重大工程建设提出的要求是，重大建设工程应当坚持规划先行。重大建设工程在设计施工之前必须进行环境影响评估和对文化遗产影响评估，制定合理的建设施工方案，使重大建设工程对文化遗产的不良影响降低到最低

---

[1] 梅联华："对城市化进程中文化遗产保护的思考"，载《山东社会科学》2011年第1期，第60页。

限度。

文化遗产保护法的整体性原则对文化遗产保护工作提出了如下要求：

(一) 保护自然遗产与保护文化遗产并重

文化遗产与自然遗产之间存在相互依存关系。自然遗产是文化遗产存在的环境条件，自然遗产被破坏将会导致文化遗产被破坏。文化遗产保护和利用所获得的收入也可被用于对自然遗产的保护。

(二) 保护物质文化遗产和保护非物质文化遗产并重

物质文化遗产和非物质文化遗产是互为条件、相互依赖的，二者具有相互依存的关系。

一方的保护有利于另一方的保护，一方的损害将会加剧另一方的损害。首先，物质文化遗产是非物质文化遗产的载体，物质文化遗产的衰亡将会导致非物质文化遗产的衰亡。其次，非物质文化遗产是物质文化遗产的精神内涵（灵魂），物质文化遗产是非物质文化遗产的表现形式。非物质文化遗产的消亡将使物质文化遗产因缺乏思想内涵而走向僵死。文化遗产保护工作不仅要重视对物质文化遗产的保护，而且要重视对非物质文化遗产的保护。

有学者指出，传统文化保护不仅要关注传统文化的物质形态，而且要"关注传统文化的精神内涵"。[1] 中国的传统文化中隐含着中国文化的精神和记忆。例如，中国的四合院隐含着聚族而居、孝敬长辈、家庭和睦、勤俭持家等文化信息；中国的胡同隐含着邻里相让等文化信息；中国的传统村落的建设尊重原有的地形地貌，就地取材，合理设计，隐含着守望相助、人与自然和谐等文化信息。物质传统文化是精神传统文化的载体，物质传统文化消失了，精神传统文化也将会遭受摧残。如果中国传统的物质文化消亡了，中国传统文化的精神和记忆就会因为缺少载体而进一步消失。

文化遗产保护的整体性原则要求将自然遗产、物质文化遗产、非物质文化遗产作为一个整体加以保护。

(三) 文化遗产保护应当坚持整体保护原则

现代的文化遗产保护观念则强调不仅要保护单体文物古迹，而且要保护作为文物古迹存在环境的传统聚落，还要保护承载传统聚落的自然生态。

建立文化遗产保护区。根据《中华人民共和国非物质文化遗产保护法》

---

[1] 刘容："世界文化遗产保护的东方立场"，载《东南文化》2012年第2期，第20页。

第26条的规定，对非物质文化遗产保持完整的特定区域，可以由县级以上政府发布专项保护规划，实行区域性整体保护。文化遗产保护区所处的自然环境与文化遗产形成不可分割的整体，应当实行一体保护。文化遗产保护区内的居民（原住民）也是一种不可缺少的文化元素，要尊重原住民的意愿，不能将他们强制迁出。要创造良好的生存和发展环境让原住民留在保护区内，继续参与文化遗产的保护、传承、再创造。一些地方在景区和自然保护区建设过程中，将原地居民强制迁出，不仅会使有形文化遗产成为没有生气的死遗产，而且会使依托有形文化遗产而存在并由原地居民加以传承的非物质文化走向消亡。也有些地方在景区建设过程中，注意征地拆迁的谨慎克制，在保持原有生产生活方式的前提下，将原地居民留在景区和自然保护区内。这样，可以保持原地居民文化的完整性，保持景区的文化魅力。

制定历史文化名城、名镇、名村保护名录的制度隶属于文化遗产保护区的制度。国务院于2008年公布的《历史文化名城名镇名村保护条例》（2017年修订）第21条规定："历史文化名城、名镇、名村应当整体保护，保持传统格局、历史风貌和空间尺度，不得改变与其相互依存的自然景观和环境。"

文物是文化遗产的重要组成部分，文物保护法是文化遗产保护法的重要组成内容。应当按照文化遗产保护法的整体性原则重新解释文物保护法。过去的文物保护观念强调对单体文物古迹的保护，忽视对文物古迹所在环境的保护。这是形成城市改造观念的思想原因之一。在这种思想指导下，出现了过度开发，使文物古迹剩下了孤零零的点，文物古迹与周边环境的联系被隔离了，文化发展的脉络就将被割断。

### 三、真实性原则

文化遗产保护的真实性原则的含义是，在文化遗产保护工作中，应当尊重文化遗产的自然状态，不要人为地加以改变。文化的真实性原则是文化进化和文化生态进化规律的要求。有学者指出："保护非物质文化遗产就是要保护它按照自身发展演变的内在规律去演变，而不是人为地去改变这种自然演变的进程。"[1]

---

[1] 项江涛："文化遗产保护中的生产力视角与文化主体的历史使命"，载《长白学刊》2011年第5期，第149页。

文化遗产保护的真实性原则要求，国家首要的文化策略是不干预，如果有必要干预，应当坚持最低限度的干预。如果需要修缮，要坚持修旧如旧的原则。应当确立原址保护的原则，以保持文化遗产与其产生地的密切联系。

**四、国家责任原则**

《保护世界文化和自然遗产公约》第 4 条规定："……本国领土范围内的文化遗产和自然遗产的确定、保护、保存、展出和传与后代，主要是有关国家的责任。……"根据该公约的规定，主权国家是保护文化遗产和自然遗产的主要责任主体。缔约国有责任保护处于本国领土范围内的文化遗产，具体工作包括文化遗产的认定、保护、传承。缔约国有责任将文化遗产保护工作纳入其经济社会发展规划，使文化遗产保护目标不被忽略，不受经济发展目标或其他目标的排挤。保护文化遗产与促进现代化是政府工作的两个相反相成的目标，不应当有所偏废。缔约国有责任使文化遗产与它的主人紧密地联系在一起，使文化遗产在社会生活中发挥作用。

《中华人民共和国非物质文化遗产保护法》第 6 条规定，县级以上政府应当将文化遗产保护工作列入经济和社会发展规划，将相关经费列入财政预算。非物质文化遗产保护工作包括非物质文化遗产的调查与认定、制定非物质文化遗产代表性项目名录、设立非物质文化遗产保护区、指定非物质文化遗产传承人、非物质文化遗产的宣传展示、非物质文化遗产开发利用的管理、违法行为的处罚等。

国家应当采取行政的、财政的特殊措施确保文化遗产得到使用。例如，为使传统工艺不至于灭绝，政府在办公用品和公共工程中应当优先采购利用可再生资源、通过传统工艺生产的物品。再如，政府通过财政税收政策保护传统技艺。为引导人们使用利用可再生资源、通过传统工艺生产的物品，政府应当对这种消费行为给予财政补贴，并对使用非再生资源生产的物品增加税收。

## 第三节 文化遗产保护的体制

**一、文化遗产的清单保护**

（一）文化遗产的清单保护的概念

文化遗产的清单保护是指将稀有的、濒临灭绝的、有益的文化遗产列入国际的、国家的、地方各级政府的保护清单，并实施特别保护。

文化遗产的清单保护是国际组织和国家保护文化遗产的重要措施。文化遗产的清单保护隶属于文化的实质平等的范畴。

（二）文化遗产清单的分类

1. 世界级的文化遗产清单

根据《保护世界文化与自然遗产公约》第11条的规定，各缔约国可向设在教科文组织内部的世界遗产委员会递交本国的文化遗产与自然遗产清单，由世界遗产委员会审核并列入《世界遗产名录》。

《保护非物质文化遗产公约》第12条要求缔约国拟定非物质文化遗产清单，并定期向教科文组织内部设立的"政府间保护非物质文化遗产委员会"报告。缔约国拟定的非物质文化遗产清单是联合国教科文组织发布"人类非物质文化遗产代表作名录"的依据。

2. 国家级的文化遗产清单

《保护世界文化和自然遗产公约》第3条规定，该公约缔约国可自行确定本国领土内的文化遗产清单。国务院可以公布国家级文物保护单位目录，地方各级政府也可以公布地方各级文物保护单位目录。

例如，国家公布历史文化名城、街区、村镇名录的制度就属于文化遗产的清单保护的范畴。全国人大常委会于1982年通过的《中华人民共和国文物保护法》（2017年修正）第14条第3款规定："历史文化名城和历史文化街区、村镇所在地的县级以上地方人民政府应当组织编制专门的历史文化名城和历史文化街区、村镇保护规划，并纳入城市总体规划。"

国务院从1982年起陆续公布"中国历史文化名城名单"。

截至2014年，住建部、国家文物局等部门已经公布了六批"中国历史文化名镇名单"，共247个镇。

截至2014年，住建部、国家文物局等部门已经公布了三批"中国传统村落名录"，共2555个村。例如，保定市清苑县冉庄在开放地道战旅游资源的同时，重视古村落保护，有利于增强旅游资源的丰富性。

应当紧急制定中国传统街区保护名录。从2009年起，经原文化部、国家文物局批准，由中国文化报社、中国文物报社陆续举办中国十大历史文化名街评选活动。评选结果虽不具有硬法意义上的法律效力，但也具有较强的权威性和影响力，并可以作为未来国家有关机关公布"中国传统街区名录"的前期准备工作。我国当前尚没有由国务院部委局发布的具有权威性的传统街区名录。这是造成一些传统街区消亡的重要原因。根据《历史文化名城名镇名村保护条例》第 5 条的精神，可以由住建部和国家文物局在国家一级公布"传统街区名录"。地方立法机关和行政机关也可以自行发布本地区的传统街区名录。

## 二、从文化遗产的清单保护到全面保护

按照文化遗产是否被列入保护清单，可将文化遗产分为列入清单的文化遗产和未列入清单的文化遗产。其中，列入清单的文化遗产，包括列入联合国教科文组织、国家、各级政府的各类清单的文化遗产。未列入清单的文化遗产，是指各级各类文化遗产清单以外的其他文化遗产。

一种观点认为，只要保护列入清单的文化遗产就可以了。这种观点是有害的。按照这种观点去保护文化遗产，将会使大量未被列入清单的文化遗产和文化遗产的周边环境遭受灭顶之灾，使被列入清单的文化遗产孤立化。各级各类文化遗产与自然遗产清单都只是对具有突出的普遍价值的文化遗产与自然遗产的特别列举。列入清单的文化遗产只占文化遗产的很小部分，而未被列入清单的文化遗产（清单以外的文化遗产）则几乎是无穷无尽的。联合国教科文组织于1972 年通过的《保护世界文化和自然遗产公约》第 11 条规定，《世界遗产目录》所列举的文化遗产和自然遗产清单"不应当看作是详尽无遗"。各级各类清单不应看作是穷尽了一切文化遗产与自然遗产。文化遗产的全面保护是指，不仅要保护列入清单的文化遗产，而且要保护未列入清单的文化遗产。现在未列入清单的文化遗产将来可能列入清单，如果以未列入清单为理由随意破坏，这种可能性就不存在了。

各级政府能够认识到，清单以内的文化遗产的保护是政府的分内职责。相对于政府而言，政府对清单以内的文化遗产的保护属于直接保护，政府对清单以外的文化遗产的保护属于间接保护。对于大量清单以外的文化遗产，政府往往无力直接加以保护，只能通过保护多样文化主体（原住民的文化遗产管理权的论述详见"原住民权利的法律保护"一章）的权利、传统文化的平等保护、节制现代文化的无序扩张等途径加以保护。

### 三、文化遗产管理体制的完善

笔者在山西吕梁地区调研时,听到一位负责文化遗产保护工作的干部反映,当地过于强调经济建设,忽视文化遗产保护,一些古村落、古街道被拆除了,负责文化遗产保护工作的干部提出反对意见未被采纳。在过去的传统聚落保护工作中,强调住建部的主导作用。住建部是主管经济工作的部门,再兼管传统聚落的保护工作可能造成经济工作冲击传统聚落保护工作。过去的传统聚落保护工作强调国家文物局的作用,国家文物局的行政级别不够高,难以阻止拆除传统聚落的行为。体制设计上的缺陷造成了传统聚落保护工作的不力,很多传统聚落被拆除都与体制设计的缺陷有关。

文化遗产保护体制设计至少应当体现如下原则:

第一,由非经济部门主管文化遗产保护工作。如果有经济管理部门主管文化遗产保护,就会造成重经济增长而轻文化遗产保护的问题。有负责文化遗产管理工作的公务员反映,在经济管理部门负责文化遗产管理工作的时期,很多古镇、古村落、古街区、古建筑被轻易拆除了,文化遗产管理部门劝阻不起作用。文化遗产保护工作需要由多部门协作,应当由非经济部门发挥主导作用。

第二,文化遗产保护目标和经济目标分别由不同部门执掌,两个部门是平级的,无高低之分。主管文化遗产保护工作的部门可以与主管经济工作的部门形成相互监督的关系,在制度设计上体现分权的原则。这种制度设计对改进传统聚落保护工作是有利的。

全国人大常委会于2011年通过的《中华人民共和国非物质文化遗产保护法》第7条规定,国务院文化主管部门和县级以上地方政府的文化主管部门负责非物质文化遗产保护、保存工作。本条符合以上两个原则。

第三,上级政府应当全面统筹协调文化遗产保护部门和经济部门的工作,不应单纯支持经济部门的工作,轻视文化遗产保护工作。

第四,对政府及公务员的评价指标应当兼顾文化遗产保护目标和经济目标,不能单纯体现经济目标,轻视文化遗产保护目标。保护文化遗产与推进现代化的目标是平行的,无高低之分。如果政府将推进现代化目标作为最高目标,将经济部门作为最高的部门,就会使传统文化受到歧视,保护文化遗产的工作就将处于松懈的状态。

　　保护传统文化、保护文化遗产的法律途径是多元的。只有多种途径的综合运用才能完成保护传统文化、全面保护文化遗产的任务。

# 参考文献

## 一、中文著作

1. 习近平:《习近平谈治国理政》(第一卷),外文出版社 2018 年版。
2. 费孝通主编:《中华民族多元一体格局》,中央民族大学出版社 2003 年版。
3. 罗康隆:《文化人类学论纲》,云南大学出版社 2005 年版。
4. 夏建中:《文化人类学理论学派:文化研究的历史》,中国人民大学出版社 1997 年版。
5. 周大鸣主编:《文化人类学概论》,中山大学出版社 2009 年版。
6. 吴一文主编:《文化多样性与乡村建设》,民族出版社 2008 年版。
7. 陈庆德:《经济人类学》,人民出版社 2001 年版。
8. 董建辉:《政治人类学》,厦门大学出版社 1999 年版。
9. 罗荣渠:《现代化新论续篇——东亚与中国的现代化进程》,北京大学出版社 1997 年版。
10. 夏基松:《西方现代哲学》,上海人民出版社 2006 年版。
11. 何勤华主编:《多元的法律文化》,法律出版社 2007 年版。
12. 陈云生:《宪法人类学——基于民族、种族、文化集团的理论建构及实证分析》,北京大学出版社 2005 年版。
13. 常士闿主编:《异中求和:当代西方多元文化主义政治思想研究》,人民出版社 2009 年版。
14. 王俊芳:《加拿大多元文化主义政策》,中国社会科学出版社 2013 年版。
15. 余志森主编:《美国多元文化研究——主流与非主流文化关系探索》,华东师范大学出版社 2012 年版。
16. 邱永辉:《印度宗教多元文化》,社会科学文献出版社 2009 年版。
17. 苏力:《法治及其本土资源》,中国政法大学出版社 2004 年版。
18. 苏力:《送法下乡:中国基层司法制度研究》,中国政法大学出版社 2000 年版。

19. 田成有：《乡土社会的民间法》，法律出版社 2005 年版。
20. 张冠梓主编：《多向度的法——当代法律人类学家对话》，法律出版社 2012 年版。
21. 陈根发：《宽容的法理》，知识产权出版社 2008 年版。
22. 刘军宁：《保守主义》，中国社会科学出版社 1998 年版。
23. 杨明伟：《保守主义——一种审慎的政治哲学》，中国书籍出版社 2013 年版。
24. 李龙主编：《人本法律观研究》，中国社会科学出版社 2006 年版。
25. 李龙、程关松、占红沣：《以人为本与法理学的创新》，中国社会科学出版社 2010 年版。
26. 赵敦华：《人性和伦理的跨文化研究》，黑龙江人民出版社 2004 年版。
27. 张文显：《法哲学范畴研究》，中国政法大学出版社 2001 年版。
28. 朱景文主编：《当代西方后现代法学》，法律出版社 2002 年版。
29. 《中庸》。
30. 《论语·子路》。
31. 《孟子·公孙丑下》。
32. 《道德经》。
33. 周辅成主编：《西方伦理学名著选辑》，商务印书馆 1996 年版。
34. 梁治平主编：《法律的文化解释》，生活·读书·新知三联书店 1994 年版。

## 二、中文译著

1. 《马克思恩格斯选集》（第 4 卷），人民出版社 1995 年版。
2. 《列宁全集》（第 39 卷），人民出版社 1986 年版。
3. ［美］威廉·A. 哈维兰：《文化人类学》（第 10 版），瞿铁鹏、张钰译，上海社会科学院出版社 2006 年版。
4. ［美］迈克尔·赫茨菲尔德：《人类学——文化和社会领域中的理论实践》，刘珩等译，华夏出版社 2009 年版。
5. ［英］C.W. 沃特森：《多元文化主义》，叶兴艺译，吉林人民出版社 2005 年版。
6. ［加］威尔·金利卡：《多元文化的公民身份——一种自由主义的少数群体权利理论》，马莉、张昌耀译，中央民族大学出版社 2009 年版。
7. ［加］威尔·金利卡：《当代政治哲学》，刘莘译，译文出版社 2011 年版。
8. ［美］迈克尔·沃尔泽：《正义诸领域：为多元主义与平等一辩》，褚松燕译，译林出版社 2002 年版。
9. ［美］马林诺夫斯基：《原始社会的犯罪与习俗》，原江译，法律出版社 2007 年版。
10. ［美］霍贝尔：《原始人的法——法律的动态比较研究》，严存生等译，法律出版社 2006 年版。

11. ［英］洛克：《论宗教宽容——致友人的一封信》，吴云贵译，商务印书馆 1982 年版。
12. ［法］伏尔泰：《论宽容》，蔡鸿滨译，花城出版社 2007 年版。
13. ［美］亨德里克·威廉·房龙：《宽容》，姚伟编译，武汉出版社 2009 年版。
14. ［美］迈克尔·沃尔泽：《论宽容》，袁建华译，上海人民出版社 2000 年版。
15. ［英］霍布斯：《利维坦》，黎思复、黎庭弼译，商务印书馆 1996 年版。
16. ［法］卢梭：《社会契约论》，何兆武译，商务印书馆 1980 年版。
17. ［法］让-雅克·卢梭：《论人类不平等的起源和基础》，高煜译，广西师范大学出版社 2009 年版。
18. ［英］约翰·密尔：《论自由》，许宝骙译，商务印书馆 1959 年版。
19. ［英］赫伯特·斯宾塞：《社会学研究》，张宏晖、胡江波译，华夏出版社 2001 年版。
20. ［德］哈贝马斯：《包容他者》，曹卫东译，上海人民出版社 2002 年版。
21. ［英］霍布豪斯：《自由主义》，朱曾汶译，商务印书馆 1998 年版。
22. ［英］弗里德里希·奥古斯特：《通往奴役之路》，王明毅等译，中国社会科学出版社 1997 年版。
23. ［英］弗里德利希·冯·哈耶克：《自由秩序原理》（上），邓正来译，生活·读书·新知三联书店 1997 年版。
24. ［英］弗里德利希·冯·哈耶克：《法律、立法与自由》（第 1 卷），邓正来、张守东、李静冰译，中国大百科全书出版社 2000 年版。
25. ［英］伯林：《自由论》，胡传胜译，译林出版社 2011 年版。
26. ［美］诺奇克：《无政府、国家和乌托邦》，姚大志译，中国社会科学出版社 2008 年版。
27. ［英］卡尔·波普尔：《开放社会及其敌人》（第 1 卷），郑一明等译，中国社会科学出版社 1999 年版。
28. ［美］约翰·罗尔斯：《正义论》，何怀宏等译，中国社会科学出版社 1988 年版。
29. ［英］埃德蒙·柏克：《自由与传统——柏克政治论文选》，蒋庆、王瑞昌、王天成译，商务印书馆 2001 年版。
30. ［英］塞西尔：《保守主义》，杜汝楫译，商务印书馆 1986 年版。
31. ［英］吉登斯：《第三条道路——社会民主主义的复兴》，郑戈译，北京大学出版社 2000 年版。
32. ［美］诺内特、塞尔兹尼克：《转变中的法律与社会》，张志铭译，中国政法大学出版社 1994 年版。
33. ［美］菲利普·塞尔兹尼克：《社群主义的说服力》，马洪、李清伟译，上海人民出版社 2009 年版。
34. ［古希腊］亚里士多德：《政治学》，吴寿彭译，商务印书馆 1965 年版。

35. [法] 孟德斯鸠：《论法的精神》（上册），张雁深译，商务印书馆 1994 年版。
36. [英] 梅因：《古代法》，沈景一译，商务印书馆 1984 年版。
37. [德] G. 拉德布鲁赫：《法哲学》，王朴译，法律出版社 2005 年版。
38. [印度] 阿玛蒂亚·森：《贫困与饥荒——论权利与剥夺》，王宇、王文玉译，商务印书馆 2001 年版。
39. [美] E. 博登海默：《法理学：法律哲学与法律方法》，邓正来译，中国政法大学出版社 1999 年版。
40. [美] 罗纳德·德沃金：《认真对待权利》，信春鹰、吴玉章译，中国大百科全书出版社 1998 年版。
41. [美] 布莱克：《法律的运作行为》，唐越、苏力译，中国政法大学出版社 2004 年版。
42. [美] 霍贝尔：《原始人的法：法律的动态比较研究》，严存生译，法律出版社 2012 年版。
43. [英] 哈特：《法律、自由与道德》，支振锋译，法律出版社 2006 年版。
44. [美] 庞德：《法理学》（第 1 卷），邓正来译，中国政法大学出版社 2004 年版。
45. [法] 托克维尔：《论美国的民主》（上卷），董果良译，商务印书馆 1988 年版。
46. [美] 希尔斯曼：《美国是如何治理的》，曹大鹏译，商务印书馆 1986 年版。
47. [美] 科恩：《论民主》，聂崇信、朱秀贤译，商务印书馆 1998 年版。
48. [英] 罗素：《西方哲学史》（上卷），何兆武、李约瑟译，商务印书馆 1963 年版。

## 三、论文

1. 罗康隆："论民族文化多样性与人类生存环境问题"，载《中央民族大学学报（哲社版）》2000 年第 6 期。
2. 王东昕："透过文化本质看文化多样性与环境多样性之内在关系"，载《云南民族大学学报（哲社版）》2008 年第 4 期。
3. 余达忠："自然与文化原生态：生态人类学视角的考察"，载《吉首大学学报（社科版）》2011 年第 3 期。
4. 朱以青："文化生态学语境下的文化多样性"，载《山东社会科学》2012 年第 9 期。
5. 吴汉东："文化多样性的主权、人权与私权分析"，载《法学研究》2007 年第 6 期。
6. 陈庆德："经济人类学的理论发展"，载《云南社会科学》2000 年第 2 期。
7. 董建辉："西方政治人类学 60 年的演进"，载《国外社会科学》2002 年第 2 期。
8. 董建辉、徐雅芬："底层民众与政治权力——西方政治人类学视野中的弱势群体研究述评"，载《国外社会科学》2011 年第 6 期。
9. 刘容："世界文化遗产保护的东方立场"，载《东南文化》2012 年第 2 期。
10. 项江涛："文化遗产保护中的生产力视角与文化主体的历史使命"，载《长白学刊》

2011 年第 5 期。

11. 梅联华:"对城市化进程中文化遗产保护的思考",载《山东社会科学》2011 年第 1 期。

12. 林其敏:"土著人民权利的国际保护——兼评《联合国土著人民权利宣言》",载《民族学刊》2011 年第 6 期。

13. 郭晴、杨秋实:"自然遗产保护区原住民的利益保护",载《人民论坛》2012 年第 9 期。

14. 马超、张戈、宿裕:"以原住民参与为特色的村镇文化传承策略研究",载《城市发展研究》2013 年第 9 期。

15. 刘铁梁:"原住民也是古村落里'不可移动文物'",载《辽宁日报》2015 年 2 月 11 日。

16. 蒋先福、彭中礼、王亮:"肯定性行动计划的法理学思考——以平等理论为视角",载《时代法学》2006 年第 3 期。

17. 姜明安:"酒仙桥危改:不妨多一些民主形式",载《人权》2007 年第 5 期。

18. 徐国栋:"现代的新财产分类及其启示",载《广西大学学报(哲学社会科学版)》2005 年第 6 期。

19. 路遥等:"壮大集体经济实力拉动社区文明建设——丽江玉湖村旅游合作社发展之路",载《湖北经济学院学报(人文社会科学版)》2012 年第 1 期。

20. 谢新松:"文化的社会治理刍论",载《云南民族大学学报(哲学社会科学版)》2013 年第 3 期。

21. 袁达松:"走向包容性的法治国家建设",载《中国法学》2013 年第 2 期。

22. 张孜仪、徐汉明:"廉政文化建设的文化生态学反思与重构",载《当代世界与社会主义》2011 年第 6 期。

23. 罗豪才、周强:"软法研究的多维思考",载《中国法学》2013 年第 5 期。

24. 吕世伦、任岳鹏:"以'人为本'的法体系研究",载《法学家》2006 年第 1 期。

25. 李龙:"论协商民主——从哈贝马斯的'商谈论'说起",载《中国法学》2007 年第 1 期。

26. [美]彼得·卡赞斯坦:"多元多维文明构成的世界",刘伟华译,载《世界经济与政治》2010 年第 11 期。

27. 李拥军:"论市民社会的权利——对个人、社会、国家权利关系的一种解析",载《华东政法学院学报》2005 年第 4 期。

28. 何继业、罗文禄:"对抗与妥协:美国联邦最高法院判决形成机制研究",载《四川师范大学学报(社会科学版)》2007 年第 3 期。

29. [日]铃木敬夫:"论价值相对主义法哲学的现代意义——兼论不宽容的'劳动教养制

度'",陈根发译,载《求是学刊》2003年第5期。
30. [美]斯图尔德:"文化生态学的概念和方法",玉文华译,载《民族译丛》1988年第6期。
31. 王希恩:"从多元文化主义到多元一体主义的思考",载《世界民族》2013年第5期。
32. 张晋藩:"多元一体法文化:中华法系凝结少数民族的法律智慧",载《民族研究》2011年第5期。
33. 黄正泉:"和谐社会的文化生态学研究导言",载《湖南社会科学》2009年第2期。
34. 叶峻:"社会生态学的研究对象、内容、任务与意义",载《太原师范学院学报(社会科学版)》2013年第1期。
35. 马戎:"民族研究中的原住民问题(上)",载《西南民族大学学报(人文社会科学版)》2013年第12期。
36. 储冬爱:"乡村原住民的都市想象与文化认同——以广州城中村为例",载《文化遗产》2012年第3期。
37. 夏永久、朱喜钢:"被动迁居后城市低收入原住民就业变动的成因及影响因素——以南京为例",载《人文地理》2015年第1期。
38. 高其才:"试论农村习惯法与国家制定法的关系",载《现代法学》2008年第3期。
39. [加]查尔斯·泰勒:"承认的政治",董之林、陈燕谷译,载于汪晖,陈燕谷主编:《文化与公共性》,生活·读书·新知三联书店2005年版。

# 后 记

我是在研究民生法治的过程中接触到文化多样一体这一问题的。2012年7月在西安召开的中国法理学年会上，我以"文化多样性对民生法律的启示"在分组会议上作了发言，被《国家检察官学院学报》采稿，并刊登在2012年第6期上。编辑部老师的一致肯定是对笔者继续从事本题研究的鼓励。文化多样性是文化人类学界普遍认可的核心概念。在西方，多元文化主义（multi-culturalism）是在文化人类学领域产生的法哲学、政治哲学、社会哲学思潮。文化多样一体法哲学主张在维护社会主义文化主导地位的前提下，包容不同文化。保护文化多样性，不仅有利于保护其中蕴含的民生资源，而且可以为选择权的实现提供条件。文化多样一体法哲学具有独特的概念、原理、方法，具备成为一个新的法学研究范式的条件。

2011年起，经我国著名马克思主义法学家、武汉大学法学院资深教授李龙先生提名，笔者开始攻读博士学位。征得导师同意，将博士论文题目确定为"文化多样一体的法哲学研究"。导师嘱咐要重视文化的一体性。文化多样一体法哲学研究不仅可以为民生法治研究提供新的思路，而且可以促进生态法治研究、促进治理方式的完善。

在武汉大学攻读博士学位期间，笔者感受到了珞珈学人严谨的治学精神和浓厚的学术研究气氛，强化了在学术研究中留下自己的印记的愿望。李龙先生的"研究中国问题，作中国文章"的主张是法学人进行学术研究的指南。徐亚文教授认为，博士论文的研究内容要相对集中；汪习根教授认为，学术研究要依法、依规；张万洪教授、廖奕教授也对论文提出了许多宝贵意见，在此一并表示感谢。

# 后 记

　　本书是在我的博士论文的基础上拓展而形成的。在本书思路发展过程中，得到了《国家检察官学院学报》编辑部的赵丹老师、《河北法学》主编冯兆惠教授、浙江工业大学法学院的石东坡教授、吉林大学法学院的李拥军教授、河北大学法学院的苏永生教授、中国政法大学刑事司法学院吴镝飞博士、中国政法大学出版社的丁春晖编辑的建议和帮助，在此一并表示感谢。欢迎各位老师、同学、同仁继续关心本书研究的进展，并提出宝贵意见。

刘国利

2021 年 5 月